U0943590

北京市教育科学“十二五”规划重点课题：
发展视角下京郊农民培训的问题反思与创新研究（课题编号：AEA14137）。

北京农民培训的问题反思与创新研究

李凌　等◎著

REFLECTION AND INNOVATION ON PEASANTS' TRAINING IN BEIJING

SSAP 社会科学文献出版社
SOCIAL SCIENCES ACADEMIC PRESS (CHINA)

“北京农民培训的问题反思与创新研究”项目组成员

顾　　问：李云伏　王福海

主持人：李　凌

成　　员：朱启酒　崔　坤　杨永杰　王　弢　赵志磊
王秀清　郑伯坤　冯海英　陈　平　尚国荣
邓志峰　彭海芳　黄彦芳　要红霞　王平平
宫　谦　李　薇　张　晖　孟利前

Contents

目　录

图目录

表目录

前　言

比较系统研究农民教育培训，是在我开展“职业教育与城乡一体化发展研究”中衍生出来的想法，农业职业教育的重要内容就是农民教育培训，在一些欧美国家，甚至农业职业教育就是为了培养更多合格的农民。

2014 年，我承担的教育规划课题即将结题，我就想再以北京农民教育培训为研究对象申报新的课题，那时国家倡导开展新型职业农民培育已有两年时间，学术界更钟情于新型职业农民培育。我无意避开研究农民教育培训的热点，特意去炒冷饭，我只是在想，喧嚣背后是不是需要冷静思考农民教育培训的规律，免得新的培育运动又被农民误解为“以农民的名义做了一桌盛宴，最后由农民收拾残羹冷炙”“所谓培训，不过就是认认真真作秀，实实在在坑人”“培训屠龙之技多，实际用处少”，诸如此类的话，是在农村调研的时候，经常听到的农民对培训表示不满的话。北京具有“大城市小农业”“小农业大功能”“大京郊小城区”的区域经济社会特点，都市农业和城市化出现新的特点，北京农民教育培训有了不同于全国其他地方的特殊性，有关部门对新型职业农民培育工程似乎也是外热内冷，不是特别关注。基于此，我以“发展视角下的京郊农民培训问题反思与创新研究”为题申报了北京市教育规划重点课题，并获得立项。

几年来，我和课题组成员围绕农民培训的主体、客体、方法和内容四个要素，回溯北京农民教育培训历史，在郊区开展大量实地访谈，梳理历史经验和教训，总结创新做法。在大量调研中，我的一些关于农民培训绩效的负面看法有了一些改变，得知在北京郊区，从事农民培训有许多宝贵经验，很多做法走在全国前面，只是没有很好地加以梳理总结。

在近现代中国乡村建设中，梁漱溟认为，乡村问题的解决一定要靠乡村里的人，必须靠有知识、有眼光、掌握了新技术的人与他人合作，方能解决问题。他的观点在于激发乡村振兴的内生力量，这是当下乡村振兴也应该借鉴的做法。晏阳初从事乡村平民教育70年，他指出中国民众存在贫、弱、愚、私四大弱点，必须用四大教育来克服，同时也提出“欲教化农民必须先农民化”，即要教育培训农民，开启明智，增强民德，必须先放下身价与农民打成一片，把自己当成农民。从2002年冬天第一次跟随李鸥教授到延庆县大庄科乡开展农民培训项目评估到现在，我到过北京几百个村子调研，针对农民和基层农村干部、城乡接合部的干部开展培训也有上百场，在这过程中，深深感觉培训教师缺乏较为完整的农民教育培训理论和技能，缺乏针对农民的教育培训方法和技术，这是导致教育培训绩效不高和不受农民欢迎的重要原因。

结合研究，我们采用参与式行动方法进行农民培训创新实验。首先是针对教师，开展“参与式培训”专题培训，改变教师观念，提升培训技能；其次是采用线上线下相结合的方式开展农民培训，针对不同类别、不同区域的农民开展线下培训30场次；建立微信群针对新型农业经营主体人才紧缺、思路狭窄、后劲不足的难题，从运营管理、综合素质、业务能力三大板块，通过微信授课、专家咨询、相互讨论等方式帮助新农人改变观念、提升能力，从2016年2月至今，开微课79次，听课的有3万多人次，开展专题咨询10多次，有些农民听课后成为带动一方农民致富的企业家或合作社的骨干力量。其次与有关部门、区县合作进行教师培训的行动研究，有了一定效果，有的教师说：“不是农民不开口，不是农民素质低，只是我们没有找到让农民开口的方法。”教师教育观念的转变，是提高培训绩效的前提。

本书分为九章，第一章总论，对农民培训的理论、现状和问题以及研究过程进行了交代；第二章到第六章围绕农民培训的要素进行研究；第七章结合工作实践对如何提升农民教育培训绩效开展探讨；第八章对农民资格认定和新型职业农民培育政策进行了阐述；第九章是在对新中国成立后北京农民教育培训政策演变轨迹进行梳理的基础上，进行评述并提出意见、建议。

为了行动而研究，在研究中行动，促进农村发展是我们的研究宗旨，在实施乡村振兴战略的背景下，希望本研究有一定的价值和指导意义，但能否达到初心，还有待读者评判。

李 凌

2018 年 6 月

第一章
总论

学界对于农民培训的研究可谓汗牛充栋，要突破已有樊篱，有创新有新意，也绝非易事，但从农民的视角、从发展的视角进行研究而有新意的成果，并不是很多。社会在发展，农民也在发展，培训是为了农民的发展、促进社会的发展，同时社会发展又为农民培训提出了新的需要，提供了新的手段。从发展视角对农民培训开展研究，为政策制定者，也为我们从事农民培训的工作者提供有价值的系统反思并加以改进，很有必要，为此，我们抛砖引玉，求助于大家。

一 选题的目的与意义

本研究基于以下三大背景。

一是北京都市型现代农业面临“老龄化”“兼业化”的问题越来越突出，培养新型职业农民解决好北京郊区“谁来种地”“如何种地”的问题，为都市型现代农业持续健康发展提供坚实人力基础和保障，显得十分紧迫和必要。随着工业化、信息化、城镇化的迅速发展，农业生产要素不断向城市集中。农村社会中，大量农村劳动力从农业转向非农业，从乡村流动到城镇，这已是普遍的现象。大量农村劳动力涌入城市以及农村城镇化趋势的加剧，农村劳动力老龄化、妇孺化趋势的加剧，越来越多的农民放弃对土地的耕种，转包、出租土地现象日益增多，而留守土地的农户开始出现专业大户，如种粮大户、蔬菜种植大户等。在这一背景下，党中央提出要发展现代农业。2013年中央一号文件提出："坚持依法自愿有偿原则，引导农村土地承包经营权有序流转，鼓励和支持承包土地向专业大户、家庭农场、农民专业合作社流转，发展多种形式的适度规模经营。""努力提高农户集约经营水平，按照规模化、专业化、标准化发展要求，引导农户采用先进适用技术和现代生产要素，加快转变农业生产经营方式。"适度规模经营成为发展现代农业的重要途径。规模经营给农民带来较高利润，但也存在极大风险，需要经营者有一定的专业技术，并能不断采用新技术，推广优质高产新品种，发展绿色农业，领先市场，才能确保丰收和获得效益。

此外，国家"十二五"规划中指出，要"完善现代农业产业体系，发展高产、优质、高效、生态、安全农业，促进园艺产品、畜产品、水产品规模种养，加快发展设施农业和农产品加工业、流通业，促进农业生产经营专业化、标准化、规模化、集约化"。每一项目标的实现均离不开高素质的农村劳动力。因此，加强职业农民的科技教育与培训刻不容缓，已成为改造传统农业、建设高效生态新型农业的必由之路。

二是北京快速城镇化对农民的生活、生产方式带来巨大改变。北京市《"十二五"城乡经济社会一体化发展规划》提出到2015年力争将1/3农民转为城镇居民。这将使农民的传统生活方式和价值观念受到极大的冲击，如何引导农民适应生活的转化，提高他们的技能，让他们能真正融入城市、适应城市生活，成为亟待解决的重大社会问题。

三是北京农民培训特别是新型职业农民培育的效果不容乐观。北京投入了大量的资源开展农民培训，但存在体制不畅、经费浪费、培训主体多、培训内容陈旧、培训方法缺乏创新、资源分散，效果差、效益低等问题，缺乏对培训主体、培训者、培训内容、培训方法等问题的实证反思。从发展视角开展反思，并积极开展创新，提高农民质量就显得极为迫切和必要，这是本研究的意义所在。

从政策和各地实践来看，新型职业农民培育的思路逐渐明晰。2012年1月，中共中央、国务院印发的一号文件《关于加快推进农业科技创新持续增强农产品供给保障能力的若干意见》指出，必须"大力培育新型职业农民"。

2012 年 8 月，农业部印发《新型职业农民培育试点工作方案》，确定了率先在全国 100 个县（市、区）开展新型职业农民培育试点工作，力争通过 3 年试点，在 100 个试点县培育新型职业农民 10 万人。

2013 年 1 月，中共中央、国务院印发的一号文件《关于加快发展现代农业进一步增强农村发展活力的若干意见》指出："大力培育新型农民和农村实用人才，着力加强农业职业教育和职业培训。"

为进一步加强对试点工作的指导，农业部 2013 年再次出台了《关于新型职业农民培育试点工作的指导意见》；2013 年 11 月，农业部召开全国新型职业农民培育试点工作经验交流会。目前全国 100 个试点县，已有 88 个县建立了新型职业农民教育培训制度，73 个县制定了认定管理办法，61 个县明确了扶持政策。

2014 年 1 月 9 日，中共中央、国务院印发了《关于全面深化农村改革加快推进农业现代化的若干意见》，提出要"加大对新型职业农民和新型农业经营主体领办人的教育培训力度"。

发展都市型现代农业对北京市实现可持续发展具有重要的现实意义。当前，北京都市型现代农业面临"老龄化""兼业化"的问题越来越突出，培养一大批以农业为职业、具有一定专业技能、收入主要来自农业的现代农业从业者，提升现代农业生产经营队伍的素质，解决好北京郊区"谁来种地""如何种地"的问题，为都市型现代农业持续健康发展提供坚实人力基础和保障，显得十分紧迫和必要。

为了服务都市农业，培育新型职业农民，按照农业部的安排，2012 年，大兴、密云被确定为新型职业农民培育的试点区县，开展了系列工作，取得了一定成效，但也存在很多亟待解决的问题。

对全国各地和北京新型职业农民培育的实践需要进行总结和理论提升，以便更好制定政策为新型职业农民培育服务。本课题的研究目的在于通过调研，全面摸清郊区都市现代农业的现状、从业人员现状以及北京市农民教育培训资源状况，对北京市农民教育培训现状与问题进行深入研究，围绕北京都市型现代农业发展实际，从职业农民的培养提高、后继补充、吸引扶持和资格认定等方面有针对性地提出加快北京市职业农民培养的政策建议。

研究的理论价值在于通过问题反思，提出北京农民培育的方法、途径和政策，构建现代农民培育体系；同时对有效推进现代农业发展、城镇化发展、新型农民的职业化和农民生计转型，具有重要指导意义。

二　核心概念界定和国内外研究现状述评

（一）核心概念界定

1. 发展

本课题发展视角关注两个层次的发展。一是社会发展（Development），指社会的各个方面在数量和质量，包括构成（产业、劳动力、生产和技术、收入和消费、收入增长的分配等）朝着积极方向的变化。二是人的发展，指的是农民个体蕴含的潜能在社会实践活动中不断解放并转化为现实个性的过程。研究中重点关注农民的发展。

2. 问题反思

问题指的是关键点、重要之点，是农民培训的关键要素；反思是对农民培训的关键点进行反省和思考。

3. 农民

农民是一个极其普通和常用的概念，但无论在学界还是在日常生活中，对农民概念的理解都存在较大差异。正如权威的工具书《新帕尔格雷夫经济学大辞典》所提到的："很少有哪个名词像'农民'这样给农村社会学家、人类学家和经济学家造成这么多困难。"国外发达国家一般是从职业角度给"农民"下定义的，农民（farmer）是指经营 farm（农场、农业）的人，一般为"农场工人"（包括农场主），属于一种职业；然而在许多不发达国家或社会，农民被视作 peasant，peasant，其定义是指贫苦农民，其含义远比 farmer 复杂；我国现在农民的概念基本是属于户籍的范畴。谈到农民这一概念，人们想到的不是一种职业，而是一种社会等级、社会身份，一种生存状态、一种社会组织方式、一种文化模式乃至心理结构等。因此要研究农民问题，首先要明确农民的概念。

"农民"这一称呼在我国已延续几千年，关于农民的概念和社会属性一般有两种不同的观点和声音。一是应该按照身份来界定农民，具体地说，也就是根据户口上的户籍划分农民和非农民。1958 年，国家正式颁布实施《中华人民共和国户口管理条例》，确定了农村户口和城市户口的"二元结构"户籍管理体制。二是农民是一种职业而非身份，应该按照职业来界定农民，也就是指从事农业生产工作的人，在阶层构成中，农民始终是一种身份与职业的混合体，即生活在农村，从事农业生产。

在发达国家，农民（farmer）是指经营 farm（农场、农业）的人，一般是“农场工人”（包括农场主），属于一种职业。在不发达国家，农民被视作 peasant，是指贫苦农民。在中国，农民是身份概念，基本属于户籍的范畴。本研究中的农民指的是身份概念的农民，包括城镇化过程中“离地”农民、从事农业经营的散户农民和新型职业农民。

4. 新型农民

2006 年中央一号文件首次提出新型农民的概念，这是相对于我国农民现状，基于提高农民整体素质提出来的，仍然没有回归职业属性。

2005 年 11 月，农业部《关于实施农村实用人才培养“百万中专生计划”的意见》明确提出，农村实用人才培养“百万中专生计划”的培养对象是：农村劳动力中具有初中（或相当于初中）及以上文化程度，从事农业生产、经营、服务以及农村经济社会发展等领域的职业农民。这是在国家层面首次提出“职业农民”概念，这个概念是基于农民中等职业教育的对象提出的，并初步界定了“职业农民”的从业领域。2006 年的中央一号文件，即《中共中央国务院关于推进社会主义新农村建设的若干意见》提出：提高农民整体素质，培养造就有文化、懂技术、会经营的新型农民，是建设社会主义新农村的迫切需要。“新型农民”概念在中央文件出现，这个概念是基于提高农民整体素质提出来的，并明确了新型农民“三个方面”的能力素质要求。在党的十七大报告里进一步强调，培育有文化、懂技术、会经营的新型农民，发挥亿万农民建设新农村的主体作用。这里有一个从“培养”到“培育”的变化，体现了产生新型农民队伍需要通过“教育”和“培训”去“培”，也需要通过“环境”和“扶持”去“育”。

5. 新型职业农民

2012 年中央一号文件提出“大力培育新型职业农民”，这是“新型职业农民”概念第一次出现在中央文件里。2012 年全国农业科技教育工作会上，回良玉副总理提出：“要把培养新型农民作为一项基础性、战略性的重大工程，切实抓紧抓好。”农业部党组中心组（扩大）学习党的十八大精神会上，农业部部长韩长赋强调：“今后必须把新型职业农民培养作为关系长远、关系根本的大事来抓。”至此，新型职业农民培育工作逐渐成为农业部门乃至整个国家的一项重点工作。

2013年中央一号文件进一步强调着力加强农业职业教育和职业培训，其目的就是要培养和稳定现代农业生产经营者队伍，破解农业劳动力结构性矛盾和后继乏人问题。这已经是一个现实而紧迫的重大课题，从党的十八大召开到2013年中央一号文件出台，在不到两个月的时间里，中央一系列会议和文件密集部署“三农”工作，其中一个突出的焦点，就聚在了“谁来种地”“如何种地”这个问题上。党的十八大提出，坚持和完善农村基本经营制度，构建集约化、专业化、组织化、社会化相结合的新型农业经营体系；随即国务院常务会议强调，要采取有效措施，使一部分年轻人愿意在农村留下来搞农业，培养和稳定现代农业生产队伍；继而中央经济工作会议、中央农村工作会议明确，要稳定完善强农惠农富农政策，充分保护和调动农民生产经营积极性，使务农种粮有效益、不吃亏、得实惠；2017年中央一号文件指出，农村劳动力大量流动，农户兼业化、村庄空心化、人口老龄化趋势明显，农民利益诉求多元，加强和创新农村社会管理势在必行。

综上所述，新型职业农民的提出是立足我国农村劳动力结构的新变化，着眼现代农业发展的新需求，培养未来现代农业主体的战略决策。同时也为中国特色的农民教育提出了崭新的课题，为构建中国农民教育制度体系明确了方向。

6. 新型职业农民的内涵与基本特征

新兴职业农民首先是农民。农民是指长期居住在农村社区，并以土地等农业生产资料从事农业生产的劳动者。农民要符合以下四个条件：一是占有（或长期使用）一定数量的生产性耕地；二是大部分时间从事农业劳动；三是经济收入主要来源于农业生产和农业经营；四是长期居住在农村社区。这是构成农民的基本条件，是农业生产特点所提出的基本要求。职业农民也必须符合这些条件，这是与非农民区分开来的重要标志。

与传统农民、兼业农民不同，新型职业农民除了符合农民的一般条件，还必须具备以下三个条件：

第一，新型职业农民是市场主体。传统农民主要靠传统生产方式，以维持生计为目标，是自给自足的农业；而新型职业农民生产的目的在于为市场提供农产品，要充分地进入市场，并利用市场信息，提高产品质量，调整农产品结构，延长农业产业链条，利用农业的多功能性来满足消费者需求，通过一切可能的选择追求报酬最大化。因此，新型职业农民一般会有较高的收入。

第二，新型职业农民具有高度的稳定性。稳定性是农业对从业者的基本要求，因为农业具有周期长的特点，土地需要精心呵护，地力需要长期培植，农业的可持续发展才能得以实现。此特点用以区别于对农业的短期投资行为。此外，只有稳定性才可能积累农业生产经验、提高农业生产水平，因为农业生产是具有地域性并对实践经验具有较大依赖的活动，没有长期的经验积累，把农业做好是不可能的。稳定性的另一个表现是新型职业农民把务农作为终身职业，而且有农业生产的后继者。

第三，新型职业农民具有高度的社会责任感和现代责任观念。传统农民只需要生产出满足家庭需要的农产品，其责任范围只限于自己和家人。新型职业农民不仅有文化、懂技术、会经营，其社会责任要求也不断扩大。首先，要求新型职业农民的行为要对消费者负责，保证为社会提供安全、可靠的农产品；其次，要求新型职业农民对环境负责，新型职业农民在农业生产过程中不污染和破坏环境，如不滥施化肥、农药，不破坏植被等，即承担对环境的责任；其三，要对后代负责，农业是人类生存的基础，土地要做到永续利用，就必须培植地力，不污染土地，不改变土地性质，为子孙后代留下最宝贵的可利用资源。可见，新型职业农民具有更多的社会责任，不仅要对自己负责，还要求其行为对他人、生态环境、社会和后人承担责任。一般来说，责任的大小与社会地位的高低正相关，随着新型职业农民社会责任的扩大，社会地位也应该越来越高。

由此，我们可以将新型职业农民定义为：以农业为职业、具有较高的素质和一定的专业技能、收入主要来自农业的现代农业从业者。

7. 教育培训

教育培训是教育者根据受教育者的发展需要，为了提高受教育者的工作能力，有目的、有计划、有组织地对受教育者的身心施加影响而开展的系列活动，通过这个过程，学习者达到在知识、技能、态度和行为上的改变，这是组织机构或培训者为了提高受训者的工作效率、改变其思想观念所进行的有组织的学习活动。

8. 农民教育培训的相邻概念辨析

研究农民教育政策问题，首先要厘清与农民教育有关的几个概念，弄清了与农民教育相关的属种概念、交叉概念，才能全面理解相关政策的适用性及其相互作用。

农民教育有多个上位概念或者说属概念。最直接的属概念是“农村农民培训”。农村农民培训是对农民、回乡初高中毕业生、专业技术人员、基层干部、乡镇企业职工等农村从业人员进行的政治、经济、文化、科学技术、业务知识等方面的教育。

农村农民培训的上位概念（属概念）有两个，一个是农民培训，一个是农村教育。所谓农民培训，是指根据成年人的教育需求，为实现人的自我发展目标，按照成人学习规律所实施的教育形式。农民培训是一种继续教育，但不能简单理解为成人学历教育。农民培训的内涵有三层：一是教育对象是已经毕业于全日制学校的成年人，这些人是“现役劳动者”或“待业劳动者”；二是教育形式是按照成人的特点和规律创立的；三是教育目标是提升人的科学文化素质、更新人的职业能力、促进人的全面发展。在这个意义上讲，农民教育从属于农民培训。

“农村教育”是在城乡二元体制下形成的有关教育划分的概念。农村教育是相对城市教育而言的。它是县以下农村地区所设立的教育机构面向农村人口开展的教育活动。可以把乡镇村各类学校所开展的教育，统统归为农村教育。包括普通农村中小学教育、农村农民培训及农村职业教育。即所谓普教、职教、成教的农村“三教”。

与农民教育相邻或交叉的一个概念是农村职业教育。对农村职业教育的传统理解是：处于县以下农村地区，面向农村劳动后备军所开展的职业教育。这里所指职业教育，并非特指农业职业教育，而是涵盖农村经济结构各种职业的职业教育。如卫校、师范学校、技工学校等。其实，农村职业教育还应该包括职后教育，即对现役劳动者进行继续教育或终身职业教育。农村现役劳动者中一个较大的群体是农民，因此农村职业教育包含对农民的职业教育。

本研究中，农民培训包括了农民技术培训、基础知识培训和专业技能培训几个方面，不是单纯的专业技术或者某项技能的培训。

9. 农民培育

培育是指培训和发育，突破了传统培训的概念，要在培训教育的基础上，通过一定的途径和政策支持，帮助传统农民成为新型职业农民。

培育新型职业农民要做到三类协同、三位一体、三级贯通，即生产经营型、专业技能型、社会服务型三类农民贯通。生产经营型农民是培育的核心与重点，专业技能型农民主要是培养农业蓝领，社会服务型的农民培育是为了推进农业社会化服务，需要做到对现有农民素质与技能的提升。对未来农民进行培养与创业扶持（返乡农民工、复转军人、大学毕业生、“两后生”等到农村创业）要做到三同步，即同步于现代农业发展、同步于新型农业经营主体发育、同步于农业重大工程项目。

做到三位一体，即教育培训、认定管理、政策扶持同步进行。教育培训要提高针对性、规范性、有效性。在培育方式上：分为学历教育（高中等职业教育培养）和技能培训（新型职业农民技能和创业培植）。在培育模式上：由培训向培育转变，实行全过程培养；适应成人学习的特点和农业生产规律，分段式（按农业生产环节分阶段培训）、重实训（加强实训操作，由懂到会）、参与式（农民田间学校方式，以农民为核心、以田间为课堂、互动式、启发式、参与式学习）。在培育内容上：分级分类培训，对生产经营型开展全产业链技能培训，侧重生产管理与市场营销；对专业技能和社会服务型侧重于实际操作技能，配套后续知识更新培训。在培育手段上：充分利用现代化、信息化手段开展远程、在线教育培训，在培育机构上集成各种资源。

新型职业农民的认定管理要具有权威性、规范化、易操作。首先是确定培育对象，按产业遴选、按需求确定、按对象分类。其次是明确认定原则，政府主导、农民自愿、公开公平公正、属地动态管理、与政策挂钩。三是确定认定对象，生产经营型，以县级为主认定；专业技能型和社会服务型，主要开展农业职业技能鉴定，把握好管理环节，全程管理、建档立册、计算机管理、证书年审。但需要明确的是认定不是目的，在相当长时期内，也不是务农的门槛，而是提升农民科技文化素质和技能的要求。

新型职业农民的培育需要专门、倾斜的政策扶持，这些政策由中央和地方共同创设，主要包括土地流转、金融、保险、补贴、农村实用人才奖励激励等方面。

新型职业农民培育需要建立初、中、高级三级贯通的体系。认定标准主要包括文化素质和技能水平、经营规模、经营水平及收入等方面。

（二）国内外研究现状述评

最近几年，关于农民培训研究的主要内容集中在三个方面。

1. 国外农民培训的模式、经验和保障措施研究

国外农民培训模式主要有东亚模式、西欧模式和北美模式三种模式。这些不同模式的共同特征，包括农民培训管理法制化，政府投入为主，全社会共同办职业农民教育，教育立法，为保证职业农民教育的顺利开展构建完善的职业农民教育管理体系等（赵正洲、侍建旻，2007；杜俊灵，2012）。

（1）以日本、韩国为代表的东亚模式。

东亚模式是指适应于人均耕地面积低于世界平均水平，很难形成较大土地规模经营的农业生产，是以政府为主导、以国家立法为保障，不同层次和类型的培训主体对农民进行多层次、多方向、多目标教育培训的农民培训模式，主要代表为日本、韩国和我国的台湾省等。

日本十分注重农民培训工作。其农民培训由国家统筹规划，政府农业部门与相关部门分工指导和协作，以教育系统为农民培训的主体，农业改良普及事业系统予以配合。目前，日本农业教育已形成了五个层次，即大学本科教育、农业大学校教育、农业高等学校教育、就农准备校教育和农业指导士教育。且各个层次的培训对象、培养目标都不同。大学本科教育一般通过综合性大学农学部和高等农业院校来完成，培养目标是造就农业高科技人才、学科带头人和教学人员，毕业生一般都不直接从事农业生产和经营。农业大学校教育相当于中国农业大专和中专教育，学校培训对象是新规就农者。农业高等学校教育相当于中国农业职业高中，其培训对象是初中毕业生，培养目标是培养应用型农业人才，这是青年农民培训的重要渠道之一。就农准备校教育是对城市在职人员或失业人员及大学毕业生进行的短期农业技术知识转岗培训，这也是新规就农者教育的一种重要形式，新从事农业人员在接受农业大学教育或就农准备校教育的教育培训之后，还必须根据需要到当地具备农业指导士资格的农民家中接受指导和研修。此外，日本的农业改良普及所为农民提供季节性进修，时间一般为 3 年，内容有新技术推广、增进农民健康长寿和后继人培养等。

韩国农民培训也是由国家统筹规划，政府农业部门和相关部门分工指导协作。但培训主体以农业技术推广指导机构和民间团体为主。近几年才逐步建立农业专门学校开展系统的正规培训。韩国从 20 世纪 60 年代以来，农民教育已形成了四个层次，即“四 H”教育、农渔民后继者教育和专业农户教育。“四 H”教育目标是使农民具有聪明的头脑（head）、健康的心理（heart）、健康的身体（health）和较强的动手能力（hand）。农渔民后继者教育是专门为农业后备劳动者提供的技术培训，并于 1981 年开始组织实施“农渔民后继者培养工程”，此项工程注重对农业后继者的精神教育和技术培训，提供经营管理、技术诊断、农产品销售、海外研修等服务。在后继者教育基础上开展的专业农户（中坚农户）教育是韩国面对国际市场竞争所进行的更高层次的农民教育，重点培养和扶持具有较高产业化经营管理水平、具备国际市场竞争实力的专业种养殖大户。

（2）以英国、法国、德国等为代表的欧洲模式。

西欧模式是指以家庭农场为主要农业经营单位进行农业生产，以政府、学校、科研单位、农业培训网四者有机结合，通过普通教育、职业教育、农民培训等多种形式对农民进行教育培训的模式。主要代表国家为英国、法国和德国。

英国政府高度重视农民职业教育与技术培训工作，通过制订相关法规和培训计划，设置专门机构来支持和开展农民培训。在英国各产业培训中，唯一能得到政府资助的就是农民职业教育与技术培训。

为了加强农民职业教育与技术培训，英国于 1982 年颁布了《农业培训法》，1987 年又对其进行了修改和补充。政府还不定期地针对农民培训工作进行有组织的调查研究，并针对调查中发现的问题及时制定改进措施。英国政府通过建立严格的奖励和考核制度来保证和提高培训的质量和效率。1987 年，英国设立了“国家培训奖”，以奖励在技术培训工作中成绩突出的单位，各有关部门也十分重视担负培训任务的教员或辅导员的素质，除邀请学院教师和研究咨询部门的科技人员任教外，还请在农业第一线工作过的具有丰富实践经验的人任教。培训具有严格的考试制度，学员经考试合格后，才能获得“国家职业资格证书”。为避免滥发资格证书，还专门成立了职业资格评审委员会。英国的农民职业教育与技术培训以农业培训网为主体力量。再辅以高等学校及科研与咨询机构，基本形成了高、中、初三个教育层次相互衔接，学位证、毕业证、技术证等各种教育目标相互配合，正规教育与业余培训相互补充，分工相对明确层次较为分明的农民职业教育与技术培训体系，基本满足了不同层次人员的需要。目前英国有 200 多个农业培训中心。每年约有 30% 的农业劳动者参加各种不同类型的农业培训活动。

德国不仅是一个高度发达的工业国，而且也是一个拥有高效率的农业国。德国农民培训由农牧渔业部统一管理，各个农业协会和农业团体配合开展工作。根据德国的联邦教育法和就业法，农业就业者在正式进入工作岗位之前必须经过不少于 3 年的正规职业教育。上岗之后在农场还要有 3 年的学徒期，学徒期必须按规定参加职业培训，出徒前要参加行业统一的资格考试。只有拿到绿色证书者才能被允许独立经营农场，这种严格的职业教育制度保证了毕业生的质量。德国职业教育的另一个特点是农业实践和理论教学紧密结合的“双轨制”。这种“双轨制”模式在农业职业教育中收到了良好的效果。职业教育随年级的提高，理论教学比重下降，农场中实践和学校中实际操作的课程比重逐渐增加。“双轨制”职业培训保证了学生具备应用现代农业技术的操作能力，也保证这些未来的农民始终了解农场在生产和经营中的主要需求和面临的问题。

（3）以美国为代表的北美模式。

北美模式是指适应以机械化耕作和规模经营为主要特点的农业生产，通过构建完善的、以农学院为主导的农业科教体系，实现农业教育、农业科研和农技推广三者的有机结合，从而提高农民整体素质的农民培训模式。主要代表国家为美国。

美国农业教育已有140年的历史，其农业教育的核心体现在农业科教体系的建立和完善上，联邦政府农业部设有农业合作推广局，各州有推广服务中心，各县有推广站和农民组成的推广顾问委员会。此外各州还有农学院和农业试验站。同时，全国有3500所中学开设农业职业教育课，约有1/3的高中学生选修。虽然农学院、农业试验站、农业推广站是通过不同的法案先后建立的，但它们之间并不相互隔绝，而是紧密地联系在一起，由农学院统管全州的农业教育、农业科研和农业推广工作。州试验站由农学院管理，并在全州各地设立分站或分场，结合当地的生产课题进行研究。农学院的教师有1/3~1/2参加试验站的研究工作，试验站的专业研究人员约60%兼有农学院教学任务，形成了农业教育、研究与推广三位一体统一管理的格局。此外，全国还有近5万个农村俱乐部帮助农村青年学习各种专业技术，提高他们的经营管理能力。美国各级政府对农业科研和农业推广等方面的财政支出不断增加，建立了大量的农业科研机构，并配备了相当数量的农业科技人员。

尽管东亚模式、西欧模式和北美模式的发展历程、表现形式和实施区域有所差异，但从本质上看不同模式也呈现出一些基本的共同特征。

（4）农民培训管理法制化。

立法贯穿于三种模式发展的全过程，内容涉及农民培训的各个要素和各个领域。如日本自第二次世界大战以来，先后颁布了《社会教育法》《青年学级振兴法》等，大力支持农民培训。韩国政府先后于1980年、1990年制定了《农渔民后继者育成基金法》和《农渔民发展特别措施法》，为培养农业后继者和专业农户从法律上提供了保证，把韩国农民培训事业在制度和政策上具体化了。英国于1982年颁布了《农业培训法》、1987年又对其进行了修改和补充，从而进一步加强了农民职业教育与技术培训。而《史密斯-休斯教育法》的颁布与实施则使美国的农民学历教育实现了中等化发展。1969年《职业教育法》的颁布使联邦德国形成了“双元制”的农民农业学历教育体制。农民培训管理的法制化是这些国家农民培训事业得以迅速发展的根本保障。

（5）国外农民培育体系完整。

其一，以政府投入为主，全社会共同办职业农民教育。一般情况下，政府都会从经费投入和政策方面加以倾斜，确保职业农民教育的优先发展。同时，也会采取一些切实可行的措施扶持职业农民教育，不仅包括政府的政策支持，还有政府对职业农民教育的“埋单机制”。

其二，教育立法，保证职业农民教育的顺利开展。为了保证职业农民教育的健康发展，在教育立法方面有一系列的规定，有力地推动了国家职业农民教育向更加规范化、制度化方向发展。在欧洲各国普遍实行职业农民资格考试制度，政府规定必须完成一定的农业职业教育，一般是2年以上，考试合格获得“绿色证书”者，才有资格当职业农民。在亚洲国家，对于职业农民教育的重视主要表现在国家法律制度方面。

其三，完善的职业农民教育管理体系。一是形式多样的职业农民教育管理机构和培训组织。在国外，职业农民教育一般由专门的政府机构进行管理，并有领导负责。也有诸如农民培训中心、农民培训学校、培训农场、农民培训队、农业函授学校、农业广播学校、农村青年俱乐部、农村教育网、农业刊物等专门从事农民教育培训的组织和机构，从而逐步形成多层次、多形式的培训机构网络，在提高职业农民素质和知识技能中起到重要的作用。二是可操作性的教育质量监督机制。为了保证教育培训的质量，国外农民教育都进行严格的考试和认证制度，一般淘汰率占1%～2%，为农民教育培训提供了统一的可操作的目标，也为监督评估农民教育状况提供了统一的标准。

2. 最近几年关于新型职业农民的认识和培育途径的探讨

学术界从各个方面对新型职业农民培育展开了诸多层面的研究，取得了令人瞩目的成果，研究领域有新的拓展，研究水平进一步提高，对开展新型职业农民培育起到了指导作用。本综述依据近几年中国知网的相关文章和部分专著，对若干研究成果进行评述。

所谓职业农民，是指把务农作为主要职业的农民。也有人认为，职业农民是“把农业作为产业经营，利用市场机制和规则获取报酬，并追求实现自己利润最大化的农民”。从广义上讲，职业农民应包括拥有一定土地等生产资料、实行自主经营的农场主型职业农民，拥有一定专业技术（或具有资格证书）、主要从事农业技术工种的技术员型职业农民和专门从事基层农事操作并受雇于农场主的农业工人型职业农民，同时也包括在农村从事农村社会发展管理的新型农民。职业农民是相对于传统农民而言的。根据美国人类学家艾瑞克·沃尔夫的定义，“peasantry”主要是指满足于维持生计，身份有别于市民的农业从业人员，而“farmer”则指充分融入市场，将农业作为产业，并利用一切可能的选择使报酬极大化的从业人员。在资本主义发展较早的西方国家，由于产业的分离和分工的具体化以及土地的完全私有化和市场化，农业从业人员逐步职业化，特别是在政府对农业实行标准化生产指导和对从业人员进行资格确认以后，农民实现了完全职业化。

我国党中央、国务院十分重视农民职业化教育工作。2005 年底，农业部在《关于实施农村实用人才培养“百万中专生计划”的意见》中，首次提出了“职业农民”的概念。2006 年初，农业部进一步提出招收 10 万名具有初中以上文化程度，从事农业生产、经营、服务以及在农村经济社会发展等领域就业的职业农民，把他们培养成有文化、懂技术、会经营的农村专业人才。2007 年 1 月，《中共中央国务院关于积极发展现代农业扎实推进社会主义新农村建设的若干意见》首次正式提出培养“有文化、懂技术、会经营”的“新型农民”。2007 年 10 月，新型农民的培养问题被写进党的十七大报告。2012 年的中央一号文件明确提出了“大力培养新型职业农民”。

尽管西方学术界对职业农民已经有了明确的定义，但“职业农民”一词在我国至今还没有统一的解释，意思相近的称谓主要有“专业农民”“农民的职业化”等。学者由建勋认为，职业农民是“将农业作为产业进行经营，并充分利用市场机制和规则来获取报酬，以期实现利润最大化的理性经济人”。由此可见，职业农民是一个特定的概念，至少隐含三个前提条件：一是必须从事农业生产和经营；二是必须以获取经济利润为目的；三是必须作为一种独立的职业（由建勋，2008）。

对于职业农民与传统农民的区别，邓幸文等人认为，职业农民作为经济学意义上的理性经济人，是农业市场化乃至现代化过程中出现的一种新的职业类型，而传统农民是社会学意义上的身份农民，它是社会群体人为等级秩序化的产物。两者最本质的区别在于是否自愿选择农业作为职业。其具体区别主要在以下几个方面：职业农民具有自主性，职业农民具有开放性，职业农民具有很强的约束性，规模化经营程度不同，素质条件不同，经营方式、生活方式不同等（邓幸文，2003；朱康、张军，2010）。

目前，学术界尚没有对职业农民进行分类，而是将所有经营农业企业，或者在农业企业打工的劳动者笼统地称为职业农民。有的学者则仅仅考虑了农业工人，他们认为所谓农业工人主要指两类人：一是土地入股给农业企业，然后再到该企业中打工，他们既是可以按股分红的农业企业的小股东，又是凭劳动领取工资的工人；二是指本地的短工和到农业企业中打工的外来人员（刘丽华，2009；殷瑛，2009）。鉴于此，有必要对现存的职业农民群体进行细分并思考不同的培育路径。

新型职业农民培育对于加速农业产业化，实现农业现代化，解决“三农”问题，有效提高农业劳动生产率，提升农产品竞争力，促进农业职业教育的发展，培养新型职业农民，促进农民职业化具有十分重要的战略意义，概括一些专家学者的论述，培养职业农民的意义主要体现在加速农业生产发展、促进农民增收致富、提高农民整体素质、改善农村发展环境、实现农村民主自治等（邹慧，2009；宋建华，2003）。

要想使职业农民成为农村的主流职业，还必须做到在城乡之间，包括户籍制度、社会保障制度等一系列社会管理制度基本一致。此外，现行的土地制度也是形成职业农民的一大障碍。因此，目前我国的城乡二元体制和土地制度成为职业农民形成的主要制度障碍（谢淑娟，2008）。

对新型职业农民的培养路径选择，不少学者提出了自己的看法，主要包括转变理念，为职业农民的培育提供思想保障；突出职教，为职业农民提供教育保障；创新机制，为职业农民提供制度保障；政策引导，为职业农民提供政策保障等（张桃林，2012；刘丽华，2009；殷瑛，2009；朱康、张军，2010；潘志云、赵家英，2007）。也有不少文章介绍了各地开展职业农民培训的做法和体会（张亮，2010）。

另外，部分学者通过研究国外农民培训的模式提出了对中国职业农民培养的启发，国外农民培训模式概括起来主要有东亚模式、西欧模式和北美模式三种模式。这些不同模式也呈现出一些基本的共同特征，包括农民培训管理法制化，政府投入为主，全社会共同办职业农民教育，教育立法，为保证职业农民教育的顺利开展构建完善的职业农民教育管理体系等（赵正洲、侍建旻，2007；杜俊灵，2012）。

3. 对城镇化、城市化过程中“离地”农民的培训与反思

这方面的研究比新型职业农民培训的研究相对沉寂，数量也少一些。

北京市最近几年积极在城乡接合部开展农民观念提升和技能培训，在大兴、密云两个新型职业农民培育试点县开展工作，取得了一定成效。

以上研究及实践对我们开展研究有十分重要的借鉴意义，但是综述现有研究，有两大不足。一是研究内容更多是理论研究，缺乏实证，研究侧重于农民技能培训，缺少农民心理、法律等方面素质教育以及政策扶持等方面的深入探讨。二是研究方法多是文献研究和小样本的区域性研究，缺乏农民教育培训的反思和评估。

三　研究概述

（一）研究目标

从关注农民发展出发，基于问题反思，构建农民培育的现代培训体系，满足农民发展需求，推进城乡一体化发展。

（二）研究假设

其一，发展权体现了权利本位的价值取向、以人为本的价值属性、自由选择的价值关切和机会平等的价值追求。以发展权作为农民培训政策价值基础和理念基础，具有逻辑优先性、理论必要性和现实可行性。

其二，当前，北京的农民存在很多突出问题，主要包括：（1）培训政策“工具理性”对“价值理性”的拒斥较为明显，其目标定位有待矫正；（2）培训法规保障机制尚不健全；（3）缺乏资源整合和培训评估，导致培训效果和质量无法保证；（4）配套政策缺位，影响了实施效果和职业农民的认定和管理。

其三，政策是影响农民培训和成长的重要因素，必须制定相应的法律法规保障该工作顺利进行；农民培育需要分类培训，实施不同的途径和机制，制定相应政策才会取得好的效果。

其四，农民培育实施主体的能力建设是培育效果的重要影响因素，必须加强培训主体、培训教师的能力建设和制度建设。

其五，西方国家农民培训有益经验归纳如下：（1）将人力资源的开发和利用作为政府的核心责任；（2）政府转变自由主义的政策导向，“积极有为”地整合培训资源；（3）彰显对弱势群体的人文关怀精神，加大对农民培训的资金支持；（4）关注培训质量的提高，构建完善的培训评估机制。

其六，北京农民培训展望和趋势是：（1）端正政策价值取向，由关注农民生存权向实现农民发展权转变；（2）提高政策定位高度，顺应城市化、现代农业发展潮流，培育新型职业农民和专业农民；（3）拓展政策内容体系，培育农民素质；（4）注重资源整合，提升培训效果和质量。

（三）研究方法、技术路线

1. 研究思路

从宏观和微观两个层面，透视北京农民培育的关键要素，试图把理论分析、问题反思与深入细致的案例研究有机结合起来，把宏观研究与微观研究结合起来，把社会批判与建设性思考结合起来，从而对京郊农民培育提供有益的借鉴和参考。在理论研究和田野调查的基础上，选取典型事件或案例进行深入剖析，对农民和乡镇文化学校的教师开展培训，以把握农民培育的方法、模式、机制和政策。

2. 研究方法

（1）田野调查法。设计半结构访谈提纲和调查问卷，开展田野调查和问卷调查，收集数据，使用 Excel 和 Spss2.0 软件包处理数据。

（2）文献法。进行收集资料并整理、归类、分析、比较，以便对课题有较深刻理解。

（3）参与式行动研究。与相关部门合作，在对典型案例深度剖析的基础上，进行四个方面的行动研究：一是建立中国新农之家微信群，利用网络进行农民培训和咨询，现在开展专题讨论 6 次，微课 60 次；二是先后与河南省农业广播电视学校、北京怀柔区职教研究室合作开展师资培训；三是与大兴区农委、海淀区农委合作进行新市民观念提升培训，与朝阳区东坝乡合作开展城乡接合部社区治理能力提升培训；四是召集部分有培训经验的老师一起编撰《参与式农民培训的道与术》一书，总结规律，促进经济社会发展和农民发展同步。

3. 田野调查步骤

按照研究要求，需要开展田野调查，调查的主要步骤安排见图1-1。

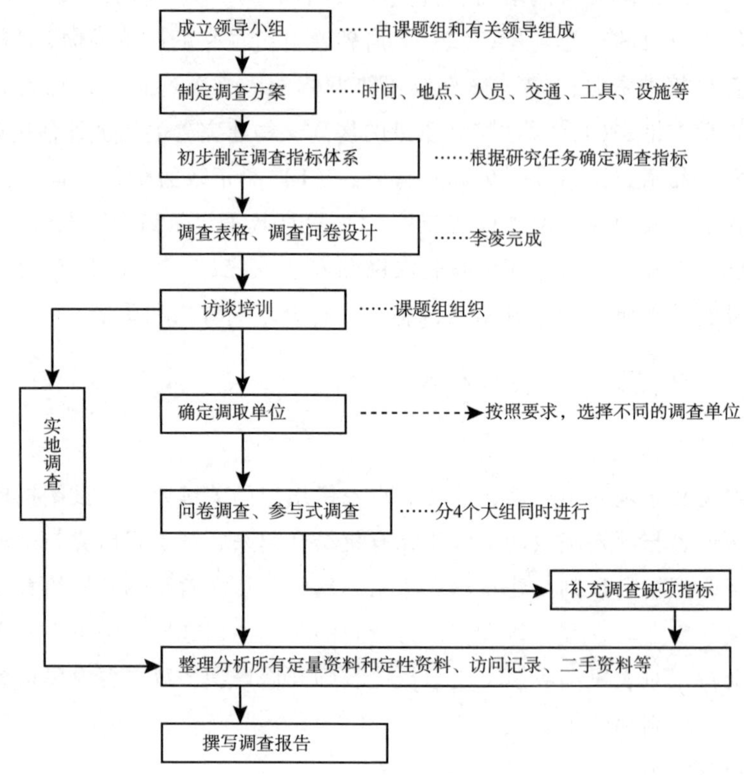

图1-1 田野调查步骤安排

（四）研究的重点、难点和创新之处

1. 研究重点

研究重点有两个方面。一是系统梳理农民培训的创新。二是在分析实施农民培训项目绩效管理的必要性及可行性基础上，提出以绩效评价促进农民培训项目绩效管理系统建设，强化农民培育项目绩效管理的监测与评价手段，强化农民培育项目绩效管理的资源配置，加强绩效评价指标体系开发，逐步开展农民培育项目绩效管理实践等方面的建议。

2. 研究难点

本课题的主要研究内容是京郊农民培训的问题反思与创新。但是，由于北京郊区地区类型复杂、农民培训途径多样，培训主体多元，培训的理念和方法有待提高……因此，这就要求在研究中把握重点，以突出针对性。我们需要按照不同地区、农民培训的不同类型以及不同的培训主体等进行归纳提升，从而给课题研究带来了困难。为了克服研究的困难，我们与相关部门密切配合，获取更多部门的支持和培训，招募了中国农业大学、北京农学院一些研究生参与调查。

3. 研究创新

（1）研究方法论层面。

一是从农民视角对培训问题进行反思，构建农民培训评估体系和创新方法。

二是从教育社会学的角度，运用调查研究法、文本分析法等方法，并对新型职业农民培育研究与各地实践创新的典型个案进行深入考察，将各种方法有机结合。

（2）研究内容创新。

全面梳理北京农民培育研究的历史发展轨迹，系统呈现新时期京郊农民培育研究的现实、趋势和未来途径；提出农民培训绩效评价体系。

（五）研究过程及人员分工

1. 技术路线

研究的技术路线见图1－2。

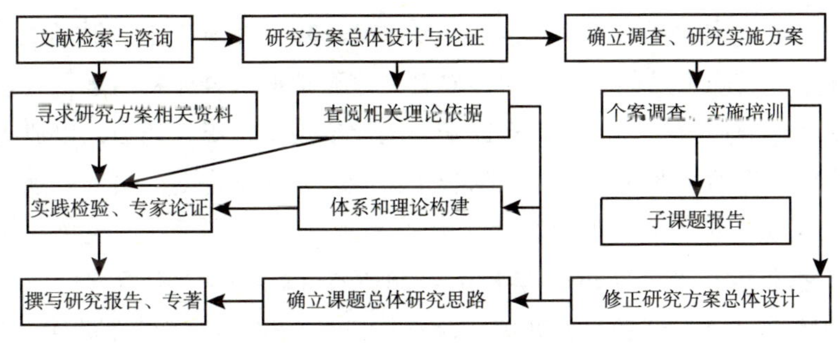

图1－2　研究的技术路线

2. 实施步骤

（1）课题准备与开题阶段。立项后，课题负责人认真准备，进行研究设计，与合作研究单位进行对接。

2014 年 11 月 20 日，课题组邀请中国农业大学人文与发展学院朱启臻教授、中国人民大学教育科学院李立国教授、天津职业技术师范学院董显辉教授进行了开题论证。按照北京市教育科学规划课题开题的有关要求，明确了本课题的研究目标、研究内容、人员分工、时间进度、预期成果等内容。

（2）文献查阅和实地调查阶段（2014 年 11 月至 2015 年 3 月）

进一步查阅文献，撰写报告的理论研究部分，在半结构访谈基础上，形成调查问卷，进行试调研，修改问卷。

3. 提出创新培训方案，开展培训阶段（2015 年 4 ~ 7 月）

在研究基础上，开展农民培训和师资培训，针对不同类别、不同区域的农民开展 30 场次、1000 人次以上的培训；开展师资培训 6 次，培训 600 人次，在培训基础上，提出农民创新培训的方案和建议。

2014 年 8 月至 2015 年 10 月，在密云区穆家峪镇阁老峪村开展回迁上楼农民系列培训。

2015 年 7 月至 2016 年 3 月，参与延庆农民培训“十三五”规划期间就业增收的研究编撰，成果被延庆区采纳，出台了正式文件。

2016 年 9 月，参与论证大兴区农民观念提升工程，方案被大兴区农委采纳。

2017 年 7 ~ 12 月，在朝阳区东坝乡开展社区治理能力提升培训，培训共 80 课时，参与培训的有 40 名社区书记、主任。

2016 年 1 月至今，每周三 20：00 ~ 21：30，针对农业主体人才紧缺、思路狭窄、后劲不足的难题，中国农合之家微信群从合作社的运营管理、综合素质、业务能力三大板块，帮助新农人改变观念、提升能力，以成为带动一方农民致富的企业家和合作社的骨干力量，开展不定期的培训，现在培训 80 期，听课学员 3 万多人次。

4. 报告撰写阶段（2016 年 8 月至 2017 年 12 月）

2015 年 8 月，课题组召开第二次全体成员会议，推进研究进展。

各子课题组形成报告初稿，发表研究论文，2016 年 12 月，课题组召开第三次课题汇报会。

2017 年 3 月，启动农民培训师教材编写会，2018 年 3 月，教材初稿完成，2018 年 10 月将正式出版。

5. 报告修改完善和中期检查阶段（2015 年 12 月至 2017 年 12 月）

各子课题完成报告撰写，在此基础上完成研究报告和专著，2017 年 10 月，召开课题组第四次会议，邀请专家对课题成果和研究报告初稿进行评审。

2018 年 4 月，再次邀请专家进行检查，进行结题准备。

四　农民培训的理论基础

研究并促进农民教育培训事业，需要有雄厚的理论作为基础支撑，我们在研究和进行农民培训的实践中不断认识到，下列理论对于农民培训有借鉴和指导意义。

（一）人力资本理论

1979 年诺贝尔经济学奖获得者、美国芝加哥大学教授、素有“人力资本之父”之称的西奥多·舒尔茨是公认的人力资本理论的构建者。1960 年，他在美国经济协会的年会上以会长的身份做了题为“人力资本投资”的演说，阐述了许多无法用传统经济理论解释的经济增长问题，明确提出了人力资本是当今时代促进国民经济增长的重要因素。

第二次世界大战结束以后，战败国德国和日本受到很大的创伤。很多人认为，这两个国家的经济恐怕要经过很久才能恢复到原有的水平。但实际上，大约只用了 15 年，德国和日本的经济就奇迹般地恢复了，而且 20 世纪 60 年代以后，这两个国家继续以强劲的势头赶超美苏，并最终使经济实力上升到世界第二和第三的位置。这其中的原因让许多人迷惑不解，人们开始探究传统经济学的不足。

一般而言，国民财富的增长与土地、资本等要素的耗费应该是同时进行的，但统计资料显示，二战以后，国民财富增长速度远远大于那些要素的耗费速度，这是一个难解之谜。经济领域中这些难以解释的特殊现象，引起了西方经济理论界的高度重视，经济学家们纷纷提出自己的观点。西奥多·舒尔茨的人力资本理论就是在这样的背景下应运而生的。他提出了著名的观点：在影响经济发展的诸因素中，人的因素是最关键的，经济发展主要取决于人的素质的提高，而不取决于自然资源的丰瘠或资本的多寡。以此来解释上述的经济领域疑难问题就很简单了。关于德国和日本的经济奇迹，他认为，两国战后之所以出现经济复兴的奇迹，最主要就是人力资本的原因。战争虽然破坏了这两国的物质资本，但并未破坏其充裕的人力资本；再加上这两国悠久的文化传统和重视教育的现代国策为经济发展提供了大量高素质的劳动力，这使两国的经济发展得以建立在高技术水平和高效益基础上。

关于国民财富远远大于资源耗费的问题，西奥多·舒尔茨认为："投入与产出之间增长速度之差，一部分是由于规模收益，另一部分是由于人力资本带来的技术进步的结果。"[①] 这使得单位劳动、土地和资本的耗费可以产生比以前要高得多的产出和效益，由此可以理解二战后以及整个20世纪60年代资本主义世界经济高速发展的原因。舒尔茨指出，人力资本是"指凝聚在劳动者身上的知识、技能及其表现出来的能力"[②]。他认为，人力资本是体现在劳动者身上的一种资本类型，它以劳动者的数量和质量，即劳动者的知识程度、技术水平、工作能力以及健康状况来表示，是这些方面价值的总和。人力资本是通过投资而形成的，像土地、资本等实体性要素一样，其在社会生产中具有重要的作用。

在人力资本的形成过程中，投资是非常关键的。西奥多·舒尔茨指出，区分消费支出和人力资本投资支出，无论在理论上还是在实践上都是困难的。但大概可以将人力资本投资渠道划分成以下5种[③]：（1）医疗和保健，它包括影响一个人的寿命、力量、耐力、精力等，既有数量要求又有质量要求，其结果必然是提高人力资源的质量；（2）在职人员培训，包括企业的旧式学徒制；（3）学校教育，包括初等、中等和高等教育；（4）企业以外的组织为成年人举办的学习项目，包括农业中常见的技术推广项目；（5）个人和家庭为适应就业机会的变化而进行的迁移活动等。这些活动的投资一经使用，就会产生预期的影响，也就是说，投资所形成的劳动者素质的提高将在很长的时期内对经济增长做出贡献。

人力资本投资与其他方面的投资比较起来，是一种投资回报率很高的投资。西奥多·舒尔茨应用效率收益法对1929～1957年美国教育投资与经济

① 〔美〕西奥多·舒尔茨：《论人力资本投资》，北京经济学院出版社，1990。

② 〔美〕西奥多·舒尔茨：《人力投资——教育和研究的作用》，商务印书馆，1990。

③ 〔美〕西奥多·舒尔茨：《论人力资本投资》，北京经济学院出版社，1990。

增长的关系做了定量研究，显示美国各级教育投资的平均收益率为17%；教育投资增长的收益占劳动收入增长的比重为70%；教育投资增长的收益占国民收入增长的比重为33%。与其他类型的投资相比，人力资本投资回报率很高。

事实上，人力资本理论主要包括：(1) 人力资源是一切资源中最重要的资源，人力资本理论是经济学的重要理论；(2) 在经济增长中，人力资本的作用大于物质资本的作用，人力资本投资与国民收入成正比，比物质资源的作用大；(3) 人力资本的核心是提高人口质量，教育投资是人力投资的主要部分，不应当把人力资本的再生产仅仅视为一种消费，而应视同为一种投资，这种投资的经济效益远大于物质投资的经济效益，教育是提高人力资本最基本的手段，所以也可以把人力投资视为教育投资问题，生产力三要素之一的人力资源显然还可以进一步分解为具有不同技术知识程度的人力资源，高技术知识程度的人力带来的产出明显高于技术程度低的人力；(4) 教育投资应以市场供求关系为依据，以人力价格的浮动为衡量标准。

舒尔茨的人力资本理论研究论证了农民教育与培训在改造传统农业中的重要性，同时也引起了经济学观念的革命性转变，即由投资物质资本转到重视投资人力资本；由重视劳动力数量的增加转到重视劳动力质量的提高；由重视一般性就业转到重视结构性和选择性就业。社会经济发展的推动力量和劳动生产率提高的重要因素是劳动力素质的提高，当前我国农村人口众多，劳动力资源极其丰富，但人才资源十分缺乏，这已成为阻碍农村经济发展的瓶颈。建设社会主义新农村，农民是主体、是动力。培养和造就千千万万有文化、懂技术、会经营的农村实用人才，提高农民的整体素质，把农村巨大的人力资源转化为人力资本优势，形成持续推动新农村建设的力量源泉，是我国经济发展中不可或缺的条件和基础。很明显，人力资本理论为我国新型职业农民培训，以及通过开发与培养农村实用人才更有效地形成农村人力资木、更好地促进农村地区经济发展奠定了理论依据。

(二) 马克思关于人的全面发展的学说

马克思关于人的全面发展的学说，是一个具有丰富内涵的理论体系。完整、准确地理解马克思关于人的全面发展学说的内涵，对于正确开展农村实用人才培训研究具有重要意义。

马克思主义认为，人的全面发展，是一个长期发展的历史过程，其与人类社会发展的三大历史形态（自然经济—商品经济—产品经济）的划分相一致，马克思在《1857～1858 年经济学手稿》一文中将人的发展具体划分为三个历史阶段。“以物的依赖性为基础的人的独立性，是最初的社会形态，在这种形态下，人的生产能力只是在狭窄的范围内和孤立的地点上发展着。以物的依赖性为基础的人的独立性，是第二大形态。在这种形态下，才形成普遍的社会物质变换，全面的关系，多方面的需求以及全面的能力的体系。建立在个人全面发展和他们共同的社会生产能力成为他们的社会财富这一基础上的自由个性，是第三阶段。”①

在第一阶段，即人的依赖关系时期，也就是人类社会的自然经济阶段或前资本主义阶段，以自然经济为特征的社会生产及生产方式，决定了个人毫无自由可言，个人与群体浑然一体，人们的生产活动与求知活动、艺术活动以及其他活动表现为一种天然的融洽，所以个人又表现出一种“原始的丰富”。但是，这一阶段开始了人类自身独立于自然之外的发展，同时经过长期的劳动积累起了一定的社会生产能力，劳动者的劳动技能得到一定程度的提高，体力劳动者在劳动中使自己的身体素质不断得到提高，脑力劳动者在精神活动中也锻炼了自己的智力因素。在第二阶段，即人对物的依赖关系时期，也即人类社会的商品经济阶段或资本主义阶段，商品经济的发展使自由竞争和平等交换成为天然合理的事情，这就把人从对他人的依赖关系中解放出来，从而极大地推动了科学技术与人的智力因素的提高。尽管形成了人对物的依赖关系，财富和金钱成了人们追求的唯一对象，工人成为工资的奴隶，资本家成为资本的奴隶，但正是在这一阶段，由于对物的依赖和崇拜，才创造了高度发达的社会生产力，才使社会的物质极大地丰富起来，也培养和造就了人的民主平等意识和追求自由的精神，从而不仅为人的全面发展提供和积累了物质财富和动力，也为人的全面发展创造了新的历史条件。因此，人类社会的自然经济阶段和商品经济阶段虽然都没有能实现人的全面发展，却都为人的全面发展创造和积累了物质的、精神的条件，为人的全面发展开辟了新的道路。可见，人类社会历史发展的每一个历史阶段，都为人的发展增添了新的内容，都是人的全面发展的历史长河中必不可少的阶段。第三阶段，即人类社会的产品经济阶段，也即人的全面发展阶段或共产主义阶段，在人类历史上还没有出现。可见，马克思主义认为，人的全面发展是目

① 《马克思恩格斯全集》第 46 卷，人民出版社，1979，第 104 页。

标和过程的辩证统一。

马克思主义关于人的全面发展的学说，为社会主义初级阶段促进人的全面发展指明了方向，为我们研究农民培训的培养模式与机制廓清了思路、明确了重点、给出了方法，是我们研究农村农民培训模式与机制的重要理论基础。

（三）以人为本的教育理念

所谓“以人为本”，顾名思义，就是以人为根本、以人为中心。以人为本，是科学发展观的本质和核心，是在自然、社会与人的关系上，明确人是本体、人是主体、人是目的、人是标准，人高于自然和社会，一切为了人的生存和发展。实际上，以人为本的理念，就是一切从人出发，以人为根本，旨在调动人的积极性、主动性、创造性的思想观念体系。其基本内涵是：人类社会的任何活动都要以满足人的生存和发展需要为目的，它强调人是自然、社会、自身的主体；人是价值形态中的最高主体。事实上，以人为本的观念是自文艺复兴运动兴起而出现的，但真正从哲学上把对抽象“人”的关注转移到对个体生命价值的“人”的关注，经历了漫长的过程。只有马克思主义产生以后，以人为本才得到了真正的科学说明，并广泛地渗透政治、经济、教育等领域，“人”的主体地位才得到了提升。随着科学技术的发展和人性的觉醒，以人为本的教育逐渐成了必然。

事实上，以人为本的教育理念内涵是：人既是教育的主体，也是教育的对象（客体），教育是靠人进行的，同时又是对人的教育。一切教育工作都是以教育好人为根本，从而实现提高人的生存与发展能力的目标。但是，在过去的传统教育理念中，总是把知识作为终极目的，学生是知识的附庸，被看成被塑造、被加工、被施加影响的物品，这与以人为本的教育理念是完全相悖的。美国著名哲学家、教育家杜威（J. Dewey）指出：“教育并不是一件‘告诉’和被告知的事情，而是一个主动和建设性的过程，这个原理几乎在理论上无人不承认，而在实践中又无人不违反。”[①] 因而，要注重学生的主体性，尊重每一个学生。这就要求教师应该在课堂内外体现出与时俱进的教育教学思想，把上课看作与人的交往，而不单纯是劳作；是艺术创造，而不仅仅是教授；是生命活动和自我实现的方式，而不是无谓的牺牲和时光的耗费；是自我发现和探索真理的过程，而不是简单地展示结论。只有坚持

---

① 〔美〕杜威（Dewey，J.）：《民主主义与教育》，王承绪译，人民教育出版社，1990。

从学生的发展需要出发，立足学生实际情况，充分发挥学生的主体作用，才能实现以人为本的教育与教学。

以人为本的教育理念为整个教育特别是农民培训的改革与发展指明了方向。

（四）终身教育理论

终身教育是20世纪在国际上出现的一种新的教育理念。联合国教科文组织认为："终身教育及终身学习作为现行教育制度的再构成，或者是对教育制度范围以外的所有教育的可能性予以开发，是实现双方面的目标而建立起来的综合防治体系。这一教育或学习决不仅限于就学期间，而是通过人的一生，通过所有的包括技能和知识在内的所有可能的手段，为所有人全面地提供学习机会。"简而言之，终身教育就是贯穿一个人生命全过程的全部教育。

郎格朗的《终身教育引论》对终身教育基本内涵做了详尽的表述：其一，终身教育"不再是一个人由初等、中等或大学等任何一个学校毕业完结之后就算完结了，而应该是通过人的一生持续进行"；其二，现行教育仍以学校为中心，而且各类教育之间又彼此分割、相互隔绝，相比之下，终身教育却是要把社会整个教育和培训机构和渠道进行统合，从而使人们在"其生存的所有部门，都能够根据需要而方便地获得接受教育的机会"。从这个意义上来说，终身教育也是一种大众化、平民化以及广泛社会化的教育。

在终身教育的理念下，农民教育培训应被看作人类的一种进程，一个"学习—实践—再学习—再实践"的过程，是对拥有了一定文化基础知识的农民进行专业及应用方面的技能训练。在这一进程中，农民根据自身实际情况和社会需求通过各种教育培训，改变思维方式、行为方式和生活方式，从而学会认识社会与适应社会、不断地完善自己，使自己的潜能得到最大限度的发挥。因此，建构农村实用人才教育培训体系必须兼顾到农民的自身特点，将全日制、施教式教育模式逐步改变为阶段式、模块化、开放式的培养人才方式，用现代教育理念培养一批有知识、懂技术、会经营的新型农民，逐步扩大农村实用人才规模。

（五）成人培训的相关理论

农民培训是一种以农村劳动力为主要培训对象，按照不同行业、职业岗位的要求，以劳动力职业技能提高和文化素质提高为内容的职业教育培训活动。农民教育培训的理论基础是心理学的学习理论。在心理学的学习理论中，较有影响的有行为主义学习理论、认知主义学习理论、人本主义学习理论、成人培训的学习圈理论。我们对这几种理论做简要的介绍。

1. 行为主义学习理论

行为主义学习理论主要包括俄国巴甫洛夫的条件反射学说、美国心理学家桑代克的尝试错误学说、美国心理学家斯金纳的操作性条件反射学说等。他们主张学习是刺激与反应的联结，主张通过强化或模仿来形成与改变行为。桑代克还提出著名的学习三定律：效果定律，在学习者对刺激情景做出反应的过程中，给予令其满意的反馈，联结就会加强，反之联结则会削弱；练习定律，即刺激与反应的联结，随练习次数的增多而加强；准备定律，即刺激与反应的联结，随个体的准备状态而异。

2. 认知主义学习理论

认知主义学习理论主要来自德国的格式塔学派的完形学说、美国心理学家托尔曼的认知目的学说、瑞士心理学家皮阿杰的认知心理学说、美国认知心理学家布鲁纳的发现学习学说等。认知主义的学习理论主张学习是认知结构建立与组织的过程，重视知识的整体性和发现式（学生探究式）学习。这种观点为我国教育界目前提倡的研究性学习课程提供了重要的理论支持，对于农村农民培训中的技能性培训方式的选择有一定的指导意义。

3. 人本主义学习理论

人本主义学习理论主张从人的直接经验和内部感受来了解人的心理，强调尊重人的本性、理想和兴趣。代表人物是美国人本主义心理学家罗杰斯，他是“以学习者为中心”学说的代表，主张学习是充分发挥人的潜能、实现人的价值的过程，要求学习者愉快地、创造性地学习。人本主义心理学还认为在学习的过程中，个体不是孤立的，通过在群体环境中人们的相互学习、相互影响，利用群体的助长作用，使个体提高学习效率并掌握人际交往、创造性思维的技巧。在农民培训中，讲究实效、干中学、分级培训、重视农民的接受程度等都是人本主义学习理论的具体运用。

4. 学习圈理论

从教育和培训的基本规律看，任何一种教育或培训都有一种相应的教育理论作为支撑，使得教员要传达的知识和技能高效率地被学员接受。库伯的学习圈理论是现代管理培训课堂组织的理论依据。此种教育培训理论在欧、美发达国家被广泛接受和认同。它是成人学习所要遵循的规律，从实践看也取得了良好的效果并为其他国家的教育和培训机构所效仿。库伯的学习理论是基于人类共同的学习规律提炼总结出来的。其理论的基本思想包括三个方面。

第一，任何学习过程都应遵循“学习圈”。学习的起点或知识的获取首先是来自人们的经验（experience），这种经验可以是直接经验即人们通过做某事获得某种感知，或借用哲学的术语说，就是“对世界图景的第一次粗略地把持”。当然这也可以是间接经验、理论化阶段，学习者要做的工作很多，包括要将过去的分析框架即类似于某种“应用程序”从大脑“存储器”中暂时“打开”，对反思的结论即相关文本进行处理，得到人们所希望得到的结果。学习圈的最后一个阶段是“行动”阶段（action），可以说，它是对已获知识的应用和巩固阶段，以检验学习者是否真正“学以致用”，或是否达到学习的目的。如果从行动中发现有新的问题出现，则学习循环又有了新的起点，意味着新一轮的学习圈又开始运动。人们的知识就在这种不断地学习循环中得以增长。

第二，学习圈理论强调重视每一个学习者“学习风格”的差异。库伯认为，每个人的内在性格、气质的“差异性”，以及生活、工作阅历、教育知识背景的“差异性”，导致每个学习者“学习风格”的“不一致”。根据学习圈理论，可以将学习者的学习风格大致分为四类：经验型学习者、反思型学习者、理论型学习者和应用型学习者。

第三，集体学习比个体学习的效率高。崇尚开放式的学习氛围；反对把学习看作孤立和封闭的行为；倡导学习者之间的交流、沟通；重视学习者的相互启发、分享知识。正因为学习者的不同学习风格，才有了他们对某种事物看法的不同观点，在思想碰撞中“知识得以增长”。不同思想的“交换”使得每个学习者得到更多的思想。毋庸赘言，这种集体学习的学习模式更有利于知识的生产和传播。

（六）实践教育理论

自19世纪以来，关于实践教育理论的研究在西方国家呈热火朝天之势，其论争不绝于耳。法国社会学家迪尔凯姆（E. Durkheim）认为，实践教育理论是“尝试确定应当做什么和应该怎么做，其兴趣在于未来，规定未来的行为准则”的理念与原则；德国教育学家洛赫纳（R. Lochner）指出，实践教育理论的“目的在于行动，其任务是规定应当做什么，提出任务和建议，评价与规定教育方式”；英国教育理论家赫斯特（P. Hirst）提出：“实践教育理论是有关阐述和论争一系列实践活动的行为准则的理论。”陶行知是我国现代教育史上最有影响的人民教育家之一，实践教育理论是其思想的精髓和核心。他提出，要在“劳力上劳心”“用心以制力”，做到教劳结合。陶行知在讲到“教学做合一”时指出，“做是学的核心”，“只有手到心到才是真做”。它强调：“在‘做’上教，乃是真教；在‘做’上学，方是真学。”“教的法子要根据学的法子，学的法子要根据做的法子。”可见做之重要。他要求：“千教万教教人求真，千学万学学做真人。”他强调要给学生“点石成金的指头”，而不是“金子”。陶行知先生有几句名言，如“行动是老子，知识是儿子，创造是孙子”；“从实践中来的知识，是真正的知识，学习这种知识还是为了创造”等，在今天还都具有实际指导意义。陶行知在长期教育实践中创造了伟大的生活教育理论，其主要包括三大命题：一是生活即教育，二是社会即学校，三是教学做合一。事实上，这些理论精髓与马克思的实践教育观是不谋而合的。马克思指出，实践是人类存在和发展的根本方式，是人类实现自我教育的基本途径之一。实践教育，实际上就是通过科学实验、课程设计、学术论文、生产实习、社会实践、毕业论文（设计）等一系列实践性教学环节，巩固学生所学的理论知识，并应用理论知识解决实际问题的教育与教学。事实上，农民培训具有显著的实践特性，是“实践的教育”。有鉴于此，有关实践教育理论的这些认识和观点，为农民培训融入成人的工作与生活，以及改进和优化其教育方式方法指明了方向、奠定了基础。

上述理论对于在农民培训中掌握培训对象的特点、制定培训方案、实施培训计划具有理论指导意义。

五　北京农民培训的现状和存在问题

北京市依托人才、科技、资金等各方面优势，农民教育培训工作一直服务于农村经济社会发展，在体系建设、资源投入、培训方法改进等方面积累了丰富经验，形成了具有北京地方特色的培训模式，积累了丰富的理论和实践经验。

（一）北京市农民教育培训现状

1. 领导重视，有政策保障

北京市在农民培训上有很好的资金保障，在体系建设、组织管理上的体系比较完善，鼓励农业科技人员、教师、其他相关利益主体开展多元参与，有一定的激励政策，这些为农民培训奠定了良好基础，提供了良好的条件和环境。

2. 构建了四级教育培训体系

为了保证农民教育培训工作的开展，北京市基本实现了普通教育、职业教育和成人教育三者的统筹，建立以市属农业院校、农业广播学校和各区县农业广播电视学校为主体，以区县成人教育中心、中等职业学校、乡镇农业广播电视学校为骨干，以乡镇成人学校为基础，其他各类社会力量办学机构参与补充的农民教育培训体系。

3. 服务郊区发展，改进培训内容，不断提升农民素质

农民教育培训活动与经济生活的变迁相契合。在京郊经济社会发展的不同阶段，作为农民培训的相关部门能够及时回应社会需要、农民需求，把握教育培训重点，及时做出调整；社会在变化，农民遇到的问题也在不断发生变化，教育培训能够较为有效地帮助农民解决问题。如在 2007 年，北京市委、北京市人民政府 34 个部门共同组建了“北京市新型农民培养工作协调小组”，出台了《北京市新型农民培养工作行动方案》，根据北京农村发展的实际情况，确定了七大类的培养对象：一是培养从农业转向非农就业和从事制造业、服务业的“技能型农民”；二是培养从事农业生产和经营的“专业型农民”；三是培养自主经营农产品深加工、特色商业、服务业、文化创意产业等项目的“创业型农民”；四是培养具有技术专长、人格魅力和群众威望的“带动型农民”；五是培养具有一定规模的企业园区经营管理者、农村经纪人、农资销售者、乡村旅游经营者的“管理经营型农民”；六是培养具有北京农村户籍，有志于农村从业的“储备型农民”；七是培养在政府开发的公益性岗位就业的生态管护园、农村管水员、乡村公路养护员、农村健康助理员等“公益服务型农民”。在确定这七类培养对象后，展开了一系列的具体培训措施，虽然这七类培养对象并不完全等同于新型职业农民群体，但也实实在在地为培育新型职业农民做出了一定的基础性工作。

4. 注重整合资源，形成了多元化的新型职业农民培训模式

北京的各种资源非常丰富，农业技术推广、农民教育提升、农业科技相互配合，较好做到了农科教的结合，整合了资源。

近些年来，北京市在农民培训工作方面做了大量的具体工作，积极探索出了很多行之有效且广受欢迎的培训模式。这些培训模式也为新型职业农民的教育培训提供了值得借鉴的经验。

农民田间学校模式。2004 年末，北京在全国较早引进了农民田间学校培训模式，总结出一套具有北京特色的农民田间学校培训模式，效果显著。更新了农业技术推广培训模式，极大提高了农业技术推广人员的素质推动，促进了北京郊区优势产业的发展，增强了农民学习使用科学的意识和能力，满足了农民多元化的培训需求，提高了农民培训的管理水平，也赢得了社会各界对农民培训的支持与关注。目前建立农民田间学校 800 所，年培训农民学员 2 万人以上。

骨干农民培养模式。形成了一套境内与境外研修相结合的骨干农民培养模式。2008 年以来，有 1210 人经考核达到骨干农民培养标准。

农村科技协调员模式是北京市科学技术委员会探索出的一种农业技术推广培训模式。分为四类人员：一是在北京农村信息化工程中担负着农民信息采集、整理和发布职责的信息员；二是在农村科技服务港为农民开展科技服务的科技需求调研员；三是在农业技术推广机构、合作组织、农村企业中进行科技服务的技术员；四是活跃在农村经济领域，从事农产品收购、储运、销售以及销售代理、服务等中介活动的具有科技成果推广作用的推销员。这四类人员各司其职，为农民生产和生活的方方面面提供服务。

农村科技服务港模式是北京市科学技术委员会联合北京市农林科学院打造的公益性农业技术服务平台。以挖掘和解决“三农”领域的科技需求为出发点，实现科技咨询、成果推广、技术服务、科技培训、项目设计等多种功能，服务于“三农”。

林果乡土专家培养模式是北京市园林绿化局实践探索的一种农业技术推广培训模式。将土生土长的农民培养成技术能手，并通过他们的示范带动作用促进新技术的推广。

远程教育信息模式是利用卫星技术、互联网技术、通信技术、电视广播技术和计算机技术等实时或非实时地传递音频、视频或数据等信息，进行可视的、交互的远程教育。北京市利用远程教育信息体系，不但为农民打开了更广阔的学习窗口，还大大节省了培训成本。

不断探索农民培训的新设计、新教学方法，采用新手段提升教学效果。如开展田间学校、实施参与式教学、双师型互助教学、新媒体教育等，注重教学与实践相结合，在农民教育和培训领域均产生了积极影响。

（二）问题

1. 管理体制亟待创新

一是北京现有的农科教体系中，农业科研部门、农业教育部门和农业推广部门各有优势，相互之间客观上存在着相互依存、相互促进的“三位一体”关系，因而扬长避短、互利合作是“三农”自身发展和农业科技进步的客观要求与基本保障。但是三个体系缺乏有机联合与横向交叉，农业科研经费的投资去向过分集中在公共研究所，农业院校所占比例过低，三个体系的合作主要是通过项目为纽带进行的，尚没有从根本上解决体制和机制方面的问题。二是政策的相关主体责任不清，体制机制尚待完善。国内事关农民教育培训的相关政策方案设计，大多笼统提到了农民培训的重要性以及农业职业教育的地位和作用，但对具体如何落实、如何体现相关利益主体的责任尤其是政府与行业企业的责任并没有明确界定，导致政策难以落实执行。三是缺乏对新型职业农民培养的扶持政策。

2. 教育资源亟待整合

总体来看，北京面向农民的各级各类农业职业教育体系资源数量不足、相对分散。培训资源隶属不同部门和地区，各自为政，互不相通，难以有效统筹形成合力，教育培训效果并不理想。首先，农村农民培训形成了初步的体系，积累了相当丰富的教育培训资源，也基本形成了供给途径多元化的特点，但是没有形成真正意义上多渠道、多层次、多结构的供给途径。其次，农民培训具有了一定的层次结构性，但与培养新型职业农民的要求还有很大差距。再次，局部有序，而在整体上仍然处于混乱状态。最后，基层农技推广队伍、农民培训队伍的稳定性不强、素质较低，教育培训质量不高。

3. 资金使用效率亟待提升

北京现在每年以农民培训为由申请的资金看似不少，但培训效果比较让农民满意的有效培训资金不足。农民教育的资金投入，大部分是依靠各级财政的支持。一是政府补贴的相关政策尚未出台，经费拮据问题始终没有解决。在市财政局的户头上，有些机构只有人员经费，无公用经费，承担农民教育已经成为公益事业，政府埋单，管理费无从收取，同时物价部门也不允许再收。由于事业不断发展，办学规模逐年扩大，管理成本日益增高。市校在既无“公用经费”，又无政府财力支持的情况下，只能由其所隶属的农职院予以补贴。长此以往，难以为继，制约各级培训机构的持续发展。二是培训经费标准偏低。实际培训中，采用集中封闭式培训，每人每天的住宿费为180元，餐费为每人每天100元，再加上会议场地的租赁费、接送学员交通费、专家费、专家接送和食宿费，每人每天综合培训费用在400元以上，存在较大资金缺口。三是经费使用范围需要扩展。新型职业农民培育工作中，培训只是其中的一项内容，其他还有基础调研、认定管理、奖励扶持等。目前中央经费规定支出范围相对狭小。

4. 培训动能亟待激发

从北京市务农人员看，未来培养现代职业农民的主体将是现有务农人员，同时，也会有一些青年人转向从事农业，但人数不多，比例低。

（1）现有农民对培训不积极。

北京市现有务农人员数量可观，虽然平均文化程度低，年龄偏大，但一是其中有一部分文化程度较高的中青年，二是现有务农人员对农村有一定感情，也有较强的务农意愿，同时还具有一定的农业技术素质，这部分人是未来北京市现代职业农民的主体，这些人大约占到培养对象的96%左右。他们渴望得到具体先进技术的指导，特别需要解决在生产实际中遇到的问题，其中部分人还有一定的自学能力，自行寻求有关专家的帮助，探索解决所遇问题的办法。

（2）有意愿回乡务农的青年少，农业生产的新生力量不足。

目前北京市基本普及了大专教育，因此未来有务农意愿的青年人多数都接受过大专及以上教育。

从抽样调查的情况看，目前务农的青年人有以下几种情况。一是在农业企业、农民合作社的就业者。主要是在企业或合作社中从事销售、技术、文秘、会计、机械、检验等技术工作。这些人部分是农业院校的毕业生，同时也有其他院校的毕业生。从抽样调查的情况看，这部分人中的大部分并非一直有务农的意愿，多数是毕业后找工作时认为有些农业企业、合作社提供的条件能够符合自己的要求，同时也认为在农业企业、合作社中会有较好的发展前景。由于就业时能够满足接收单位的要求，证明这些人的知识能力和专业能力较好；就业后，接收单位多数通过以老带新的方式增强这部分人的职业能力，使他们有可能在不长的时间里成为能力较强的现代职业农民。初步计算，近几年全市每年这部分人有几百人。二是愿意在农业领域创业的青年人。近几年农业创业得到政府和社会的支持。开始有部分青年人，有些是当年的大专毕业生，有些是毕业几年，已经在城市工作，但认为农业创业有良好前景的人。从调查看，这些人的专业分布并无一定规律，其中学农的居多，同时也有部分其他专业的毕业生。这些人文化知识较高，对农业有一定的认识和了解，能够找到农业创业的机遇。但专业知识和实际能力不足，是特别需要进一步培养的现代职业农民中的“潜力股”。目前这部分人在北京的数量不多，尚不能形成规模。三是部分继承家庭农业承包项目，或农业企业的青年人。目前北京市有少量私人农业企业，部分经济效益较好的家庭农场等，这些家庭中的部分子女愿意继承家庭的农业项目，他们在学习时有明确的目的，有清楚的专业选择；在学习前、学习时和毕业后有家长的培养和教育，有丰富的实践，是专业知识和文化能力较强的农业生产经营人员，符合现代职业农民的标准。这部分人的数量很少，目前在北京市只存在于畜牧、水产、农机等少数行业。如果能够为这一渠道创造更好的条件，未来源于这一渠道的现代职业农民有可能增加。

5. 培养模式亟待开发

农民教育的模式是在长期的农民教育过程中总结得出的，是广大农民教育工作者、农民群体和农民教育机构共同智慧的结晶，如“绿色证书培训工程”“跨世纪青年农民科技培训工程”“阳光工程”等。新型职业农民的培养与传统农民培训存在较大差别，无论是教育目的，还是教育内容与方法，都应该适应新型职业农民的教育需求。农业的快速发展促进了农民教育内容的不断更新，但是目前农民教育在内容上还比较单一和陈旧，对现代农业发展方略、管理与营销知识的开发还十分薄弱，农民教育供给与需求存在较大差距，教育资源浪费严重。实践证明，目前的学校教育难以培养出新型职业农民。新型职业农民的教育内容和方法需要创新。

6. 培训师资亟待强化

在现有培训中，师资来源主要有两个渠道，有各部门的专业人员，这部分人员的专业性很强，对部门工作内容了解透彻，但部分人员授课技巧不足，有些则离不开工作岗位，用于授课的时间有限；还有从科研单位、院校等部门聘请的师资，这部分人员授课能力强，但部分人员实践知识和专业了解不足，有些优秀师资参与培训的时间非常有限。

而各级组织对能够承担农民培训的师资缺乏整体认识，各单位培训时教师聘请的随意性比较大，就是初步建成的师资库，使用效率也不高。这就需要：一是建立起培训师资库，不仅进行动态调整，而且还能有效地激励师资教学水平，准确介绍相关师资的情况，供有关单位参考；二是强化效果评价，目前培训完成后，有些单位会对学员进行培训质量调查，有些单位在培训后对所开展的培训是否对工作有所帮助，个人技能是否有所提高有一定的总结，以搞好下一步培训，这些对培训的改进有重大意义。培训机构不能只是为完成工作任务，更要及时公布调查结果给社会，以便于认定培训效果，这将有利于促进培训质量的提高。

7. 农民培训绩效有待提高

调查发现，农民培训的主体主要有政府、科研院所、社会机构和商业机构等，但对农民培训资源整合不够，高层次培训不多，培训投入大，但产出很低，效率和效益都比较低。现有的教育政策没有真正惠及农民，培训能力不足，培训针对性不强。“认真作秀，扎实坑人”“以农民的旗号做了盛宴，要农民收拾残羹冷炙”，类似的语言道出了农民对很多培训工作的不满。

六　展望和建议

北京农民培训面临新的背景，处在新的发展阶段，《中共中央国务院关于实施乡村振兴战略的意见》和《乡村振兴规划》的发布以及北京市乡村振兴战略的实施，无疑是北京农民培训需要考虑的宏观背景；北京市都市农业的特点和快速城市化以及北京的新定位，也是在北京农民培训中需要考虑的重要因素，为了给乡村振兴提供不竭动力，我们提出如下建议。

（一）制定规划，加强立法

多年来，北京市农民教育培训工作得到了较快发展，上百万农民通过接受培训，提高了素质和技能水平，拓宽了就业门路，实现了增收致富的愿望，成为发展现代农业和社会主义新农村的重要力量。但是，由于缺乏稳定的法律制度保障，农民教育培训工作在不同地区、不同程度上存在事随人走、培训跟着项目跑的现象，随意性大，不确定性因素多，为农民培训工作的持续、稳定、健康发展带来了困难。面对当前的新形势，需要对新型职业农民培训进行科学规划，统筹兼顾，整合各方面的资源，制定出统一的规划，形成法律法规，把新型职业农民培训纳入法制化的轨道。

（二）加强组织领导，做好有效保障

新型职业农民的培养和造就，是一项艰巨的系统工程，必须坚持党的领导，强化政府责任，为新型职业农民培养提供有力的组织保障。各级政府及教育、行业等主管部门要明确责任、常抓不懈，统筹协调，扎实推进。相关院校党委、行政要切实加强领导，精心组织，认真落实，全面实施。

建立资金投入机制。各级党和政府把新型职业农民纳入财政预算并予以充分保证，市级财政设立新型职业农民培养建设专项资金，并按一定的比例逐年有所增长且不低于财政收入的增长幅度；区县、乡镇政府也要逐年增加对本地区新型职业农民培养的资金投入；实施涉农项目和重大人才工程的项目的时候，向新型职业农民培养建设的高端领军人才倾斜；综合运用信贷、保险、税收等政策工具，鼓励、引导和动员各种社会力量参与新型职业农民培养建设。

充分利用各种媒体和宣传渠道，加强新型职业农民培养的宣传和舆论引导工作，要多形式、多层面总结新型职业农民培养成果，充分利用各部门的宣传渠道，大力宣传优秀新型职业农民典型，为实施培养和造就新型职业农民营造良好的社会环境和舆论氛围。

（三）强化农村成人教育，为培养新型职业农民服务

农民是新农村建设的主力军，农民的文化素质、技术能力和思想道德水平，直接决定着新农村建设的兴衰，决定着新农村建设的成败。因此培育新型职业农民、提高农民素质是建设社会主义新农村的首要环节。而要培育新型职业农民、提高农民素质，就有赖于农村成人教育的发展。农村成人教育的发展与壮大，能够为广大农民提供充裕的和针对性强的教育培训服务，吸引广大农民踊跃参加学习，以提高自身的素质和能力，形成一代又一代的社

会主义新型职业农民，促进广大农村的进一步发展。

要通过有效地宣传教育和制度设计，使郊区各级政府及其行政部门和广大农民群众充分认识到，发展农村成人教育，大力开发农村人力资源，对实现农业和农村现代化意义重大。强化农民教育培训的政府行为，积极研究制定有利于教育培训与农民依靠科学技术发展农业生产或转岗就业相衔接的政策措施，调动和激发京郊农民学科学用科学的积极性，努力营造农村成人教育工作的良好氛围。

农村成人教育是一项系统工程，需要多个部门的配合协作和社会力量的广泛参与，切实改变北京农村成人教育特别是农民教育培训“政出多门”的混乱局面。要构建层次分明、结构合理、分工明确、运行顺畅的农村成人教育体系，为北京建设终身教育体系和学习型社会，满足农民终身学习需求。坚持学历教育与非学历教育并举的方针，使北京农村劳动力的结构不断适应北京经济社会发展的需要。多措并举，解决北京农村成人学校师资队伍“量”和“质”上所存在的现实问题，以促进农村成人教育的可持续发展。

（四）加强体系和资源建设，着力培养新型职业农民

首先，要以培养职业农民为核心，实施分类教育，增强教育培训的实效性。

继续开展农村实用技术培训，提高农民从事现代农业生产和经营服务能力；开展生产技能加文化基础、技能加学历证书的农民学历继续教育工程，有效提升农民的受教育年限；开展思想道德、时事政策、文化、卫生、科普常识和社会生活等方面的教育培训，提高全体农民综合素质。针对农民学习特点，采取集中培训与个人自学相结合，课堂教学与生产实践相结合，远程教育与现场指导相结合，脱产、半脱产和短期脱产学习相结合等方式开展农民培训，依托卫星电视、计算机网络、中国教育卫星宽带传输网开展远程教育，推广“送教下乡”“流动课堂车”等培训新模式。

其次，要加强农业广播电视学校体系建设，建立北京农民大学。

充分发挥北京农业广播电视学校体系在农民中等职业教育的主渠道、主阵地作用，强化政策支持、增加资金投入、改善办学条件，切实办好农民中等职业远程教育。普遍健全县级农业广播电视学校，明确公益性定位，将教育教学工作经费纳入政府财政预算。普遍健全乡镇或区域性新型职业农民培

养实训基地，改善农民教育教学条件。切实提高农民教育一线教师的待遇水平，落实工资倾斜和绩效工资政策，实现在岗人员工资收入与基层农技人员工资收入平均水平相衔接。加大教学内涵建设投入，实行教师定期免费轮训制度，加强课程和教材等教学资源开发。

最后，应进一步加强远程教育培训，解决新型职业农民培训面广量大问题。

积极推进农村现代远程教育，是我国农业和农村信息化发展的战略要求；是推进农村教育跨越式发展、城乡教育均衡发展的有效途径；是普遍开展农村教育培训，培养大批新型职业农民，推进社会主义新农村建设的迫切需要；是实现经济与社会、城市与农村、人与自然协调发展的重要举措。

一是提高乡镇村领导对远程教育培训的重视程度。要有专人负责，充分发挥领导的“引领与导向”作用，把远程教育切实抓紧、抓好。

二是政府加大资金支持，使培训基础设施完善。扩充网络站点建设，争取使每位农民都有条件接受远程教育培训。加强卫星网络的带宽，提高下载课件的速度和学习效率。

三是统一安排各远程教育培训站点的服务人员进行定期的业务培训，并从外面请教师和技术人员来农村对农民进行现场理论与实践结合的最初指导。

（五）创新农民中等职业教育人才培养模式，完善支持政策

以培养新型职业农民和农村实用人才为目标，对现行农民中等职业教育规定的学业年限、课程结构、教学方式等进行全方位改革，改变将学生集中到学校学习的传统人才培养模式，通过送教下乡、农学交替等形式，针对村组干部、种养大户、农民专业合作社负责人、农村经纪人，以及农村信息员、植保员、防疫员、沼气工等在技术服务性岗位就业的农民，就地取材，就地培养留得住、用得上，具有科技素质、职业技能和经营能力的新型职业农民。

（六）分类实施，精准培养乡村振兴的两支队伍

一是实施新型职业农民学历能力提升工程。

改革招生录取方式。实现农业产业从业人员注册参加中等职业教育和具

有高中、中专及以上学历的新型职业农民、村干部、返乡下乡创业人员、退役军人通过提前招生参加大专和本科学习的招生制度，并逐步取消学制年限和学龄限制。改革考试内容，以农业职业素质倾向测试代替文化课分数。农业部门、教育部门、人力社保等部门要加强沟通协调，制定政策，积极研究制定新型职业农民的待遇、职务和职称制度，为农村后备干部和全科农技人员的培养和培训开启政策“绿灯”。

创新人才培养模式。创新“产教融合、校企合作、工学结合”的人才培养机制，制定适合新型职业农民学习特点的人才培养方案，开发更加符合当地农村经济社会特点的课程和教学模式，提升人才培养和乡村振兴的契合度。深化“半农半读、农学交替”教学模式改革，解决新型职业农民学习与生产之间的矛盾冲突问题，提高学习效果。

完善考核评价方法。全面实行学分制，建立学员学分银行，通过学分转换的形式对既往农业生产经营技能、社会学习培训经历、职业资格、表彰奖励等，经认定折合一定学分，与课程学分一起作为学业考核和毕业鉴定依据。建立考教分离、行业为主的外部考试评价认证方式，构建基于工作过程的综合考试模式，注重学习过程考查，加大实践能力考核的比重。

二是实施农村基层干部学历能力提升工程。

充分认识农村基层干部队伍建设对农村基层组织稳定秩序发展、乡村振兴战略实施的重要性，农业院校加强和组织部门、民政部门及妇联的联系，坚持学历教育与专项培训并举，开展农村基层干部队伍学历提升工程，着力培养和储备一批扎根乡土的农村公共管理服务人才。具有高中、中专以上学历的村主要干部、农民和社会青年，可通过提前招生考试选拔进入高等农业职业院校学习，提升村两委班子成员履职能力，吸引社会青年回归农村，进一步优化农村人才队伍结构，破解农村基层选人用人难题，为乡村振兴输送用得上、干得好、留得住的人才。坚持服务大局，按照适应农村经济社会发展新形势，围绕乡村振兴战略和“三农”重点任务设立专业，开展教育。将创新贯穿于培养全流程，把提高教学质量和教育效果作为规划、实施和评价的出发点和落脚点。充分发挥各种培养资源的聚集优势，拓展实践教学基地，促进理论武装、实践指导的深层次融合，打造培养特色和品牌项目。

巩固农村思想阵地。为加强和改善党的基层组织建设，夯实党的执政基础，巩固农村思想阵地，农业院校与组织部门联合，整合各种资源，针对基层党支部和党员，开展政策理论、法律法规和各种农业实用技术的教育培训。通过开展教育培养基层党组织的“领头雁”，为村级后备干部选拔培养制定培养方案，巩固党在农村的执政基础和农村思想阵地。

（七）推动多元参与，统筹教育资源

研究出台鼓励行业和企业举办或参与举办农村职业教育的激励措施，发挥行业企业重要办学主体作用。建立农村产业发展－人才规划－教育培训“三位一体”制度，实现农村产业发展与农村职业教育和培训同步规划、同步建设、同步实施。实行农村职业教育和培训服务的政府购买制度，鼓励行业、企业、高校、科研机构等积极参与农村职业教育和培训，增加优质教育培训资源的有效供给。加强“三教统筹”，鼓励农村中小学校利用自身优势，面向“三农”开展职业教育与培训；推动在义务教育阶段增加具有当地特点的职业教育课程和内容。

（八）制定资金投入保障政策，扩大新型职业农民培训规模

中央农村工作会议指出，要让农民成为体面的职业，培育“有文化、懂技术、会经营的新型农民，发挥亿万农民建设新农村的主体作用”。建设新农村，人才是关键，只有加强新型职业农民培训，才能引领农民思想变革，指导农民掌握实用技术，学会经营本领；只有农民的综合素质提高了，才能适应社会主义新农村建设的要求。实践证明，没有新农民，就没有新农村；没有农民素质的提高，就没有农业和农村的现代化。为此，要创新资金投入保障机制，确保资金投入总量和增长幅度，保证培训的规模化和增长率，实现“人人皆可成才”的目标。

（九）加强师资队伍建设，提升教育培训能力

创新机制，完善制度，加强统筹，努力打造一支高素质、双师型、专业化的农村职业教育和培训师资队伍。

一是创新农村职业教育和培训教师培养使用机制。统筹县、乡农科教、群团组织及新型农业经营主体等方面的资源，组建跨部门的本土化混编师资团队。依据县、乡两级产业发展规划和教育培训计划，聘请符合条件的高等学校、职业院校、科研院所的专业技术人员担任农村职业教育与培训兼职教

师，优化师资队伍的结构。建立高等院校、科研院所等事业单位专业技术人员到农村职业教育和培训机构挂职、兼职制度，保障其在职称评定、工资福利、社会保障等方面的权益。

二是建立健全农村职业教育和培训教师培养培训制度。实行农村职业教育与培训教师资格证书制度，设立免费培养计划，依托涉农高等院校和技术师范院校，定向培养一批专职农村职业教育和培训师资。出台激励政策，鼓励农村职业教育和培训教师通过继续教育提升学历层次。实施农村职业教育和培训教师素质能力提升计划，面向专兼职农村职业教育和培训教师开展5年一轮的培训，持续提升其素质和能力。

三是大力加强农业技术推广服务队伍建设。全面实施农技推广服务特聘计划，推动各地依据现代农业发展规划和产业特点，建立一支跨地区、跨行业、跨部门、跨所有制的专业性的农技推广服务队伍。建立和完善农技推广服务绩效考评机制、薪酬获取机制和激励机制。探索建立公益性和经营性农技推广融合发展机制，允许农技人员通过提供增值服务合理取酬，鼓励各方面社会力量积极投身农技推广服务事业。

（十）制定大学生到农村就业、创业的扶持政策

制定大学生到农村创业、就业的扶持政策，解决农业院校毕业生的就业问题，通过扶持毕业生创业，或到农业龙头企业、合作社就业，为其找到参与当地“三农”工作的最重要的突破口。

第二章

农民经济生活变迁与培训需求演变

提高农民素质，做好培训是关键，而做好调研是开展培训、完善农民培训机制政策研究的重要基础，为此，我们梳理了以往农民培训中契合经济社会发展的经验，从农民科技需求、村两委干部能力提升需求两大方面开展了深入细致的调研。

第一节　北京农村经济发展的阶段与农民培训创新

1949 年以来，北京农村经济经历了由自给、半自给的经济，向计划经济再到社会主义市场经济，由传统手工业生产向机械化生产，由城市二元化结构向城乡一体化发展的转变，农村面貌发生了巨大而深刻的变化，大致经历了四个阶段。与此相适应，农业技术推广与农业技术推广体系逐步建立起来，农民培训与农业职业教育也在不断发生变化。

一　以农业发展为主阶段的农民培训（1949 ~ 1978 年）

这一时期农村经济以农业为主，农业又以种植业为主，远郊的种植业又以粮食为主。起初生产手段基本以手工劳动为主，后期农业机械作业水平提高；多种经营虽有发展，但开始主要依附于农业，非农产业比重小，后期农村社队企业有所发展；经济关系开始以个体经济为主，但很快转到以集体经济为主，实行高度集中统一的计划经济管理体制。农业产出率低，农产品实行派购统销，造成农村经济发展曲折起伏。①

这个阶段在农业技术推广和农民培训方面开展的主要工作有以下几点。

（一）农业技术推广体系逐步建立

1. 小规模技术推广阶段

新中国成立初期，为了改善农业生产条件，在兴修水利，扩大灌溉的基础上，技术推广主要做了三个方面的工作。

（1）使用良种、增施肥料，推广了新的优良品种。如推广白薯的新品种，当时推广使用“胜利 100 号”白薯，增产 8 成左右。有计划地推出了优良豌豆品种、“华农二号”玉米、“华农一号”“银坊水稻”等优良品种。推广的“811”良种谷，平均亩产超过当地谷的 50% 左右。

（2）改良种植制度，由过去“宽行大垄”向密植转变。1955 年 8 月，郊区的 15 万亩秋麦中有 1.2 万亩改单行为小行，行距留到 33 厘米，使每亩的播种量增加。

（3）推广新式农具，农民使用农具都是旧犁、旧耙，效率低。1950 年 3 月，市政府在海淀区龙背村建立新区农技推广站，推行新的农具使用技术。1951 年和 1952 年，推广各种新农具 1075 件，其中新式步犁 589 件。在新式农具推广上采用与银行贷款相结合的方法，不加重农民负担，所以为农民所接受。②

2. 农业技术推广事业初步展开

为加强农业技术的宣传和推广工作，1953 年建立了北京市农业技术指导站，并在所辖的东郊、南苑、丰台、海淀、京西矿区分别建立分站。农业技术指导站负责耕作技术栽培的改进、病虫害防治和药械使用技术的指导和推广，当时主要推广了“金皇后”玉米，“811”良种谷、“胜利 100 号”白薯和“斯字 2B”棉花优良品种；指导拌种、浸种和防治虫害等工作，指导

① 王振业等：《北京农村经济史稿》，中国农业出版社，2016，第 263 ~ 264 页。

② 王振业等：《北京农村经济史稿》，中国农业出版社，2016，第 293 ~ 294 页。

实践小麦，宽棉花密植技术等。

为适应农业及农业合作化运动只许办好的要求，1954 年，市农业技术指导站派出 27 名技术干部，长期在 13 个百户以上的大村帮助改进农业生产技术，同时先后培训了 2100 名农业技术员，协助配合市农业技术指导站在基层的工作。

1955 年春，根据国家农业部有关建立农业技术推广机构的要求，在原农业技术推广站的基础上，组建了东郊、南苑、丰台、海淀、石景山和经济矿区 6 个农业技术推广站，有职工 80 人，负责培养农业生产合作社技术人员，提高他们的技术水平，推广新式农具。[①]

3. 农业三级技术推广体系初步形成

1955 年 3 月，在东郊来广营村划地 100 亩建立起北京市来广营农业试验场，此为市属集科研与推广为一体的农业科研机构，后在 1958 年扩建成北京市农业科学院。1955 年和 1956 年相继建立了北京市植物保护站和北京市植物防疫站。到 1958 年，在全市包括新划入北京市的大兴、通县、良乡、房山、顺义、密云、怀柔、平谷和延庆 9 个县，共建立了 66 个农业技术推广站，有职工 384 人，其中专业技术干部 321 人，初步形成了市县区三级农业技术推广体系。[②]

4. 农业四级推广体系建立

1966 年，“文化大革命”开始以后，市县区所有农业技术推广机构先后陷于瘫痪，大批技术干部下放劳动，技术推广工作处于停滞状态。1972 年，市县区农业技术推广工作逐步恢复，市植物保护站、植物防疫站、良种推广站相继恢复建立。到 1974 年，全国推广“四级农科网”经验后，各县区在原农业技术推广站基础上，改建为农业科学研究所，从事农业技术和有关科学实验与研究工作，有 90% 以上的人民公社建立起科技站，70% 的生产大队建立了科技小组，生产队内设有技术员，分别负责社队的技术宣传推广和具体指导工作。市、县（区）、社、队四级网络队伍达 4 万多人，一个新的农业技术推广网络重新建立起来。其在改革耕作种植制度、推广普及农作物优良品种、推广生物防治病虫害及除草技术、提高普及基肥用肥技术、推广农作物耕作管理技术水平、推广先进的果品生产技

---

① 王振业等：《北京农村经济史稿》，中国农业出版社，2016，第 318 ~ 319 页。

② 王振业等：《北京农村经济史稿》，中国农业出版社，2016，第 319 页。

术、有选择地推广新机具新技术，以及推广综合配套的畜禽业生产技术 8 个方面起到了显著作用。①

（二）农民技术教育与农民培训

1. 实施农民农业技术教育

20 世纪 50 年代末期，北京市开始举办业余小学、初中，开展初等技术教育。市委多次要求在“冬学”活动中组织农民学习农业技术。1960 年，丰台卢沟桥公社自编了《蔬菜栽培管理技术课本》，长辛店公社组织了养殖和种植蔬菜技术学习小组。1962 年冬至次年春，郊区农民有 3500 人参加技术学习，1963 年增至 1.2 万人，分别学习“种子”“肥料”“蔬菜”“果树”“防治病虫害”“电工”等课程。

1962 年 12 月 5 日，教育部下发了《关于农村业余教育工作的通知》。该通知指出：农村业余教育工作，应该按照党的八届十中全会做出的《关于进一步巩固人民公社集体经济、发展农业生产的决定》的精神，为巩固集体经济、实现农业技术改革发展发挥积极作用。北京市在转发有关通知的同时对本市农民科技教育工作做出了具体部署。此后，北京郊区学科学、用科学，倡导科学种田蔚然成风。形成了农民职业技术教育的第一波浪潮。

2. 探索农民教育常态化

1963 年 1 月，中共北京市委在《批发市教育局党组关于充实农村业余教育干部的请示》中提出：开展农村业余教育，特别是组织好回乡知识青年的学习和提高农村干部的文化水平，是搞好农村人民公社集体经济的经营管理、发展农业生产并逐步实现农业技术进步的重要条件。区委、县委及农村人民公社生产大队的党组织，必须把这项工作放在议事日程上，切实管起来，定期部署。教育部门、农业部门、文化部门、共青团和妇联的各级组织也应在各级党委的领导下密切配合，从各个方面创造条件，积极地办好农村业余教育。

3. 试行“半农半读”制度，培养新型农民

1964 年，北京市教育部门试行“半农半读”或“半耕半读”制度，为培养有文化的新一代农民探寻路径。中共北京市教育局党组连续发出举办半

① 王振业等：《北京农村经济史稿》，中国农业出版社，2016，第 358 页。

耕半读小学、半耕半读中学的政策文件。推动“半耕半读”制度的发展。到 1964 年 8 月，全市 9 个试点县建起半耕半读小学 688 所，共 15000 学生入学。到 1965 年半农半耕小学达到 2000 多所，学生 5 万人。

1965 年，北京市农林局、北京市教育局颁布《关于在郊区农村中学实行半农半读举办中等农业技术学校的意见（修改稿）》，文件要求：郊区中学除县城中学和完全中学保留全日制以外．其余三五年内要有计划有步骤地分批改为半耕半读学校，培养既能从事脑力劳动又能从事体力劳动的新型农民。

1965 年当年郊区 246 所农村初中有 40 所为半耕半读中学，另有社队办的农业中学 37 所，计划 1966 ~ 1967 年各再改五六十所，到 1968 年该改的全部改完。

4. “社来社去”开展农民培养

早在 20 世纪 50 ~ 60 年代，就有许多农业中学和半耕半读学校实行社来社去。1965 年 1 月，毛泽东批示“同意照办”的卫生部党组报告中指出：“这样的学生，可以从城市来，也可以从公社来，回公社去，拿公社工分，不由国家发薪。”

1970 年 6 月，中共中央批转《北京大学、清华大学关于招生（试点）的请示报告》。该报告提出废除招生考试制度，实行“群众推荐，领导批准和学校复审相结合的办法”招收工农兵学员。从 1972 年到 1976 年全国共招收工农兵学员 82 万人。在各大院校招收工农兵学员的同时一些学校以短期培训形式招收了大批社来社去学员，在工农兵学员中也有部分院校实行了“社来社去”。

5. “四清运动”中坚持生产和社会主义教育两不误

从 1963 年 5 月到 1966 年 5 月 23 日，这一时期，开始了农村社会主义教育运动，又称“四清运动”，北京市农村社会主义运动历时 3 年，但市委始终注意把抓生产建设作为一项重要内容，坚持生产和社会主义教育两不误，农村社会主义教育工作队从参加劳动、帮助搞好生产入手，通过运动达到增产，把是否增产作为一项重要的验收标准，在时间安排上强调不违农时，而且在每个时期，市委和社会主义教育领导小组都对生产任务进行专项布置和检查，对农业生产起到了一定的好作用。[①]

---

① 北京市农业局编《北京农业生产纪实》。

（三）农业职业教育发展①

1957年4月8日，《人民日报》社论传达了党中央的指示，号召初、高中毕业生积极参加农业生产，做第一代有文化的新式农民。根据彭真同志建议，北京市决定，将市公安局所属茶淀清河农场第三分场改建为青年农场。同年8月，2000余名应届初、高中毕业生（其中含中央领导及高干子女或亲属70余人）听从党的召唤，奔赴茶淀，立志做有知识的新型农民，首都举行盛大欢送仪式，各媒体广为宣传，轰动全国，推动了知青参加农业生产的热潮。

1957年10月5日举行建场典礼，时任北京市委书记、市长的彭真同志亲自题写"青年农场"场名。青年农场传承"延安抗大"的管理模式，实行"生活集体化、行动军事化、劳动战斗化"。农场人形成"以农为荣、艰苦奋斗、积极劳动、以场为家、热爱集体、团结互助、努力学习、遵守纪律"的良好场风。

1958年4月21日，彭真、贺龙、聂荣臻、杨尚昆4位中央领导亲临青年农场慰问并联合题词："鼓足干劲，发展社会主义农业生产，加强锻炼，提高政治觉悟。"青年学生深受鼓舞，为日后建校指明方向。

1958年，根据中共中央"两种劳动制度，两种教育制度"的精神，市委决定将青年农场更名为北京农业技术学校。同年7月2日，学校举行开学典礼，首任校长为刘宗藩。学校发扬优良传统，"以农业为荣、以劳动为荣、以艰苦为荣"，实行半工半读，边读书、边生产、边实验，教育与生产劳动相结合的方式。1960年1月，学校由茶淀迁址回京，即今长阳镇马厂（现北京农业职业学院主校区院址），因艰苦创办学校成绩显著，被评为全国文教群英会先进单位。1961年，首届毕业生奔赴首都各条战线。1965年3月经批准学校更名为北京市农业学校，1980年11月被教育部列为全国重点中专。

二　农村经济全面发展、农工商综合经营阶段的农民培训（1979～1992年）

1978年，郊区实行改革开放的方针政策，郊区农业和农村经济得到了

① 《北京市农业学校发展纪实》（内部资料）。

迅速发展，首先对集体经济体制进行了改革，郊区农村实行专业承包、联产计酬后，转向包干到户，以家庭经营为主，同时完善统分结合、双层经营的体制。在出现轻农现象之后，郊区进行了土地适度规模经营的实验，初期很有成效。其次引进现代技术，实行科教兴农战略，建设副食品生产基地，加强山区建设，重点帮助了37个贫困乡，扶持荒山造林绿化，开展基础设施建设。①

这个阶段北京市抓科技推广应用，提高农业生产科技水平，开展的农业技术推广和农民培训主要有以下几点。

（一）农业技术推广

1. 加强农业科学研究和技术推广工作

利用首都科技人才优势，组织专业科技顾问团，兴建大学分校，加强职业培训和学历培训，聘请“星期日工程师”，推动了科技进步，提高了农民素质。先后组建的小麦，玉米，水果，蔬菜等科学技术顾问团，围绕农业生产中的各种关键问题，开展科研工作，先后推广了125项科技成果，取得了显著成效。到1983年，全市农口共建立了10个顾问团，聘请专家顾问164人。②

2. 恢复并健全农业技术推广体系

种植、畜牧等各行业技术推广机构不断恢复，基本建成市农科院、区县农科所、乡镇农科站、村农科队“四级农科网”，出台科技人员配套政策，调动了科技人员积极性，同时积极推动科研技术部门与生产单位签订技术合同。1981年10月，顺义县人民政府和北京市农科院作物所，在自愿互利的基础上签订了了小麦、玉米、水稻三种作物共百万亩的科研生产技术咨询合同，规定了双方承担的责任和相应的奖励、奖罚办法。

3. 实施科技兴农战略，农业商品生产全面发展

1985年全国科学技术会议工作召开，首都农业科技工作迈上新台阶，在全市范围内实施了国家“星火计划”“农牧渔业丰收计划”等重大计划，设立了市政府农业技术推广奖，呈现出科教事业整体发展的良好局面。放开搞活农业科研机构，加速科技成果向生产转化，区县农业科研机构实行科技

---

① 王振业等：《北京农村经济史稿》，中国农业出版社，2016，第264～265页。

② 王振业等：《北京农村经济史稿》，中国农业出版社，2016，第394～395页。

人员全员聘任制，要求科技人员与生产单位签订技术合同，按技术合同获取报酬；改革拨款制度，落实“三保一挂”技术承包责任制，保科技经济效益、保社会效益、保科技发展后劲，科技人员的工资总额和奖励基金挂钩。各区县涌现出一批民办科研机构和专业技术研究会，郊区建立科研与生产联合体420个，引进各类人才1.75万人，引进科研成果1215项，落实横向项目929项，大大促进了科技成果的转化。[①]

4. 农业技术推广体系实行三定改革

在农业部部署和地方财政的支持下，20世纪90年代初北京有11个区县成立了农业技术推广中心，150个乡镇建起了科技站，既有办公条件，又有培训场所、实验基地。1992年按照国家人事部、农业部要求，乡镇一级建立的农技、畜牧、兽医、农机、水产监管5个站被定为国家在基层的事业单位，并定编定员；村队是农业技术员，并评定技术职称。市编办下达了8000多人的事业编制，区县乡镇农业技术推广机构1200多个，从业人员近万人，其中技术干部8100多人，另有1700多名农民技术员活跃在基层。[②]

（二）农民科技培训

1. 改革初期以会代训

改革开放的前几年，采取以会代训、现场观摩等方式，大规模开展农民技术培训。

2. 组织实施重大农业科技农民专项培训[③]

1986年5月28日，北京市政府印发旨在把科学技术送往农村，为振兴农村经济服务的《“星火计划”纲要》提出“七五”期间北京市要大力组织开发和推广“十百千万”项目计划，即大力组织和开发推广10个农业系统工程；抓好100个技术先进、经营管理好、经济效益高的乡镇示范企业；组织1000名专家、工程技术人员流向农村，或在乡镇企业挂职；培养1万名农村技术骨干，到1990年全市共安排“星火计划”923项，新增产值21.2亿元人民币，新增利税4.5亿元人民币。

---

① 王振业等：《北京农村经济史稿》，中国农业出版社，2016，第452页。
② 王振业等：《北京农村经济史稿》，中国农业出版社，2016，第452页。
③ 王振业等：《北京农村经济史稿》，中国农业出版社，2016，第452～454页。

3. “农牧渔业丰收计划”

为落实科教兴农、大力推广农业技术成果和先进适用技术，按照农业部、财政部设立的“农牧渔业丰收计划”专项要求，从1987年开始，北京市共组织实施农业及农业丰收计划项目36项。

4. “绿色证书”农民专项培训

“绿色证书”是由大兴最早提出的“绿田计划”发展而来。起初主要是在广大果农中提倡，开展农民专业岗位资格证书，对有“绿色证书”的农民优先给予承包果园和购买农资的优惠政策。1990年，市委市政府制定了改革农村用工制度、实行农民凭“绿色证书”承包经营的制度，由市农办牵头组织编写的北京市“绿色证书”培训教材和“绿色证书”，在11个区县6个专业的系统岗位培训中得到迅速普及，全市有7万名农民经过培训获得了“绿色证书”。

（三）农业职业体系的建立和农民培训

1. 北京市农业学校的专业改革与发展

作为北京市唯一的一所综合性农业中专，北京市农业学校以适应并促进京郊农村经济向专业化、商品化和现代化发展为宗旨，在改造老专业、增设新专业上进行了一些改革，学校原设农学、果林、牧医、农田水利4个专业。1981年增设蔬菜专业；1983年为适应北京绿化造林工作需要，林业专业从果树为主的果林专业中独立出来；经过调查考虑到农村还需要农村经济各方面的全面管理人才，1985年学校增设了农村经济管理专业。随着京郊农村经济的发展和产业结构的调整，在确保农业类专业的同时，为把学校办成为农村培养种、养、加、农、工、贸人才，为一、二、三产业服务的综合学校，又相继增加公路与桥梁、村镇规划与建设、计算机及应用、文秘与档案、保险、物业管理、生态环保等专业。考虑到北京“大城市小农村”的特点，学校采取了多专业小批量的对策，在专业内开办的专门化班，先后承办过种子、土肥、植保、乡镇企业管理、农业推广、农产品储藏与加工、农村金融、财务会计、外经外贸、审计、市场营销与园林绿化、特种动物养殖、节水农业、饭店与管理、旅游开发与管理、网络技术等20多个专门化班，形成大专业与专门化相结合的机动灵活的办学方式。

2. 农业学校对农民开展学历教育

（1）三定班。1997年根据市农办，市教委的批示，开始为农业推广服务体系招收三定班级，对乡镇农业技术推广机构进行定性，定编，定员后，对在编成员中没有经过专业培训的人员，按专业对他们进行中专学历教育，实行单独招生，单独录取，学制3年，入学年龄放宽到35岁，中专毕业后回原单位工作。当年即招收近160人，至2001年共招收1000人，他们毕业后都回到乡镇工作。

（2）扶贫班。1987年，对37个贫困乡单独招生，1992年，把招生范围扩大到60个边远山乡，1987～1998年，累计单独招生689名，扶贫班的学生毕业后回乡工作，为京郊山区提供了人才。1991年，农业部在对办学水平的评估中，对扶贫班给予了充分肯定。

3. 北京市农村建设学校

北京市农村建设学校是1984年5月经市政府批准成立的，是一所“以不转户口，不包分配，择优推荐”为试点的普通中等专业学校。

农村建设学校创办于北京农村改革发展和建设社会主义新农村的初期。党的十届三中全会后，随着郊区农村经济体制改革、实行联产承包责任制及集体村镇企业的兴办，一方面富裕的农民迫切要求改善居住环境和条件，曾一度出现建房热；另一方面，大批劳动力从农业中分离出来，由此县、乡镇，村集体建筑企业蓬勃发展。但是在农村建筑企业8万人的施工队伍中，接受过专业培训的工程技术人员只有78人，还不到职工队伍总人数的1‰。

1979年2月，北京市郊区建筑公司决定举办建筑类专业技术人员和建筑集体企业管理干部短期培训班，以解决建筑企业人才需求的燃眉之急。同年3月，来自全市18个区县、市建工局、西城教育局的78名学员参加的第一期预算员培训班开课，由此开创了北京市建筑专业技术人员培训班的先河，短期培训班培训了各类专业技术人才3369人。

1983年12月，市政府批准成立北京市农村建设总公司职工中等专业学校。1984年5月29日，市政府正式批准成立北京市农村建设学校，自此学校两块牌子、一套机构。

学校建设后较长时间内，只有工业与民用建筑一个专业，直到1993年增设了水暖专业和电气转化专业，但仍属于工业与民用建筑专业。到1991年，共招生1247人。

三 农村经济向市场化转型阶段的农业技术推广和农民培训（1993～2002年）

1992年，建立社会主义市场经济体制的新阶段开始。市场化给郊区农业和乡村工业带来了大好的发展机遇，按市场经济规律进行结构调整和机制转换。当时全国统一市场逐步形成，各地大量农产品流入北京，商品供应充分，而郊区土地价格高、人工成本高的劣势显现。[①]

（一）北京郊区农村生产经济的新变化

（1）扩大郊区服务范围，面向国内国际两个市场，发挥自身优势，发展特色产业，以种业优势占据市场。创汇农业、精品农业、设施农业、产销一体化观光休闲农业等有了迅速的发展。

（2）以提供副食品为特征的城郊农业，发展为都市农业。注重农业的生态功能和生活功能，农业的生产，生态、生活功能，把一、二、三产业结合起来，实现了郊区农业质的飞跃。

（3）郊区工业向开发区集中，优化生产配置生产要素，对乡村企业实行重组改制，在投资主体多样化基础上，实现企业体制创新，进行乡镇企业二次创业。

（4）农村经济体制开始新的探索，在延长土地承包制，确立农民家庭为经营主体、地位的基础上，开始探索土地股份责任制，实行土地有偿转让，扩大经营规模，进行农村集体经济产权制度改革，量化集体净资产到农业户籍人口，设置个人股，或实行社区型企业股份合作制，以确保农民的利益。郊区市场化，带动了经济社会的新变革、新发展。2000年与1991年相比，2000年的农业总生产总值为804.7亿元人民币，而1991年时只有39.6亿元。到2001年，郊区已经形成三、二、一产业格局。[②]

（二）农业科技推广的主要工作和新特点

这一阶段，科教兴农成果显著。这一时期郊区农业研究和示范推广工作

---

① 王振业等：《北京农村经济史稿》，中国农业出版社，2016，第481～493页。

② 王振业等：《北京农村经济史稿》，中国农业出版社，2016，第265～266页。

的重点放在主攻单产，保障和保证总产，在生产优质高效农产品、土肥配合饲料、农机检测、节能小麦喷灌等配套技术方面进行重点研究和示范推广工作，共获国家或省部级二等奖以上的科技成果 184 项，其中获国家一等奖一项。

（三）农业职业教育和农民培训

1. 利用多种形式面向农民开展学历教育①

从 1993 年开始，北京市农业学校在房山、怀柔、大兴等区县招收委培班，从 1994 年起招收实践生班，并与市供销学校联办农副产品储藏与加工专业班，而在平谷、顺义、丰台、房山等县区设立分校联办会计电算化等专业班。

2. 开展农村干部和乡镇企业职工教育培训②

1984 年，北京市农业管理干部学院成立。建院时，农村经济正在迅速发展中，急需管理人才，学院建起了第一个农业经济管理专业；第一批学员有 87 名；1986 年乡镇企业蓬勃发展，学院及时增设了乡镇企业管理专业；1987 年为了加强农村的思想政治工作，又开设了思想政治工作专业，1989 年该专业改为行政管理专业；1988 年，在试办农村经济贸易专业班的基础上，为了适应郊区商品经济的发展，学院又设立了农村经济贸易专业；1989 年，针对京郊财会人员缺乏文凭的实际状况，学院设立了财务会计专业；1990 年在京郊农村大力发展外向型经济时又设置了对外经济贸易专业；至 1990 年底学院已建立 6 个专业。

3. 为农民毕业生办理“农转非”

1990 年，北京市农业管理干部学院为郊区输送两年制大专毕业生 544 人，学院的毕业生逐渐成为郊区乡镇干部的主要来源，而且每年都会有一批“社补干部”。从 1989 年开始，学院开始申请农转非指标，该申请在 1991 年 9 月得到批准。市委组织部与相关部门联合发出《关于从市农业管理干部学院大专毕业生中吸收录用干部的通知》，决定从 1991 年起，每年从学院大专毕业生中录用干部 150 名，是农业户口的同时办理“农转非”，全部充实到

---

① 《北京市农业学校校史（1958～2001）》（内部资料），第 28～30 页。

② 《北京市农业管理干部学院发展纪实（1974～2002）》。

郊区乡镇机关工作。该政策的实施对乡镇机关在职干部的学习起到重大推动作用，也为学校提供了高质量的学员生源。

四 城乡统筹、协调发展新阶段的农民培训（2003 年至今）

从 2003 年起，北京郊区进入城乡统筹、协调发展的新阶段，按照中央部署，市委市政府提出城乡统筹发展、统筹区域发展、统筹社会经济发展、统筹人与自然和谐发展、统筹国内发展和对外发展的方针，加强对全市农业农村农民的“三农”工作领导，教学设计和农村经济社会发展获得再突破，二元化格局有了显著改进。[①]

（一）农业科技推广体系建设新阶段[②]

1. 加快农业科技推广体系的建设

北京市建立了以政府为主导、社会力量广泛参与的多元化农业科技推广体系，把农业科技投入放在公共财政支持的优先地位，重点加强在农业生物技术、良种选育技术、动植物疫病控制技术、食品安全控制技术、节水灌溉技术、农产品加工技术、农业工厂化技术、可持续农业技术、农业标准化体系等领域的创新。2007 年北京市制定的《关于推进基层农业技术推广体系改革工作的实施意见》，要求建立与都市型现代农业和社会主义新农村建设相适应的农业技术推广体系。

针对以往科技服务组织主要由政府负责的单一薄弱情形，北京市创新科技服务组织，鼓励和支持各类企业社会、科研院所、中介机构等开展农业科技推广，实现农业科技工作多元化、社会化，并在努力建立以市属院校及中央在京科研机构为核心、以科技型支柱企业为龙头、以新型农业推广服务组织为基础的农业科技技术科研推广体系。

2. 开展农业科技推广与普及工作

加强农村科技协调员队伍，加强农民田间学校、公益性农业技术推广服务体系建设。对科技创新和推广，市区县政府安排专项资金，用于扶持农民专业技术协会、农民农业科技示范企业、农业科技示范户等开展农业科技推

① 王振业等：《北京农村经济史稿》，中国农业出版社，2016，第 266 页。

② 王振业等：《北京农村经济史稿》，中国农业出版社，2016，第 551 ~ 553 页。

广与普及工作。

3. 组织实施科技入户工程

从2005年起，北京市开展科技入户工程，以提高科技示范户的能力，到2010年在全市13个郊区县选定100个重点示范乡镇、500个重点示范村，培育了1万个科技示范户，辐射带动20万农户，重点示范区内主要先进实用技术的入户率和到位率达到90%以上，示范户人均纯收入每年提高8%以上，农业科技进步贡献率每年提高了1个百分点。

（二）强化农业人才培训工作

1. "绿色证书"培训工作走向经常化、制度化

到2004年已有21.2万名农民获得"绿色证书"，占全市郊区务农劳动力的32.29%。

2. 启动跨世纪青年农民科技培训工作

国家农业部、财政部和团中央从1999年起启动跨世纪青年农民科技培训工作，怀柔、密云、延庆成为全国试点县，已培训青年农民3万人，从2001年起，实施郊区全面实施观光农业现代化培训工程，以提高郊区农民现代化素质，参加培训人员达百万人次。通过市农科院信息所建立的北京市农业远程培训系统也全面展开，到2004年北京郊区已建立起211个远程培训系统，开展各类技术培训455项。

3. 农村富余劳动力转移培训

随着农村劳动生产力水平的提高，京郊"三化"进程加速，郊区农村出现了大批"富余劳动力"，成为郊区农村实现现代化、农民增收致富的重大制约因素。2004年1月，北京市农委、教委、市财政局等6部门颁发《关于做好2004~2010年北京市农村富余劳动力转移培训工作的意见》。该意见对农村富余劳动力转移就业培训工作的意义、指导思想、基本原则、工作目标与任务，以及相应的政策措施做出了系统安排，为以后一个时期的农民教育培训确立了基本路线图。

2003年底，北京市农村人口有357.8万，农村劳动力有188万人，约有30万人需要转移就业，加上每年新生劳动力及就业回流人员，北京市要在2004~2010年的7年间每年转移就业人员5万人以上。为此，该通知要求：建立健全适应市场需求、城乡统筹的农村劳动力培训就业体系，逐步建立覆盖全市的市、区（县）、乡（镇）、村的农村富余劳动力转移培训和集职业培训、技能鉴定、职业介绍、就业指导四位一体的职介服务机构。

农村劳动力转移就业培训由市农委牵头，动员全市农业广播电视学校、区县职业学校、职业技术学校等教育培训机构共同参与。成为一个时期内北京市农民教育的主流。到 2010 年，全市培训了 70 万人次，帮助转移就业 35 万人。

实际上自 2008 年起，农村劳动力转移就业培训的任务就已经基本完成，转而成为提高就业能力的常规培训，牵头单位也从农口变为劳动与社会保障局。

4. “阳光工程”培训

该培训是由国家公共财政支持开展的农民技能培训示范项目。从 2004 年起由农业部、财政部、劳动和社会保障部、教育部、科技部、建设部 6 部委共同组织实施，主要是在粮食主产区、劳动力主要输出地区、贫困地区和革命老区，开展农村劳动力转移到非农领域就业前的职业技能培训，旨在提高农村劳动力素质和转移就业技能，促进农村劳动力向非农产业和城镇转移，实现稳定就业和增加农民收入。2004 年，全市累计完成劳动力转移培训 15.2 万人次，有力地促进了农民自主创业。

“阳光工程”培训实施以来，为城镇二、三产业的发展、农村劳动力的转移和增加农民工资性收入做出了积极贡献。但随着社会经济的进一步发展，农村农业人才队伍匮乏的问题逐渐显现出来。为适应农业发展方式转变和现代农业建设的需要，从 2009 年开始，国家逐步调整了“阳光工程”的培训内容和专业方向。

5. 新型农民培养

2005 年 10 月，党的十六届五中全会提出了建设社会主义新农村的历史性任务。2005 年 12 月 31 日，中共中央、国务院下发了《关于推进社会主义新农村建设的若干意见》（以下简称《意见》）。《意见》提出了加快发展农村社会事业，培养推进社会主义新农村建设的新型农民的任务。《意见》指出：大规模开展农村劳动力技能培训，提高农民整体素质，培养造就有文化、懂技术、会经营的新型农民，是建设社会主义新农村的迫切需要。继续支持新型农民科技培训，提高农民务农技能，促进科学种田；扩大农村劳动力转移培训“阳光工程”实施规模，提高补助标准，增强农民转产转岗就业的能力；加快建立政府扶助、面向市场、多元办学的培训机制；各级财政要将农村劳动力培训经费纳入预算，不断增加投入；整合农村各种教育资源，大力发展农村职业教育和成人教育。

根据中央的部署，结合北京的实际，2007 年，北京市委、北京市人民政府 34 个部门共同组建了“北京市新型农民培养工作协调小组”，出台了《北京市新型农民培养工作行动方案》，根据北京农村发展的实际情况，确定了七大类的培养对象：一是培养从农业转向非农就业和从事制造业、服务业的“技能型农民”；二是培养从事农业生产和经营的“专业型农民”；三是培养自主经营农产品深加工、特色商业、服务业、文化创意产业等项目的“创业型农民”；四是培养具有技术专长、人格魅力和群众威望的“带动型农民”；五是培养具有一定规模的企业园区经营管理者、农村经纪人、农资销售者、乡村旅游经营者等类别的“管理经营型农民”；六是培养具有北京农村户籍，有志于农村从业的“储备型农民”；七是培养在政府开发的公益性岗位就业的生态管护园、农村管水员、乡村公路养护员、农村健康助理员等“公益服务型农民”。在确定这七类培养对象后，展开了一系列的具体培训措施：一是以“企业下订单、基地下菜单、政府管埋单”的“三单式”方式，开展农村劳动力转移就业培训，促进劳动力转移；二是以“科技入户”“科技套餐配送”等方式培养农民，使农民科学素质得到明显提升；三是开办农民田间学校，培养一线农民，加快农民由单纯的小生产者向经营者、管理者、决策者的转变；四是以“对接式”师父带徒弟方式，培养农村实用人才、乡土专家，为农村科技推广队伍注入新的活力；五是以“技能 + 基础”为主要模式对农民开展学历教育；六是依托龙头企业、行业协会、农民专业合作组织等开展非农技能培训，促进农村劳动力实现就近就业。为分类培养新型农民，北京市实施了多项农民培训工程。

（1）农民田间学校。

2005 年，北京市借鉴国际粮农组织（FAO）提出和倡导的参与式、互动式农民素质教育模式，探索建设农民田间学校。在市农委、市科委、市财政局等部门支持下，市农业局推广了北京市农民田间学校“六个一”标准化办学，成立村级技术指导小组常年承诺制办学，自下而上、整村推进、连续 3 年滚动提高式办学，并建立了四级考核评估体系的效果评估式办学等田间学校新型办学机制，把农技推广机制、创新理念和田间学校办学宗旨融合在一起在郊区集成性地推广，成为深受郊区农民欢迎的培训模式。10 年来，农民田间学校培养了一批来自农村，扎根农村，具有一定影响力和创新能力的“土专家”。农民田间学校使农民的综合素质得以提升，充分激发了农民的科技创新精神，在普及新的种养技术、解决生产中的实际问题，推动农业增效、农民增收中起到了重要作用。

（2）设施农业骨干农民培养。

为保障首都“菜篮子”工程顺利实施，提高农民收入水平，北京市推广站探索出一套设施农业骨干农民培养模式。以产业发展和生产需求为导向，根据不同生产内容分别设置了5套培训方案，包括产前、产中、产后系统的技术和理论知识培训，关键时期的技术指导等，确保农民了解产业的前沿技术、掌握当前的关键技术。以“理论培训+实操练习”“集中式讲座+参与式讨论”“分期培训+关键指导”“示范+观摩”“市内培训+外埠培训”“境内培训+境外培训”等形式创新培训方法，为北京市农业发展培养了一批专业技术过硬、示范能力突出的骨干农民。从2008年到2014年共培养了骨干农民1988名，组织骨干农民提升能力培训1255人。通过培训培养，他们掌握了较系统的栽培知识和技术，具备较强的示范和辐射带动能力，成为一支活跃在农村的技术传播队伍。

（3）农村实用人才培养。

2007年中共中央办公厅、国务院办公厅出台《关于加强农村实用人才队伍建设和农村人力资源开发的意见》，对今后一个时期的农村实用人才队伍建设做出了全面部署。2011年，根据市委农工委《北京市农村实用人才开发培养行动计划（2011～2015）》，对农村实用人才进行了生产类、技术类、营销（流通）类、管理类、社会（文化）类五个类别的划分，制订了针对性的培养计划，开发出“专家带动”“基地（公司、企业）辐射”“新老传播”“技能+基础”等培养模式。截至2012年底，北京市农村实用人才培养工程共认定了38055名人才。其中管理类5221人、生产类18273人、技术类9380人、社会（文化）类4127人、营销（流通）类1054人。为北京农村地区培养了一大批具有一定技能、能够起到示范带动作用的农村实用人才队伍。

（4）全科农技员队伍建设。

为完善市、区县、乡镇以及村农业科技推广服务快速对接联动机制，解决科技推广“最后一公里”问题，北京市农委、市农业局、市财政局2010年印发了《北京市村级全科农技员队伍建设工作实施方案》，按照都市型现代农业产业发展需求，在主导产业行政村建立了村级农业综合服务站点，每个村级服务站点选聘 1 名全科农技员，上连专家团队、下连产业农户，以村为单元开展“全科医生”式服务。

从 2010 年起，市农委、市农业局、市财政局启动实施了全科农技员队伍试点建设工程，到 2013 年底，北京市在 10 个远郊区县、143 个乡镇、50 个农户以上的行政村选聘全科农技员 2831 名，实现了对全市所有农业村的“全覆盖”。全科农技员以农民最容易接受的方式、最便捷的途径和最快的速度，解决农民生产过程中出现的技术难题，初步成为村里推广农业科技的技术员、上传下达的信息员、应急指挥的服务员，成为北京市基层农技推广体系在农村的延伸和解决科技入户“最后一公里”的重要力量。

为了能够让全科农技员队伍高效运转，切实解决科技推广到户的问题，各区县成立了由主管区县长牵头，农委、农业局、财政局参加的区县试点建设领导小组。纵向上形成了“一条线”联动管理机制，即市里有政策、区里统一管理、乡镇具体督办、村里专人落实。上岗的全科农技员积极参加市、区县、乡镇农业部门组织的各类培训，带头示范应用农业新技术、新品种、新产品。

（5）林果乡土专家行动计划。

2007 年，结合北京市林果业科技推广服务体系建设，北京市园林绿化局、市科委、市农委与市科协联合推出“林果乡土专家行动计划”，探索林果乡土专家科技服务模式。通过培养一批土生土长、掌握一定专业技能、有一定影响力的林果科技推广专家，为农民提供及时周到的服务。

计划采取了“农民走进大专院校、专家下乡到田间地头、热线电话咨询、网络答疑解惑、现场观摩交流学习”等方式，在培训内容上涉及现代林果业生产经营的各个方面，从林果花卉栽培管理技术，逐渐拓展到市场营销、企业管理、农业科技推广方法等产前产后相关知识技术。

北京市园林绿化局出台了《北京市“林果乡土专家行动计划”活动方案》和《关于对北京市“林果乡土专家”进行考核的意见》，专业选拔对象以各区县长期从事苹果、梨、葡萄、桃、樱桃、杏、核桃、板栗、枣、柿子生产的重点种植大户及一些农民合作组织为主。每名乡土专家不但自己能勤劳致富，还能主动、热情地参加培训，积极传授技术、经验、信息、知识等，帮助其他农民。在培养环节，北京市采取了多种方式，多策并举，对入选果农进行全方位培养，严格持证上岗。培训内容涉及现代林果业生产经营的各个方面，从林果花卉栽培管理技术到市场营销、企业管理、农业科技推广方法等。截至2012年，基层林果技术服务人员已经达到上万人，大大缓解了农村科技有效供给不足的问题，也加速了技术传播。

(6)“阳光工程”培训转型。

2004年起由农业部、财政部、劳动和社会保障部、教育部、科技部、建设部6部委共同组织实施了“阳光工程”，2011年，阳光工程实现战略性转型，由偏重服务城市发展向注重支撑农村经济社会发展转变，由主要围绕外出务工就业开展培训转向主要围绕农业生产服务业和农业农村领域从业的职业农民开展培训，引导农村劳动力就地就近就业。北京市在“阳光工程”转型后，围绕都市型现代农业农民培训需求，结合现代产业技术体系创新团队、科技推广项目、农民专业合作社发展和基层农技推广体系改革与建设，对种植业生产服务人员、畜牧和渔业生产服务人员、兽医服务人员、农机服务人员、农业经营管理和农村社会管理人员、涉农企业从业人员等群体大力开展农业职业技能培训和农业专项技术培训。截至2013年，北京市经过“阳光工程”培训2.94万人次，通过技能鉴定的人员达1.2万人，为都市型现代农业发展和新农村建设提供了强有力的人才支撑。

6. 新型职业农民培育

2012年，中共中央、国务院印发的《关于加快推进农业科技创新持续增强农产品供给保障能力的若干意见》中提出要“大力培育新型职业农民”。北京都市型现代农业所面临的“老龄化”“兼业化”问题也越来越突出，培养大批以农业为职业、具有一定专业技能、收入主要来自农业的现代农业从业者和乡村基层干部，解决好北京郊区“谁来种地”“如何种地”的问题，并为乡村治理提供强有力的高素质人力人才保障，就显得十分紧迫和必要。按照农业部的统一安排，北京市确定密云、大兴为新型职业农民培育的试点区县。

通过培训取得了良好效果。一是涌现出一批青年创业优秀典型。组织区县申报农业部“现代青年农场主计划”200名，大兴青年农民贾维亮、顺义青年农民石鄢获中央“风鹏行动”计划资金资助。密云青年孔博2015年2月荣获团中央、农业部评选的“全国第九届农村青年致富带头人”称号。北京新型职业农民许刚在2015年“中联重科”全国农业职业技能竞赛中获得竞赛二等奖，给北京赢得了荣誉。同时，北京市还涌现出一大批如贾建军、刘小愿等学历高、会经营、懂技术的青年职业农民和王付清、刘仕才、王万昭、董福深、齐振德等既能生产又能服务的复合型职业农民先进典型。二是农民普遍得到了实惠。通过新型职业农民培育，使农民了解并应用农业生产前沿领域的新技术、新知识，开阔了视野，降低了成本，解决了生产中急需解决的问题，大幅度提高了农业生产效益。如通州区漷县2017年主要培训石灰改良土壤技术，推广到蔬菜基地所有农户，增强了蔬菜抗逆能力，减少了蔬菜病虫害发生和农药使用。据统计，该基地的50多个农户当年蔬菜增产120000公斤，增收50000元，比上年增效10.8%。另外，通过后续跟踪指导服务和产业帮扶，帮助职业农民实现了创业梦想。如密云区重点扶持创业青年、农机大户、“互联网+青年销售团队”等创业积极性高、带动效果强的职业农民，这些职业农民获得了农机具购机补贴（国补基础上再补30%，没有国补的补80%），在设施蔬菜园区的，还享受新品种、新机械、新技术等惠农项目补助等，带动了这支队伍的发展。三是搭建了创新创业平台。教育培训、认定管理和政策扶持“三位一体”同时跟进的新型职业农民培育模式，实现了农民向职业化的转变；惠农政策的倾斜，使职业农民的荣誉感不断增强，让留在农村的农业劳动力逐渐稳定。同时，培训使大多数学员转变了观念，认识到农民外出务工能致富，在农村创业发展有了专业技能同样也能致富，就近就业观念和就业能力明显增强，吸引了一大批各类能人返乡“务农”，为当地农村、企业提供了较高素质的员工，促进了地方地域经济的发展。一些区县反映，2015年参加新型职业农民培训的学员基本实现了就地就近就业。

存在以下问题：一是在培训对象遴选方面，新型职业农民培育是一个长期的过程，但是目前的政策规定新型职业农民培训对象3年内不准重复，形成了一种制约；二是培训经费标准偏低，实际培训中，采用集中封闭式培训每人每天的住宿费为180元，餐费为每人每天100元，再加上会议场地的租赁费、接送学员交通费、专家费、专家接送和食宿费，每人每天综合培训费用在400元以上，存在较大资金缺口；三是经费使用范围，新型职业农民培育工作中，培训只是其中的一项内容，其他还有基础调研、认定管理、奖励扶持等，目前中央经费规定支出范围相对狭小。

（三）北京农业职业教育院校开展农民培训概述

为加强农业职业教育，经市政府2011年6月29日批准，在北京市农业管理干部学院和北京市农业学校基础上，组建了北京农业职业学院，开展农业高等职业教育，并继续举办中等职业教育、成人高等学历教育和职业培训。

2003 年 5 月，原北京市城乡建设学校并入北京农业职业学院，成为北苑分院；2004 年 12 月，原北京市八一农业机械化学校并入北京农业职业学院，成为清河分院，至此形成了一校四区的办学格局。

学院除了单独招生开展全日制学历教育外，开发建设了“农业经济管理合作社方向”自考专业，在国内首创了符合农民考生特点的多元化考核评价体系，2014 年获得了高等教育自学考试主考校资质，可以培养具有合作社专业知识和技能的高等学历人才。

2011 年 7 月，学院以优异成绩通过国家示范校验收，实现了学院建设发展史上的第三次跨越，学院综合实力明显增强，社会影响显著提高，已成为全国高职院校的排头兵。

2017 年，学院通过资源整合，将继续教育学院、北京市农业广播电视学校合二为一，职能扩大到农民成人大专学历教育、远程网络教育和自学考试及技能鉴定，能够更充分地利用市校 - 区校 - 乡镇校 - 村级教学点四级办学体系，创新教育培育模式，优化资源，开展农民教育培训。

农业职业院校在农民学历教育方面主要开展了如下工作。

1. 面向农民开展成人自考教育和网络教育

20 世纪 80 年代初期，为推动农村经济体制改革，北京农业类院校适时增开了农经、乡镇企业管理等一批新的涉农专业，为京郊农村经济改革培养了一大批基层管理人才。自 90 年代起，为适应市场经济需求，农业类院校的成人教育向多类型、多层次、多形式发展。从发展轨迹看，是符合整个社会对成人教育发展需求的，但同时，也造成了许多农业院校的成人教育偏离了农口专业，表现出“去农化”的倾向，摒弃自身的优势专业，举办非农专业，不仅造成专业资源的浪费，也使涉农类院校的成人学历教育失去了特色，为农业农村服务的功能相对弱化。进入 21 世纪以来，尤其是从 2004 年起，党中央连续颁布多个有关“三农”问题的一号文件，出台了一系列促进农业农村发展的激励政策、调控政策、支持政策和财政保障政策，极大地调动和激发了广大农民的积极性。建设新农村，发展现代农业，为农村成人高等学历教育提供了新的发展机遇。近年来，随着我国农村整体经济结构调整和升级，京郊农村由传统农业向都市型现代农业转变，经济结构和经营方式的变化必然带来对京郊农村人才需求的变化。历史、体制以及地域等原因，我国农村成人高等学历教育普遍存在招生渠道窄、生源少、专业发展慢等问题，为适应对都市型现代农业发展人才的需求，国家出台大量优惠政策鼓励大学生当村干部、大学生到基层就业，也选派一部分优秀中青年干部到基层任职，但仍与迅速发展的各类农村社会经济组织对较高文化素质人才的旺盛需求相差甚远。成人高等学历教育是国家高等教育的重要组成部分，我国面向成人颁发学历文凭的高等教育主要分为成人学历教育、高等教育自学考试和网络高等教育三种类型，目前这三种类型的成人学历教育在北京郊区都有不同程度的开展。下面以北京农业职业学院为例，揭示京郊涉农类成人高等学历教育的办学情况和存在的问题。

北京农业职业学院作为北京地区唯一一所农业类高等职业院校，面向京郊农村举办成人学历教育历史悠久，曾经为北京农村经济社会的发展培养了大批农村基层管理干部和农业技术人才。近年来，为满足京郊农村从业人员对高等学历教育的需求，不断调整优化成人学历教育的专业结构，拓展新的办学渠道，通过开展专科和本科高等学历教育（合作办学）的形式，为首都新农村建设培养了具有较高文化素养和学历层次的农村基层管理干部和农业技术人员，应该说举办成人高等学历教育是培养具有较高文化素质和学历层次的新型职业农民的重要渠道，为北京新农村建设和都市型现代农业发展提供了重要的人才保障。北京农业职业学院成人学历教育作为继续教育的重要组成部分，发挥着服务社会、服务京郊农村发展的重要作用，在继续教育职能管理部门领导下相对独立办学，参加国家成人高考统一招生，颁发国家成人专科学历证书；2014 年，北京农业职业学院新增设北京市自学考试“现代农村经济管理（合作社方向）”主考校资质，组织开展该专业自学考试相关工作，颁发国家自学考试专科学历证书；此外北京农业职业学院还是远程学习中心，与中国农大、人民大学等主办的高校网络大学合作，开展远程教育，颁发主办校专科或本科网络大学学历证书。

2. 开展农民成人学历教育

北京成人学历教育的黄金阶段是从 20 世纪 90 年代初到 2003 年，报名人数一度接近 18 万人，然而，随着普通高校的大幅扩招、高考录取率的上升，北京成考报名人数在 2004 年开始有了大幅下滑，骤减到 11 万人；随后一直在 10 万人左右徘徊，到 2013 年报名人数降低至 7.7 万人。2013 年，北京市成人高校招生全国统一考试录取率为 91.8%，其中，北京郊区县（门头沟、房山、通州、顺义、昌平、大兴、怀柔、平谷、密云、延庆）录取率 86.6%。郊区县考生占到全市考生的 51.2%。目前，北京农业职业学院成人学历教育主要采取在区县设立教学点合作办学的形式，自 2003 年开始先后与通州东大学校、昌平成人学校、平谷建筑职业技能培训学校合作设置 3 个校外教学站点，开设会计、市场营销、工程监理等成人高职专业，现在校生仅为 422 人，毕业生 1700 余人。其中会计为学院院级重点建设专业；市场营销专业为北京市高职示范专业；会计、市场营销专业同时还是北京农业职业学院北校区（原北京市农业管理干部学院）作为独立设置的成人高等学校时成人学历教育重点专业；工程监理专业是北京农业职业学院北苑校区（原北京农村建设学校）的骨干特色专业。在生源锐减的情况下，北京农业职业学院始终坚持教育为社会服务的办学宗旨，立足京郊，服务“三农”，经过几年努力，成人学历教育的教学在规范性建设和培育专业特色方面都有了一定的发展。

3. 开展高等教育自学考试

2014 年在北京市农村工作委员会和北京教育考试院的大力支持下，北京农业职业学院被北京教育考试院确定为现代农村经济管理（合作社方向）专业的自学考试主考学校。在北京面向农村经济合作组织率先开设高等教育自学考试现代农村经济管理（合作社方向）专业，为农民专业合作社系统培养专科学历层次的经营管理专门人才，助推京郊农民专业合作社持续健康发展。现代农村经济管理（合作社方向）自考专业的增设，填补了北京市自考农业类专业的一项空白，顺应京郊农村合作经济发展的需要，而且也为农民专业合作社成员打造了一条开放式学习、系统化教育并取得国家承认社会认可度高的大专层次学历教育的通道。同时，主考院校的确立，使自学考试这一学历教育考试形式向京郊农村进一步延伸和发展，适应了农村合作经济组织对经营管理人才的迫切需要，彰显了北京农业职业学院职业教育服务京郊农村经济社会发展、培养新型职业农民的独特优势和作用。经过短短一年的实践，北京农业职业学院就基本完成了主考校及主考专业的基础建设工作，并取得了初步成效。

4. 开展农民高职学历班教育

在科学论证基础上，学院向上级有关部门提出招收新型职业农民参加全日制高等职业教育学习，以开辟新型职业农民学历、能力双提升渠道，进行新型职业农民培养模式创新实践。

学院 2015 年提出了新型职业农民学历提升工程，以现代农艺方向、休闲农庄经营管理、家庭农场经营与管理、农民合作社运营与管理、村务管理5个专业招生。招生对象主要是北京市农业广播电视学校具有中专学历、年龄在45岁以下的优秀毕业生。2016年开始面向新型职业农民招生，学制为3年，学历为全日制大专，现在在校生接近500人。

五　北京农民教育培训的经验与现实启示

北京市依托人才、科技、资金等各方面优势，在农民教育培训方面形成了一套具有北京地方特色的培训模式，积累了丰富的理论和实践经验。

第一，领导重视，政策保障。北京市在农民培训上有很好的资金保障，在体系建设、组织管理上做到了体系比较完善，鼓励农业科技人员、教师、其他相关利益主体开展多元参与，有一定的激励政策，这些为农民培训奠定了良好基础，提供了良好的条件和环境。

第二，农民教育培训活动与经济生活的变迁相契合。在京郊经济社会发展的不同阶段，作为农民培训的相关部门能够及时回应社会需要、农民需求，把握教育培训重点，及时做出调整。

第三，农民教育培训活动与解决农民的实际问题相结合。社会在变化，农民遇到的问题也在不断发生变化，通过教育培训能够较为有效地帮助农民解决问题。

第四，农民教育培训活动做到农科教相结合。北京的各种资源非常丰富，农业技术推广、农民教育提升、农业科技相互配合，较好地做到了农科教的结合，整合了资源。

第五，不断探索农民培训的新教学方法，采用新手段提升教学效果。如开展田间学校、实施参与式教学、双师型互助教学、新媒体教育等，注重教学与实践相结合，在农民教育和培训领域均产生了积极影响。

第二节　农民科学技术培训需求调研

农业科技是农业经济发展的重要推动力量，在我国由传统农业向现代农业转变的关键时期，利用农业技术创新及相应要素投入来提高农业生产率，是促进农业经济增长、提高农产品国际竞争力和农民收入的动力源泉。然而，目前我国农业技术服务存在有效供给和有效需求双向不足的问题。一方面，农业科技研究取得了丰富的技术成果，但农业科技成果的市场转化率低、农业科技的贡献率低；另一方面，由于农业经营规模小、农业比较效益低以及农民科技素质低等制约，作为农业科技需求主体的农户对农业科技的需求愿望并不强，导致农业科技的有效需求不足。因此，从农户视角加强对推进农业技术进步的两个轮子即需求和供给的研究，不断扩大农户对农业技术的需求，对实现我国农业技术的持续快速进步，推动我国农业经济的持续发展，具有重要的现实意义。在农业技术需求的研究中，关于农户真正需要什么样的农业技术的研究很少，也没有从农户角度对农户的需求做一个合理的分类，农民真正需要的是什么，是农业技术，还是教育、医疗服务等，农业技术在农民需求中的排序为第几位，这都是需要深入研究的问题。对农业技术的供给研究，目前学术界的相关研究主要集中于讨论这些农业技术创新组织的现状以及存在的问题。这些组织主体涉及政府、农业科研机构、农业科研企业、农村经济合作组织等。[①] 本研究从农户视角出发，运用问卷调查与访谈方法，通过对农业技术的需求与供给问题的定量资料分析，旨在从社区层面探讨解决农业技术服务的“最后一公里”问题。

一 农民视角下农业技术培训需求

（一）调查区域及样本简介

本研究的调查对象包括区县和乡镇两级分管科技服务与推广工作的干部与工作人员，科技协调员工作站（农民合作组织、涉农龙头企业、农业专业协会等）有关人员，科技协调员、普通农户。采用文献查阅、问卷调查、小组访谈、知情人访谈、深度访谈、研讨会等社会学和发展学的研究方法收集资料。共调查了8个区县、21个镇、136个行政村，发放协调员问卷510份，回收有效问卷485份，有效率达95.1%；发放农户问卷315份，回收有效问卷311份，有效率达98.7%（见表2－1）。召开村级座谈会、镇级座谈

① 王文、刘伟平、银小柯、简盖元：《农业技术创新体系研究述评》，《福建农业学报》2008年第2期。

会20余次。并运用Spss和Excel软件对定量数据进行统计分析，运用一致性比较法对定性资料进行分析。

表2－1　调查区域及样本一览

区县	乡镇	行政村	主要产业	协调员（问卷份数）	农户（问卷份数）
门头沟	潭柘寺、王平、雁翅	安家庄、草甸水、南（北）村、西（东）马各庄、西（东）石古岩、西（东）王平、青白口、赵家台、吕家坡等22个村庄	苹果、柿子等林果业、柴鸡生态养殖业	92	59
通州	西集、漷县、台湖	桥上、牛牧屯、前府、杜店、胡岱、台湖、麦庄北小营、外部营、玉甫上营、周坡庄、民线等13个村庄	蔬菜、林果花卉、籽种及养殖	64	64
平谷	平谷、镇罗营	岳各庄、北台头、赵各庄、西鹿角、下纸寨、桃园、田园、上（下）营、东四道岭、东（西）寺峪、五王庙、大庙岭、杨家台、东牛角峪等23个村庄	板栗、核桃、大桃、梨等林果业	44	26
房山	琉璃河、张坊、长阳	大峪沟、西白岱、瓦沟村、三河庄、张坊、蔡家口、北白岱、夏场、公义庄、官庄、贾河、长阳等20个村庄	肉鸭、肉牛、肉鸡等养殖业；豆类、柿子等农产品深加工；磨盘柿、猕猴桃林果业；蔬菜种植业	117	45
延庆	四海、张山营	岔石口、黑汉岭、前庙、后庙4个村庄	玉米大田作物种植和食用菌、菊花、柴胡、板蓝根、葡萄经济作物种植业；板栗、核桃林果业	37	41
大兴	榆垡、安定、庞各庄、青云店、长子营	王家屯、马家屯、西（东）瓮、北顿垡、南义堂、堡林庄、前安定、马各庄、河津营、白庙、北辛庄、靳七营等36个村庄	肉猪、肉鸡养殖业	65	40
顺义	杨镇、北务	李辛庄、王辛庄、田家营、北务、安乐庄、南辛庄、王各庄、马庄等15个村庄	瓜菜（西瓜、叶子菜）种植业	35	28

续表

区县	乡镇	行政村	主要产业	协调员（问卷份数）	农户（问卷份数）
怀柔	九渡河	西台、黄花镇、九渡河、吉寺、庙上等6个村庄	种植业、养殖业	31	8
8个区县	21镇	136个行政村	—	485	311

311位被调查农民的男性与女性比为45∶55，年龄主要集中在40～60岁，大多数为初中文化程度，以完全从事农业生产为主。完全从事农业的家庭和兼业家庭占76%。家庭务农人数以2人居多，占46%；1人务农的农户占30%；并有24%的被调查者家庭中无人务农，只从事二、三产业。其中39%的家庭是男女都参与务农，31%的家庭只有男性劳动力务农，30%的家庭由女性从事农业生产。调查表明，60%的被调查家庭中至少有1人外出打工。在被调查务农人群中，农民以从事种植业为主，种植类型为蔬菜、林果树、大田作物等；在少数农民从事的养殖业中，以鸡、猪、羊等为主；兼业以餐饮和农家乐旅游为主。

485位被调查乡土技术人员的男性与女性比为65∶35。男性远远多于女性，这种情况也反映在不同区域之间。我们由低到高把他们的年龄分为4组，包括青年组（30岁以下）、壮年组（30～40岁）、中年组（40～50岁）和中老年组（50岁以上）。统计结果表明，中年组和中老年组所占的比例最高即为63.5%。其次是乡村创业青年组为24%。而30～40岁的壮年组由于养家糊口的生计压力，多是外出务工或者在城镇内实现体制内就业。农村社区中这一群体规模不大，只是乡土技术人员队伍中很小的一部分。我们由低到高把乡土技术人员的文化程度分为5种类型：小学及以下占2.2%；初中占30.5%；高中或中专占33.9%；大专占18%；本科以及上占15.4%。统计结果显示，受过初中或高中教育的人所占比例最高，为64.4%；其次是受过高等教育的人，为33.4%。小学及以下的人占2.2%。该结果表明，受过初中或高中教育的人是乡土技术人员的主体，受过高等教育者也占有较大的比例，这部分主要是青年人。总体上看，乡土技术人员接受普通义务教育率在97.8%，他们的文化素质普遍较高，具备学习科学技术的能力。

（二）农户的科技信息需求类型分析

本研究把科技信息类型划分为9大类。调查显示，农户最关心的信息类型是国家政策，其次是实用技术，再次是农产品和农用物资的价格，所占比例分别为53.3%、49%和44.7%。农户对国家政策的关注与我国近些年来连续出台中央一号惠农文件有关，更重要的是与我国长期以来政府主导型的农业技术推广与服务模式有关。我们根据农户从事的主要产业类型来分析农户的科技信息需求。从事种植业的农户所需要的科技信息排在前三位的是果树、蔬菜和粮食，分别占54.3%、50.9%和49.4%；从事养殖业的农户需要的科技信息排在前三位的是养猪、养鸡和养羊，所占比例分别为61.5%、38.5%和34.4%；兼业型农户需要的科技信息排在前三位的是餐饮、服装和旅游，分别是38.9%、23.8%和23.3%。在农业信息类型中，农户最需要的信息首先是农作物病虫害防治技术，比例为54.3%；其次是优良品种，比例为53.9%；再次是养殖技术，占36.2%；最后是农产品的市场价格信息（参见表2-2）。该调查结果表明，农户对农业科技信息的需求存在多元性和差异性。因为当今我国农村和农民处在社会化程度高、经营规模相对较小，且在相当长一段时期将以单个农户为生产主体的农业劳动力要素环境中。这种社会化小农阶段，农业技术创新推广的用户系统多元分散，加上受农民的个性特征、社会经济特征和行为特征及其所处的特定环境的影响，积极的终端用户（农户）系统和对农业技术创新的有效需求难以形成。

表2-2　农业信息中农户最需要的信息类型

最需要的农业信息	选择比例(%)	排序
优良品种	53.9	2
农作物病虫害防治技术	54.3	1
设施栽培技术	33.1	5
养殖技术	36.2	3
储藏保鲜加工技术	18.1	8
田间管理技术	31.1	6
农业气象预报信息	23.5	7
农产品收购和市场价格信息	34.1	4
农企信誉信息	10.9	9

（三）面向农户的科技服务、培训供给类型分析

近年来，农业研究机构和高校为使其科研成果尽快转化为农业生产力，纷纷在农村建立试验与示范基地，国家也通过大范围农业科技攻关组织科技人员走向农业发展的主战场；另外，政府还选派科技人员出任地方政府的行政副职等。2009 年 10 月，中央发出加强基层农业技术推广体系建设的通知，努力改变农业技术推广网络“网破线断”的状况。农村基层技术力量恢复的紧迫性可见一斑。那么调查区域的基层科技人员为农户提供的科技服务状况究竟如何呢？本研究将他们开展的工作分为承担新品种新技术示范、向当地农民发布生产销售信息、组织培训班、指导周边农民生产、组织当地农产品销售、联系技术专家、土壤检测、调查并反映当地农民的需求、销售农资 9 类进行调查。结果显示，在技术服务功能方面所占比例最高，总计为 57.7%。具体来看：组织培训班 159 人次，占 16.0%；联系技术专家 151 人次，占 15.2%；新品种新技术示范 116 人次，占 11.7%；指导周边农民生产 99 人次，占 10.0%；土壤检测 48 人次，占 4.8%。在传递信息功能方面所占比例占 18.3%。具体地说：向当地农民发布生产销售信息的比例最高；在把握需求方面主要是调查并反映当地农民的需求，107 人次，所占比例 10.8%。在连接市场方面所占比例为 13.2%，主要开展的是组织当地农产品销售 100 人次，比例为 10.1%；销售农资 31 人次，比例为 3.1%。该结果表明，基层农业技术人员承担的四大功能中，技术服务功能发挥得最好，其次是信息传递功能。相比较而言，把握需求与连接市场的功能发挥得不够。

（四）农村乡土人才能力建设需求

科技协调员来自于乡土人才，虽然其本身有一定的种植、养殖技术，但还缺乏系统的专业知识。为提高他们的科学素质和服务能力，需要建立培训体系开展有针对性的培训。同时以农村科技协调员为中心的科技服务体系建设，是一种新的探索，也需要对相关的利益主体开展培训。

1. 农村科技协调员能力建设的需求分析

科技协调员的能力建设是多方面的，调研中，我们通过问卷调查和半结构访谈，在了解农村科技协调员普遍需求的基础上，重点对身份是农民

的协调员、农村合作组织负责人的能力建设需求做了有针对性的分类分析。

农村科技协调员对能力建设的认识与培训需求存在差异。在新型科技推广服务体系中，科技协调员的核心地位决定其必须具备比较强的能力和相应的知识。60%的人认为应该具备科技推广与培训的能力；64%的人认为应该具备农民需求的分析能力，口头和文字表达能力、活动的组织与协调能力，所占比例分别为46.5%、49.3%；有1/3以上的人认为必须具备宣传动员、项目策划与实施、计算机使用等方面的能力（见图2-1）。在所掌握的知识类型方面，排在第一位的是农业生产技术，所占比例为70.9%，其次是农业农村的政策法规，占65.7%；再次是农产品营销知识，占59.5%；最后是农业产业发展规划，占49.9%。

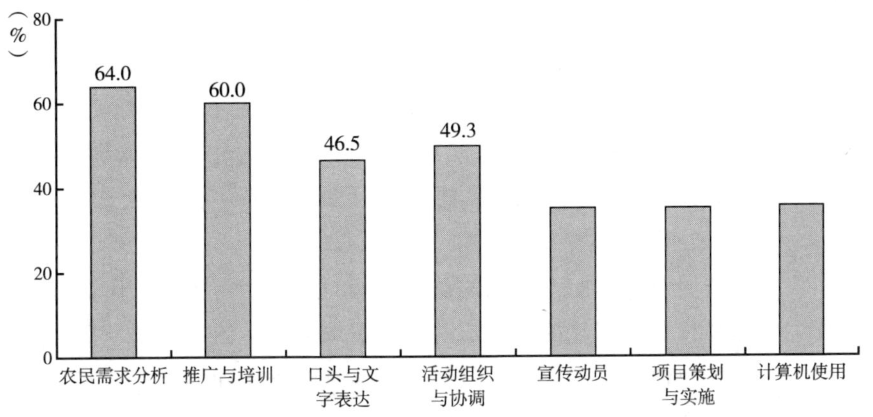

图2-1　农村科技协调员自身所应该具备的能力

农村科技协调员希望获得的培训内容根据其功能定位可以划分为生产技术、职业技能、计算机使用和信息技能、农产品市场营销、推广服务的工作方法、需求调查方法共6大类。调查表明，半数以上的人希望培训生产技术和职业技能内容，所占比例分别为73.4%和62.3%。42.4%的人希望培训农产品市场营销。38.8%的人希望培训计算机使用和信息技能。20.5%的人希望培训需求调查方法（见图2-2）。

总体上看，不同类型的农村科技协调员的需求内容大体上是一致的，生产技术的培训是第一位的，职业技能培训处于第二位，第三位就是农产品市场经营培训。具体到不同的人，需求也会有差异，无论从文

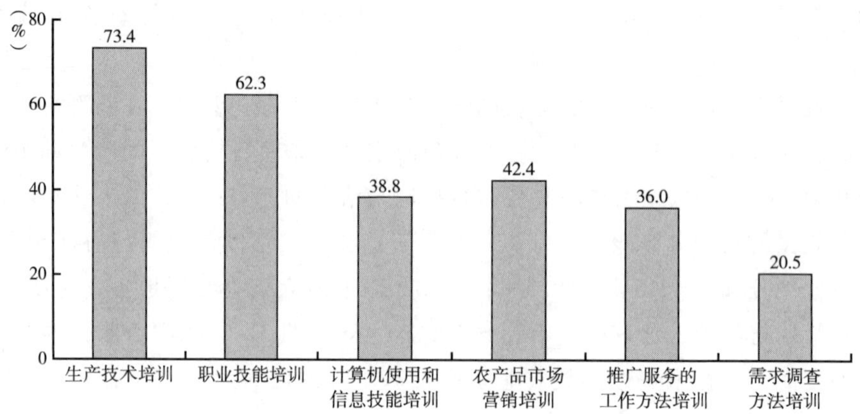

图 2-2 农村科技协调员能力建设培训需求

化程度还是性别、年龄上来看，他们的培训需求都是有差异的，但这可能与农村科技协调员的资格与能力要求对协调员在学历与性别上的筛选有关。由于农村科技协调员样本框的构成受到男女两性、文化程度的限制，从个人的职业选择来说，不同年龄、性别、文化程度的制约性较大，因此，农村科技协调员在这些层次上的差异并没有太多的实际意义。

将农村科技协调员对能力建设的认识与能力建设的需求做对比，可以看出，作为承担科技服务职能的协调员对农民需求分析、活动组织、推广服务方法等方面的能力建设具有较明确的认识，但是对于实际的培训，其关注点还主要集中在生产技术、职业技能、产品销售等与其个人生产经营直接相关的领域，由此可见，如果缺乏引导和激励，协调员对自身科技服务能力的提高还缺乏主观积极性。

2. 农民科技培训需求的简要结论

（1）体制弊端和经费不足，导致农业院校开展农业技术推广和信息比较困难。

新中国成立以后，学习苏联的模式，农业院校以教学为主，农业科研单位以科学研究为主，农业行政单位则主要进行农业行政管理与农业技术的推广工作，三条线缺乏有机联合与横向交叉。从 20 世纪 80 年代开始，国家进行了农科教统筹的努力和探索。但 20 世纪 90 年代，在国家农业科研经费的投资中，农业院校只占总量的 7%，比例过低，经费过分集中在公共研究所，占91.3%，企业或私人部门的经费比例最低。[①] 20世纪90年代后，农业院校积极开展人才培训，通过建立推广试验区、科技扶贫、科技下乡、科技大篷车、农民科技日等多种形式，将科技成果转化为现实生产力，为我国农业科技成果的转化率逐年上升做出了很大的贡献。事实上，农业科研部门、农业教育部门和农业推广部门各有优势，相互之间客观上存在着相互依存、相互促进的"三位一体"关系，因而扬长避短、互利合作是"三农"发展和农业科技进步的客观要求和基本保障。目前，"三农"的合作主要是通过项目为纽带进行的，尚没有从根本上解决体制和机制方面的问题。

农业推广体系难以适应新形势、新需求。一是基层农技推广队伍的稳定性不强、素质较低。由于科技管理机制存在一定弊端，基层农技推广人员，尤其是乡镇农技推广部门出现"钱断、人散、网破"的被动局面，上级业务部门只管业务、技术，属于指导关系。从对北京市农技推广人员的调查可见，乡（镇）推广机构中88%为农业服务中心，有推广职能，但无专职从事农业技术推广的人员，人员流动性强，队伍不稳定，从而造成公益性推广严重缺位，出现技术入户（村、场）"最后一公里"的断层。二是基层农技推广服务质量不高。从推广人员的年龄上看，有资历、有经验且年富力强的中年技术人员比例较小是区县和乡镇两级推广机构普遍面临的问题。从推广人员的职称上看，无职称人员多、高职称人员少是两个突出的特点。无职称人数与有职称人数的比例为46∶54，其中，区（县）机构以上两类人员比例为36∶64，而乡（镇）级机构则达到54∶46。从推广人员的能力建设和继续教育来看，由于缺少培训资金，基层技术人员特别是乡镇技术人员每年获专业技术培训机会少，知识更新难。这些问题，越来越难以适应新形势的发展要求，必须通过改革建立起一支与都市型现代农业和新农村建设相适应的技术推广体系，从而真正发挥农业技术推广体系在建设现代农业、培育新型农民、构建和谐新农村方面的重要支撑作用。三是农业推广工作与生产实际需求相脱节，岗位设置不合理。截至2016年底，除畜牧兽医站以外，北京市区（县）、乡（镇）两级农技推广机构核定编制3912个，实有人数4111人，其中编制内人数3290人。区（县）、乡（镇）两级推广机构中，实有总人数比核定编制数多5.0%（199人），但编制内人数比核定编制数少

① 包平：《中国二十世纪中国农业教育变迁研究》，博士学位论文，南京农业大学，2006。

15.9%（622 人），编制内人员存量少，留不住，编制外人员进量多，但素质低，这是北京市基层农业技术推广机构一个比较显著的问题。这些问题和难题在全国是普遍现象。

（2）农民培训主体多，资源分散，效果较差，效益低。

调查发现，在对农民的培训上，培训的主体主要有政府、科研院所、社会机构和商业机构等，对农民培训资源整合不够，高层次培训不多，培训投入大，但产出很低，效率和效益都比较低。现有的教育政策没有真正惠及农民，培训能力不足，培训针对性不强。“认真作秀，扎实坑人”“以农民的旗号做了盛宴，要农民收拾残羹冷炙”之类的语言道出了农民对很多培训的不满。

第三节　村基层干部培训需求调研

加强农村基层干部人才队伍建设关系到农村基层组织稳定秩序的发展，关系到农村精准扶贫攻坚战略的推进，关系到乡村振兴战略的顺利实施。课题组相关人员前往北京郊区的大兴、延庆部分村庄开展专题调研，还前往吉林省委组织部、吉林农业大学、青岛农业大学、苏州农业职业技术学院、苏州市农村干部学院进行交流学习，并实地走访了部分农村社区。通过专题调研，调研组不仅了解了京内外开展农村基层干部人才培养与培训的情况，还对管理体制、课程设置、实践教学等相关问题进行了深入的探讨。

一　各地开展农村基层干部人才培养的主要做法

（一）北京部分地区的主要做法

大兴区和延庆区是在当前北京郊区农村基层干部人才培养方面开展得比较有特色的区，所处地理位置及功能定位也不同，我们重点调研了这两个区。

1. 大兴区的主要做法

大兴区近 5 年来针对四类重点人群开展四个方面的专题培训。

(1) 对镇级基层干部开展培训，强化业务能力的提升。主要内容有：政策性培训、业务培训、能力提升培训、中青年干部培训等。

(2) 对党支部书记开展培训，强化履职能力。对低收入村村级干部的培训则通过观摩来提升其思路与视野，以党史知识、新农村建设、团队建设等课程为主。

(3) 对新型职业农民开展培训，强化村干部带头示范作用。区委农工委与中国农业大学签署合作协议，在“十二五”期间每年安排 2 万人参加，到 2015 年底共培训了 20177 人。重点安排了区情、镇情和管理方面的培训内容。通过对后续效果进行评估表明，农民对村干部的认可度在逐年提高。

(4) 对农村实用人才开展培训，强化技术引领。通过与农职院、市区两级农校合作开办技术类、管理类、创业类等多项培训，效果显著。

培训内容上，农村党支部书记的培训班将团队建设与管理放在第一位，党史知识和新农村典型村考察列第二、三位。学员更关注新农村建设典型案例，之后是党建等方面的工作；教学方式上采用专家讲座、交流研讨、案例教学、现场观摩、参观考察等多种方式。从培训效果来看，农村基层干部还需要增加的能力有：组织领导能力、参与决策能力、沟通协调能力、语言表达能力、自我心理调适能力、处置突发事件能力等。主要困难是：师资培训比较欠缺，因培训师资的课酬标准限制，请不到好的老师。

2. 延庆区的主要做法

延庆区委组织部针对农村基层干部的学历相对偏低，很多人都只有初中学历，采取有效措施提升文化素质。原来举办过大专班，以延庆电大为主，近期还将加强公共管理人才的培训。同时还组织村干部到延庆党校参加轮训，采取小班教学，并组织村干部外出参观，学习效果比较好。还加强了分类培训，如对新上来的村干部培训和连选连任的村干部培训等。

在培训内容上，延庆突出培养农村基层干部的“六种意识、六种能力”：一是执行党的路线方针政策的能力，目前的培训内容还可以延用；二是提高加快发展的能力，要吃透两头，科学决策，要因地制宜，执行决策，要科学用人，形成合力；三是提高服务群众的能力，只有让群众致富了才能发动群众，首先要有组织能力，把自己的声音发出来，其次要有控制能力，说话有人听；四是依法办事的能力，既可以保护好自己，也可以依法办事；五是提高自我素质的能力，态度上要亲和、尊重，要加强学习，积累经验，才能解决发展的问题，要提高自己的威望；六是廉洁自律的能力。

总的来看，各区开展的农民培训能够进行分类和分内容组织，培训需求也能紧贴农民的实际需求，但还存在现场教学较少，内容过于形式化、理论化、碎片化等问题，需要在下一步的农村基层干部人才培养工作中总结经验，及时进行调整，充实培训内容，强化实践教学，以服务首都政治和生态功能、提高农民致富能力为抓手，开展多种类型的专题培训和系统培养。

（二）京外部分地区的主要做法

1. 以管理创新为抓手，组织部门全面参与人才培养全过程

吉林省委组织部会同吉林省新农村建设办公室先后启动两轮“万名村干部培训工程”，新农村建设办公室选好参训人员和带队干部，并全程参与教学内容的制定和教学组织。同时有一名处长长期跟班，带队的各个地区新农办干部做到“三同”，即同吃同住同上课，有效地保障了出勤率和教学组织。在省内高等院校、农业产业龙头企业、新农村建设试点村中筛选确定了12个省级农村党员干部实践培训基地，举办项目支书、项目党员短期实践培训班和大学生村干部培训班等多种培训班，有效地提高了农村基层干部的服务能力和综合素质。

2. 以分类培养为核心，组织多种类型的定向、系统培育

青岛农业大学组织的农村实用人才学历教育班由青岛市委组织部确定招生人数，由各个区县基层推选人员，主要是两委会的主要成员，现在逐步扩大到农村的各个层面。报名之后进行资格审查，参加全国成人统一考试；采取网上教学和线下教学相结合，每年集中培训2～3次，然后回村自学。从2015年开始，山东省委组织部依托山东大学、山东电大等院校推广青岛农大的办学经验，积极开展农村人才学历教育，计划每年培养4600人。同时还对回到农村创业的人群进行培训，主要内容是农村实用技术和市场营销等，很有针对性，取得了很好的效果。

特别值得一提的是，苏州市农村干部学院经过30余年的发展，已经形成立足苏州、覆盖江苏、服务全国的教育培训体系，该院采取干部培训市场化的办学模式，狠抓课题库、师资库、现场教学库和外联信息库“四库建设”，逐步形成了“培训主体市场化、培训方式多样化、培训内容实用化、培训师资多元化、教学反馈制度化”的办学特色，已为苏州、江苏以及中西部地区培养各级各类干部10多万人，多年的办学奠定了良好的社会声誉。

3. 以实践教学为重点，课程组织强调区域性和及时性

苏州农业职业技术学院举办的太仓班，主动邀请太仓农委相关领导担任讲座主讲老师，将农技推广站、农机站、土肥站等专业技术人员请上讲台，把课堂搬到实践的第一线，将主管领导变成技术指导者，把知识落实到具体的技能培训与学习实践中。教学过程中实行项目化、模块化的课程，结合当地的情况和政府的要求将知识内容重新组合，选用太仓当地的特色农产品开展研讨式教学。农村需要处理的事情非常多、很杂，农村也多是一家一户的经营，这就要求把知识技能与当地需要结合起来，网络营销、微营销、美丽乡村等知识内容扩展也必不可少。

4. 以保障体系为依托，确保资金持续、稳定投入

吉林省委明确要求各级党委留存的党费主要用于党员教育培训，省级财政每年还安排150万元的资金用于乡村干部学历教育培训，安排50万元用于农村党员短期实践教育培训，并在扶持资金上向优秀学员适当倾斜。苏州农业职业技术学院举办的太仓班的培养经费是学校和太仓市政府分别承担，理论学习经费由苏州农业职业技术学院解决，实习实训经费由太仓市政府自筹，经初步估算，地方政府的投入为生均3000元/年。

二　北京市农村基层干部人才的基本情况及问题分析

（一）2015年村级换届以来的农村基层干部人才基本情况

北京市村党组织和第十届村民委员会换届选举工作从2015年9月启动，到2016年6月底结束，13个涉农区的3906个村党组织全部进行了换届选举，共选出村党组织班子成员13644名，其中书记3906名、副书记1192名。新当选村党组织书记903名，占23.1%；新当选村党组织成员3615名，占26.5%。

全市共有3726个村委会参加本次换届选举，204个村委会因整建制农转居或整体拆迁，经村民民主讨论决定并由所在区政府批准没有参加换届选举。此次换届选举共选出村委会班子成员13266名，其中主任3726名、副主任766名。新当选村委会主任1102名，占29.6%；新当选村委会成员3645名，占26.7%。

此次换届选举有如下三个特点。

第一，村党组织领导核心地位不断加强。新当选的3906名村党组织书记，在党员推荐、群众推荐中排第一名的分别为3364人和3354人，分别占总数的86.1%和85.9%；有1309人满票当选，占总数的33.5%，得票率高于90%的占总数的69.7%。新一届村两委班子中，共有2511名村党组织书记兼任村委会主任，“一人兼任”比例达到64.3%；7554名村党组织成员兼任村委会委员，村两委交叉任职比例达到55.4%，均与上届基本持平。新一届村委会成员中党员比例达到77.8%，比上届提高0.5个百分点；3291个村当选主任是党员，占88.3%，比上届提高0.3个百分点；村民代表中党员比例达到33.7%，比上届提高10个百分点；全市各村委会班子成员中均有党员，未出现“白点村”，党组织在农村的执政基础得到进一步巩固。

第二，村两委干部队伍结构得到优化。全市新当选村党组织书记中，具有大专及以上学历的为2349人，占60.2%，比上届提高5.2%。新当选村委会主任中，具有大专及以上学历的为1923人，占51.6%，比上届提高1.3%（见表2－3）。3883名农村实用人才进入村党组织班子，占党员实用人才总数的23.1%，其中1264人当选为村党组织书记，比上届增加31.7%。84名大学生村干部当选村党组织班子成员，其中4人当选书记，5人当选副书记；105名大学生村干部当选为村委会班子成员，其中2人当选村主任，1人当选副主任。

表2－3　两次换届村两委干部学历结构对比

单位：%

	2015届	2010届	变化情况
村党组织书记:大专及以上学历	60.2	55	+5.2
村委会主任:大专及以上学历	51.6	50.3	+1.3

第三，农村基层民主进一步扩大。村党组织换届选举中，全部采用“公推直选”方式，直选率实现了100%。妇女专职专选工作措施有力，新当选妇女委员4303人，占委员总数的32.4%，比上届提高了0.6个百分点，并保证了每个村至少有一名女委员。村委会换届选举中，行政村参选率达到98.2%，比上届提高4.5个百分点，45个连续两届以上没有换届的村委会此次都进行了换届选举；有270.5万名选民参加投票选举，参选率达到91.1%；有3.45万名流动人口经民主程序被登记为选民，进一步扩大了基层民主覆盖面。

（二）中央和北京市委对农村基层干部人才队伍的政策

党中央历来高度重视农村基层后备干部人才队伍建设。2013年6月，习近平总书记在全国组织工作会议上指出：要加强和改进后备干部工作，着眼党和国家事业5～10年乃至更长远的发展，完善政策制度，拓宽来源、优化结构，改进人选产生方式。2015年，全国农村基层党建工作座谈会和全市农村基层党建工作座谈会也要求加强村级后备力量储备，着力解决年龄老化、后继乏人问题，为农村基层党组织带头人队伍不断补充新鲜血液。总书记曾指出：“农村经济社会发展，说到底，关键在人。”要通过富裕农民、提高农民、扶持农民，让农业经营有效益，让农业成为有奔头的产业，让农民成为体面的职业；小康不小康，关键看老乡。

原北京市委郭金龙书记在全市农村党建工作座谈会上也强调：要充分发挥农村基层党组织的领导核心和战斗堡垒作用，要加强以农村基层党组织带头人为重点的党员队伍建设，要切实走好新形势下的群众路线，要加强调查研究、坚持问题导向，深入推进农村基层干部人才工作的改革与创新。

市委组织部会同有关部门拟定的《关于加强村级党组织后备干部队伍建设的意见》提出，要建立健全竞争性选拔、常态化储备、动态化管理工作机制，着力打造一支数量足、素质高、结构优、能力强的村级党组织后备干部队伍。

（三）北京郊区农村基层干部人才存在的问题

一是“讲政治”的原则性不强影响了村干部素质。当前，宗族观念意识在农村依然存在，在个别地方甚至根深蒂固。一部分党员群众面对利益关系时，依次考虑的是家庭、家族、宗族利益。有些村的家族、宗派势力为获得最大利益或联合或斗争，采取“游说”选民、暗地拉票、诋毁竞争对手、对他人进行人身攻击、聚众上访、扰乱会场秩序等不正当手段，严重影响正常的选举工作。从上一次换届选举到这届的选举，都存在这样的问题，这就需要各级政府引导党员群众把政治素质好、带富能力强、办事公道、廉洁自律的人才选进村两委班子。也需要改变工作思路，进一步扩大选人视野，注重把优秀企业经营管理人员、外出务工经商人员、退伍军人、优秀大学生村干部和回乡大学生中的优秀人才选进村两委班子。

二是“老龄化”成为村两委干部人选的制约因素。本次换届选举中，在以往选派的基础上，新从村外选派村党组织书记 103 人，占新当选村党组织书记总数的 11.4%。全市村党组织书记、村委会主任中 60 岁以上人员较上届略有提升，年龄老化问题愈加突出，加强村级组织后备干部队伍建设成为当务之急。究其原因，我们认为首先是部分村经济发展缓慢，外出“能人”不愿回村任职；其次是个别村长期没有发展年轻党员，村级党组织后备干部后继乏人；最后是一些优秀后备干部锻炼机会少，综合能力无法获得大多数党员的信任。

三是“搭班子”不利，团队力量不强成为乡村振兴的组织瓶颈。这就需要不断加强村级组织主要负责人队伍建设，创新教育培训、管理监督、考核激励方式，采取整体提升、重点培育、树立典型等措施，提升引领发展、服务群众、治理乡村的能力和水平。加强村级后备干部队伍建设，大力实施农村基层后备干部人才培养工程，依托北京农业职业学院等院校，对农村高中毕业生、有意回乡回村发展的农村青年、村两委在职干部等进行分类定向培养，探索政府购买村级公益性管理岗位、定向招录乡土人才的新模式，培养储备一批扎根乡土的农村公共管理服务人才，为农村改革发展注入“新鲜血液”。

四是需要将“补短板”作为提升郊区整体发展水平的重要抓手。坚持问题导向，会同有关部门，对村两委换届选举中的重点难点村进行细化分析，划分低收入村、党组织软弱涣散村、矛盾问题突出村等不同类型，指导各区分类精准施策，加强基层服务型党组织建设，提升农村基层党组织引领发展能力，完善村党组织领导的村民自治机制，努力填平工作“洼地”，实现全市农村基层党建工作整体提升。

三　北京市开展农村基层干部人才培养工作的建议

我们需要依据中央和北京市的相关政策、意见，结合当前首都发展的新阶段，以及北京郊区承担大量的疏解非首都功能和落实“四个中心”的战略任务，培养大量合格的农村基层干部人才。

（一）总体目标

紧密围绕“五位一体”总体布局和“四个全面”战略布局，牢固树立和贯彻落实创新、协调、绿色、开放、共享的发展理念，以加强党的执政能力建设、先进性和纯洁性建设为核心，以实施农村基层干部人才培养工程为主线，持续推进大规模培训干部、大幅度提高干部素质的战略任务，努力培养造就信念坚定、为民服务、勤政务实、敢于担当、清正廉洁的好干部，为率先形成城乡发展一体化新格局、推进京津冀协同发展、建设国际一流的和谐宜居之都提供有力的思想政治保证、人才保证和智力支持。主要有以下几个方面。

一是开展全日制大专层次的学历教育，到2020年，要完成1000人的学历教育。

二是开展包括乡镇党政正职、村两委主职、乡镇政工干部、村党组织后备干部、大学生村干部等农村基层干部人才、农村实用人才、新型农业经营主体等群体的专项培训，到2020年完成培训20000人的目标。

三是试点全日制本科层次的学历教育。

（二）主要举措

1. 强化管理体制，突出全程参与

农村基层干部人才教育培训工作，必须由组织部门牵头抓总，并参与人才培养全过程。由北京市委组织部和市委农工委联合组织培训学员，市委农工委派人长期参与课程教学与实习实践过程，做到在教学中发现问题，在实践中查找问题，及时向北京农业职业学院和组织部门反馈问题，解决问题。教学单位需要在教学组织和成绩考核上及时与市委组织部沟通，与市农工委对农村基层干部的选拔任用与考核机制对接，让在岗村干部、后备人才和在校学生了解学习内容和教学特点，了解实习实践的关键节点，实实在在地做到为农村基层服务。

2. 强化分类培养，突出多样需求

针对北京市农村基层干部的特点，需要将学习对象划分为“两层三类”：在岗人员、后备人才、在校学生。针对在岗人员以大规模的短期培训为主，45以下的青年村干部可以适当开展学历教育试点；后备人才和在校学生以学历教育为主，短期培训为辅，将这三类人才的选拔任用与考核和教学衔接起来，真正做到“无缝对接”。需要健全制度，规范管理，明确要求，明晰培养和培训的类别，落实北京市基层人才培育工作的实施意见，实现农村干部的持续稳定发展。

3. 强化课程安排，突出首都特色

针对课程设计和安排，需要从源头上摸清当前北京农村作为“四个中心”、疏解非首都功能亟待解决的问题，针对特定的人才培养目标，开发有针对性的教学资源。需要达到北京市组织部门对农村基层干部的要求，满足村级基层岗位的需求。由专业教师与行业专家、组织部门领导、优秀两委村干部成立课程建设小组，从组织建设、生产发展、生态保护等方面共同进行课程开发，设计教学过程和教学内容，完善教学资源。不仅要满足组织部门对两类人员作为农村基层干部的实际能力要求，还要紧扣北京农村发展和人才实际需要，将学历教育与短期培训结合起来，将理论教学与实习实践结合起来，从而加强课程的针对性和有效性，也从根本上解决农村基层干部学历与能力脱节的问题。

4. 强化实践教学，突出顶岗实习

针对北京郊区农村的实际情况，积极推进实践基地建设，由学校、组织部门、示范村共同建设一批理念先进、示范带动作用明显的京内实践教学基地，并选择有代表性的京外示范村建设实训基地，为满足学生教学、岗位实践提供有力保障。

5. 强化政策保障，培育合格人才

政策保障是人才队伍健康发展的基石。一是需要北京市委组织部和市委农工委拿出相应的发展规划，成立专门的领导机构，制定农村基层干部选拔标准，并将取得学历的毕业生作为基层干部培养对象，建立后备人才库，优先从人才库中选拔任用；二是需要由财政部门给予经费支持，保障政府埋单，学生免费学习；三是需要与组织部门签订定向委培协议，保障在农村基层公益岗位就业的相应待遇；四是需要组织部门、学校对定向委培毕业生实行跟踪管理，定期进行考核，对服务期内考核优秀的人员，待其服务期满后择优选拔进入机关公务员、事业编队伍，对有发展潜力的人员，可列入乡镇领导班子后备干部进行培养。

第三章

农民培训资源供给

兵马未动，粮草先行。农民培训工作涉及单位多且数量大、覆盖面广，北京市有诸多部门参与此项工作，而且各级教育机构都在农民培训中发挥了一定的作用。认识这些资源、分析各自作用、做好资源统筹与整合、发挥效率，是十分必要的。

第一节　培训资源供给概述

（一）北京农民职业培训的主体

目前，针对农民培训的组织者可以概括为三大类：一是政府机构，二是非政府机构，三是科研院所。

1. 政府机构

政府机构直接或者间接从事培训的部门很多。2007 年，针对新农村建设中“提升农民素质、充分发挥农民主体作用”这个难点问题，北京市委市政府 34 个部门共同组建了“北京市新型农民培养工作协调小组”，制定《北京市新型农民培养工作行动方案》，在组织设置上实现了“部门联动、政策集成、资金聚焦、资源整合”。这些部门分为五大类：劳动和社会保障系统、农林系统、农工办系统、群团系统、其他系统。五大系统中，前四类主要是涉农政策的领导部门，非直接涉农的机构称为其他系统。从理论上说，各系统在农民培训中的作用是不相同的（见表3－1）。

表3－1 政府部门在农民职业培训中的作用

政府部门	在农民职业培训中的作用
劳动和社会保障系统	组织实施农村劳动力技能就业计划、劳动力转移培训和职业资格鉴定
农林系统	农民培训的主渠道，负责开展农业实用技术培训、新型农民科技培训、绿色证书培训、农村劳动力转移培训；实施农业科技入户示范工程、农村实用人才培养百万中专生计划等
农工办系统	农村基层干部培训，主要是开展新农村建设中的干部培训
共青团系统	开发农村青年人才资源、提升农村青年就业创业技能、提高农村青年组织化程度
妇联系统	组织农村妇女科学教育培训、女性农民转移就业和创业培训、五好文明家庭创建活动
工会	为农民、农民工送文化
教育系统	发展农村职业教育、广泛开展农村劳动力转移就业培训、农村成人的实用技术培训和文化生活教育
组织系统	开展农村党员干部现代远程教育、协同有关部门研究制定加强农村实用人才培养工作的意见
人事系统	组织开展高校毕业生到农村基层从事支教、支农、支医和扶贫工作（“三支一扶”计划）以及此类人才的培训，配合组织部开展农村实用人才调研，起草相关政策文件

资料来源：笔者根据访谈记录整理。

表3－1只是在座谈中，基层干部和农户列出的相关部门以及这些部门在职业培训者中各自关注的焦点和具体的作用。政府机构①组织的职业培训具有如下特征：⑴资金实力雄厚、不计成本，作为组织者的政府机构通过兴办学校、举办培训项目进行培训，投入大量资金；⑵以职业中学、技工学校、职业技术学院为依托，形成了委托－代理关系；⑶培训的人员数量较大，在就业培训领域发挥着主导性作用；⑷采用资金划拨或者项目委托管理，资金监管不到位与资金浪费现象严重。

2. 非营利组织

北京辖区进行农民职业培训的非营利组织大致有几类：一是完全公

① 政府机构，包括教育、劳动、农业以及其他政府部门。

益性的培训机构，如北京富平学校、农家女培训学校、北京东城区农工子弟学校；二是营利性培训学校；三是吸收农民工就业的企业；四是行业协会和农民合作组织；五是国际非政府组织，如国际计划（Plan-international）从1995年到2005年在延庆通过开展项目进行农民职业培训工作。

北京非政府组织的力量不是很强大，不同类型的组织主体在农民职业培训中的作用也呈现不同的特点（见表3-2）。

表3-2 非政府组织在农民职业培训中的作用

非政府机构类别	在农民职业培训中的作用
公益性的培训机构	培训力量较小、生源以外地为主，但不排斥北京户籍的农村人口，实际上北京参加培训的人较少
营利性培训学校	针对市场开发培训课程，有一定的吸引力
吸收农民工就业的企业	开展企业需要人才的特定技能与知识培训
行业协会和农民合作组织	围绕产业的技能和实用技术展开培训，培训对象是协会会员或者是合作社的社员
国际非政府组织	职业培训与项目相结合

资料来源：笔者根据访谈记录整理。

非政府组织开办学校，或者委托其他学校来开展培训。它们组织的职业培训具有以下特点：⑴资金总量小，规模不大，勉力维持；⑵注重培训的监测与评估，投资的社会效益良好，具有示范效应；⑶职业培训与项目相结合，针对京郊农民的单一项目培训较少；⑷项目的管理比较严格，监测和评估比较到位，质量得到比较好的控制。对代理方的资金使用也通过合同进行约束，控制资金的使用。

3. 科研院所

北京地区传统的耕作养殖技术，有着悠久的历史，但是近代农业科学技术与教育的兴起，则始于19世纪后期，由于长期受半封建半殖民地社会制度的束缚，直到20世纪中期，农业科技与教育发展始终缓慢不前，基础极为薄弱。新中国成立以后，中国共产党和人民政府重视农业科技教育工作，根据形势的发展逐步加强领导，制定方针政策，建立健全机构，推广应用科学技术，组织科技攻关，培育农村人才。

清代光绪三十二年（1906年），在北京设立京师农事试验场，直属清廷农工商总局，场内设蚕桑动物，畜牧等科，进行栽培饲养及引种等农事实验活动，这是北京地区最早建立的农业科技机构。辛亥革命后，这一机构改成中央农事试验场。

1912 年 8 月，在天坛建立北京林业试验场（后改名为第一林业试验场）从事林业、花卉实验研究及推广事业。1914 年，在北京市里棉花实验场，从国外引进棉花新品种进行试验推广，1934 年又在安定门外地坛里第四农事试验场，从事农事试验示范工作。

1939 年，在北平建立华北农事试验场，1945 年 8 月抗日战争胜利后，将其分为农事试验场、林业实验所、畜牧实验所、畜牧兽医防治所四个单位。新中国成立后改建为华北农业科学研究所。

国家在发展科学技术事业中陆续在北京地区建立起一批与农业有关的科研机构，1949 年 11 月，中国科学院在北京成立，其在北京的科研机构有植物研究所、动物研究所、遗传研究所、微生物研究所等。1953 年，林业部在北京设立林业科学研究所，1958 年扩建为中国林业科学研究院。农业部于 1957 年在华北农业科学研究所基础上扩建成立中国农业科学院。1962 年成立中国农业机械化科学研究院，1978 年成立中国水产科学研究院。这些科研机构的建立对指导北京农业科学科技事业的发展，发挥了重要作用。[①]

北京的科研院所行业齐全，教育资源丰富。然而长期以来，为当地农村提供人才支撑的主要是农业职业学校以及农村农民培训学校，其对农民职业培训发挥了重要作用。进入 21 世纪后，一些院校不再满足于作为农民职业培训的实施者，而是作为组织者投入到北京农村建设中来，并且创造出服务的品牌。例如中国农业大学在新的形势下，创新服务途径，拓展服务领域，主动融入北京的新农村建设。在延庆、密云等地建立社会实践聚集地和服务基地，从 2004 年 12 月开始开展“红色 1 + 1”科技行动，努力实现农业高科技与农民“零距离”接触，缓解了新农村建设对人才的渴求程度。具有地利、人和优势的北京农学院也借历史机遇打出了北京郊区农村“1 + 1 + X”的服务品牌，在农村进行技术推广和人才开发服务。清华大学继续教育学院成立农业产业化教育项目培训中心，直接服务于“三农”，积极培训服务于“三农”领域的企业家和政府官员。其他如中国政法大学、中国农

① 北京市地方志编纂委员会.《北京志农业卷：农村经济综合志》：316 ~ 317 页。

业科学院、北京农科院、北京社会管理职业学院等也结合学院专业特长和技术优势开展“三农”服务。[①]

（二）培训资源简要评价

1. 政府主导培训占主体

从调研总体情况来看，从市、县、乡三级培训来看，绝大部分培训方都是政府部门主办。院校、科研只不过是参与者，或是培训教师的重要来源，反倒忽视了其真正教育资源、培训资源优势的发挥。同时培训时间、培训内容、培训方式也由主导培训的政府部门设计，其是否完全符合农民的需求，还有待研究。

2. 培训资金基本来自财政资金

正因为各级政府部门对财政资金有一定支配权力，故培训主体基本以政府部门为主，其他有培训优势的培训渠道因申报资金相对不畅通，而失去培训设计的主导地位。

3. 参与部门过多，缺乏统筹

从部门职能、从属地角度来看，各部门确实都有举办培训的职责，这也是完成本部门职能的方式。因为政府部门申请培训资金相对容易，市、县、乡三级政府的各个部门都在举办各类培训。

4. 培训内容过于分散，缺乏统筹

各级政府部门都在职责范围内开展培训，但对培训主体——农民来说，培训内容过于分散或是条块化。虽然相对整体农村人员，各个部门根据本辖区工作特点设定了不同类别人员，但整体上说基本上都是兼职。从管理角度来看，对各类人员没有统一的划分。对于相对技能培养等方面，也只是针对某一方面技能进行培训。所以，整体培训缺乏统一的培训规范，各自为政；缺乏整体的、系统的专项人员培养方案，出现重复培训的情况。

5. 培训师资来源和资质不一

各类培训的资金来源五花八门。专业性较强的培训由本部门专业人员授课，其他师资从科研单位、院校等部门聘请。对培训主题知识量是否丰富，讲授方式、方法是否适应对农民，目前没有标准，教师聘请的随意性比较大。

---

① 李凌：《农业职业学院服务社会的SWOT分析和对策思考》，《教育与职业》2008年第10期。

6. 培训质量评价体系缺乏

培训完成后，有的可能会在培训期间对学员进行培训质量调查，但对经过培训后是否对工作有所帮助，个人技能是否有所提高，目前尚没有统一的评价体系。

（三）农民培训的实施者与效果分析

与农民培训的组织者相比，农民职业培训的实施者多不胜数，但真正效果好的寥若晨星。农民职业培训的实施机构可以分为三大类：一是政府部门；二是专业培训机构；三是高校和科研院所，包括农业职业学院、各县区职业教育中心、农业广播电视学校以及其他高校。其中政府部门是职业培训的组织者也是实施者，后两类单位主要是接受组织者的委托开展农民培训（见表3－3）。

表3－3　农民培训不同实施者效果分析

不同实施者	职业培训方式
政府部门	采用名目繁多的“工程”“行动计划”等，根据培训对象的特点制定培训内容，然后请政府官员和相应的专业老师开展培训，这是一种比较常见的培训方式
专业培训机构	与政府形成委托－代理关系，政府提供资金，这些机构开展培训
高校和科研院所	利用学院的师资和技术力量开展农村人力资源的开发和未来农村人才的培养，一方面利用政府的项目，具体实施；另一方面，既是组织者，也是实施者

资料来源：笔者根据访谈记录整理。

（四）京郊农民培训的供给内容、方式评价

农民培训的内容繁多，可以概括为三大类：一是与生产发展密切相关的知识与技能培训（非农知识和技能、现代农业知识与技能）；二是与生活富裕相关的健康知识、文化生活、社会保障等知识培训；三是与管理民主、乡风文明建设相关的管理培训、民主法治培训等。以下是从农民的视角对培训内容进行的评价。

1. 政府机构的内容供给

政府组织的培训在内容上具有以下特点。一是培训内容为“屠龙之技”的多。很多培训不是从农民的需求出发，而是从政府自身的某种需要出发，想当然地开展各种培训，与农民的实际需求脱节。调研中不少村的

农民反映，很多培训内容和他们的生产、生活根本没有任何关系。有个村压根儿不种植板栗，但每年都要进行板栗管理的培训。这些农民说："反正在家也没有事情做，去凑个数，就可以领到一笔误工补贴，还可以帮政府部门套取项目资金提供方便。"二是培训内容重复多。政府部门多，开展培训多，部门之间协调不够，就在很多村重复培训，有个村民告诉我们，有关计算机的初级操作培训，至少有6个部门在他们村举办过，但上了很多次课后，不过就是知道了怎么开机、关机和如何打字，利用互联网获取更多信息的能力未有提高。

2. 职业院校的内容供给和效果评价

近年来，很多院校根据京郊新农村建设中干部和农民的需求，积极承担政府的各项培训任务，开发培训项目、策划培训形式、编写培训教材、开展培训服务，举办了一系列面向"三农"的培训班。北京农业职业学院发挥职业教育的培训优势，积极开展系列专题培训服务，近3年来，年培训规模都在5万人次以上，包括大学生村干部"岗前+岗位"培训和女大学生就业创业培训、一产农民"技术+经营"种养殖生产培训、山区青壮年农民技能培训和农村失地妇女再就业培训、农业行业特有工种职业认证培训、农村进京务工人员的公益培训、科技促进新农村建设的乡镇长培训和农村科技协调员技能培训等，培训中推广了一批现代农业实用技术，由于这些培训内容丰富、实用性强，受到了农民的欢迎。

3. 非营利组织开展培训的路径与模式

根据美国学者萨拉蒙（Lester Salalnon）教授的定义，一般具有组织性、民间性、非营利性、志愿性、非政治属性的组织可称为非政府组织（Non-government organization）或非营利组织（Non-profit Organization）。

作为"第三部门"的非营利组织与企业的区别在于其不以营利为目标，而是追求社会价值；与公共部门中的国家机构区别在于其不具有强制性，而是基于某一共同价值观自发组织起来的；与公共部门中事业单位的区别在于，事业单位提供的是公共服务，其公共性大于非营利组织，非营利组织主要为组织内部或相关领域的人员提供服务，同时参与一些公共事务。

非营利组织把公益性目标放在首位，有着改善弱势群体社会经济状况的热情和内在动力，能够深入社会基层、优先关注那些容易被国家、市场所忽视的弱势群体，帮助弱势群体拥有经济资源，促使他们逐步掌握自己的命运，做到自立、自助和自主发展。

联合国教科文组织2001年关于职业技术教育的权威文件——《关于技术和职业教育的建议书》(以下简称《建议书》),明确提出了在全民教育、终身教育大背景下,职业教育的扶贫助困功能。教科文活动的主要对象是世界上那些身处危难的人群,或是那些在不断加大的贫富差距中处于弱势的群体。进入21世纪后,在终身职业教育和培训的前提下,这一宗旨得到进一步强化。

《建议书》通篇贯穿了维护教育平等、扶贫助困的宗旨,指出:“应将技术和职业教育视为有助于减轻贫困的一种方法。”在陈述职业教育系统目标时,提出要创造适合女青年和妇女参与学习和工作的环境,尤其要向残疾人等弱势群体提供特殊教育,以使他们更容易融入社会。

我国政府也重视利用职业教育保护基层群众和弱势群体的利益。2005年《国务院关于大力发展职业教育的决定》明确提出把加快职业教育发展,特别是加快中等职业教育发展与“繁荣经济、促进就业、消除贫困“结合起来,该决定与1996年颁布的《职业教育法》均规定,国家要采取措施,扶持少数民族地区、边远贫困地区职业教育的发展,帮助妇女接受职业教育,组织失业人员接受各种形式的职业教育,扶持残疾人职业教育的发展等。

由此可见,非营利组织的价值观与职业教育所致力的促进就业、维护教育平等、扶贫助困的功能有较大的一致性,非营利组织的参与有利于实现职业教育中的教育公平,建设和谐社会,促进就业。

在职业教育的很多领域,非营利组织依靠维护教育平等、扶贫助困的宗旨,凭借专业能力,通过多种途径参与职业教育,弥补政府缺陷,提供教育产品和服务。概括地说,非营利组织参与职业教育的主要路径和形式如下。

(1)参与学历职业教育。

伴随中国城市化进程的加速,大量农民离开土地、涌入城市务工,农民工子女和青年农民工的继续教育成为突出的社会问题。家庭贫困、城市入学政策限制、自身教育基础差,使农民工子女在完成义务教育后无法获得继续教育的机会。对农村大龄青年、进城务工人员的子女开展教育就进入了一些非营利组织的视野。

在这种背景下,2005年9月,北京百年农工子弟职业学校(百年职校)在北京建立,并被确立为中国青少年发展基金会希望工程定点资助学校。该校是中国第一所免费职业教育学历学校,专门招收贫困青年,帮助他们免费接受正规的职业教育,培养有文化、有实际操作能力的技术工人。学校学制两年,学生在校学习期间一切费用全免。学生经考核合格毕业后具有中等职业教育学历并获得所学专业的技能上岗证书，学校推荐就业。百年职校在中国首创了慈善职业教育模式，是解决社会问题的现实需求与办学者的社会理想有机结合的产物，通过社会资源参与来提供免费的教育服务，既使贫困青年受益，也让更多的人可以在这个公益平台上实现回馈社会的愿望。

（2）参与职业技能培训。

提高劳动者的综合能力，提高劳动者素质是最近两年政府在农村劳动力转移、新农村建设中的重要举措，但如何真正提高劳动者素质，让这些劳动者，获取体面收入并融入社会，如何提高培训的效率和效益，是政府和其他机构思考并努力解决的难题。非营利组织在开展劳动力培训、开发农村人力资源方面做了大量工作。

中华职教社的温暖工程等活动。中华职业教育社由我国著名教育家黄炎培先生联合社会知名人士蔡元培、梁启超、张謇等 48 人于 1917 年 5 月 6 日在上海创立。提出职业教育的目的是："谋个性之发展，为个人谋生之准备，为个人服务社会之准备，为国家及世界增进生产力之准备。""使无业者有业，使有业者乐业。"从 1995 年起，中华职业教育社创立并实施温暖工程，旨在通过职业教育和培训、职业指导和介绍，为迫切需要就业和优化就业条件的弱势群体提供服务，协助党和政府解决城乡富余劳动力就业问题，使劳动力资源得到合理配置。目前，中华职教社建立培训基地 106 个，累计培训下岗职工和农民 460 余万人次，帮助 180 余万人实现就业，资助 40 余万名贫困学生接受职业教育。

北京富平学校的农民工培训。2002 年，考虑到在中国城市化进程背景下解决农村贫困问题需要更多路径，茅于轼教授与汤敏博士等社会有识之士创办了北京富平学校，旨在为农民提供能在城市就业和体面生活服务，使扶贫工作惠及更广泛的人群，特别是农村中更加弱势的群体——农村妇女；并由富平学校作为平台逐步整合小额贷款等业务，创新扶贫与社会和谐发展模式。截至 2009 年 12 月底，共培训了农民工 17400 余人，培训人员就业率达 100%。

北京农家女实用技能培训学校。北京昌平农家女实用技能培训学校创办于 1998 年 10 月，是一所专门面向农村妇女的公益性、非营利性、非学历培训学校。多年来，为贫困地区农村妇女和大龄辍学女童或女青年提供短期就业前的实用技能培训和综合素质培训，为她们参与经济发展和自立于社会创造条件，形成了自己富有成效的独特的办学模式。截至 2010 年 7 月，共培训 119 期，培训学员 3141 名，这些学员中有 2/3 的人已经在北京、上海等大城市就业。

北京光华慈善基金会的创业培训。北京光华慈善基金会致力于在中国"普及创业教育，创造积极人生"。与政府部门、教育机构和非营利组织积极合作，共同培养创业教育师资，从而为职校学生、贫困地区的大中学生和成年人开展创业教育，帮助他们挖掘潜能、树立积极乐观的人生观，推动他们自力更生、摆脱贫困，并有能力帮助他人，最终促进当地经济的发展。自2003年至2011年，北京光华慈善基金会与江、浙、鲁、吉、川等十多个省市的职业学校和司法系统合作，为中职学校学生和服刑人员、大中专院校学生、流动人口子弟、村干部、下岗失业人员、进城务工人员、贫困妇女等群体共8万多人提供了创业教育。

以上机构在培训中的很多做法，如开展培训需求的分析、培训内容的设计、培训的组织实施、培训评估等，系统有效，这些做法对于政府开展类似项目起到了示范和借鉴作用①。农民认为这些非营利组织开展的培训内容丰富，结合实际，效果良好。如国际计划以农村卫生厕所的改造、饮用水的改造在延庆的70多个村举办了农民健康知识培训、饮用水后期管理培训，结合板栗种植开展了果树管理和营销知识的培训。在延庆某村调研的时候，一个大妈说自己去参加培训的次数少，时间短，国家计划给的资金也不是很多，但她说，"国际计划给我们的不是厕所，不是自来水，关键是这里得到了改变"，她指了自己的头说。她说，板栗管理培训结束后，他们意识到科学管理的好处，连续几年农户们自已凑钱请河北农业大学的老师来培训。

（五）存在的问题及分析

1. 教育资源亟待整合

总体来看，北京面向农民的各级各类农业职业教育体系资源数量不足、相对分散。培训资源隶属不同部门和地区，各自为政，互不相通，难以有效统筹形成合力，教育培训效果并不理想。一是农村成人教育形成了初步的体系，积累了相当丰富的教育培训资源，也基本形成了供给途径多元化的特点，但是没有形成真正意义上多渠道、多层次、多结构的供给途径。二是农民培训具有了一定的层次结构，但与培养新型职业农民的要求还有很大差

① 李凌：《非营利组织参与职业教育的途径、特点和建议》，《北京农业职业学院学报》2012年第5期。

距。三是局部有序，而在整体上仍然处于混乱状态。四是基层农技推广队伍、农民培训队伍的稳定性不强，素质较低，教育培训质量不高。

2. 资金使用亟待提升

北京现在每年以农民培训为由申请的资金看似不少，但培训效果比较让农民满意的有效培训资金不足。农民教育的资金投入，大部分是依靠各级财政的支持。一是政府补贴的相关政策尚未出台，经费拮据问题始终没有解决。在市财政局的户头上，有些机构只有人员经费，无公用经费，承担农民教育已经成为公益事业，政府埋单，管理费无从收取，同时物价部门也不允许收取。由于事业不断发展，办学规模逐年扩大，管理成本日益增高。市校在既无“公用经费”，又无政府财力支持的情况下，只能由其所隶属的农职院予以补贴。长此以往，难以为继，制约各级培训机构的持续发展。二是培训经费标准偏低。存在较大资金缺口。三是经费使用范围需要扩展。新型职业农民培育工作中，培训只是其中的一项内容，其他还有基础调研、认定管理、奖励扶持等。目前中央经费规定支出范围相对狭小。

3. 培训师资亟待强化

在现有培训中，师资来源主要有两个渠道：一是各部门的专业人员，这部分人员的专业性很强，对部门工作内容了解透彻，但部分人员授课技巧不足，有些则离不开工作岗位，用于授课的时间有限；二是从科研单位、院校等部门聘请的师资，这部分人员授课能力强，但部分人员实践经验和专业了解不足，有些优秀师资能参与培训的时间又非常有限。

第二节　职业院校参与农民培训的路径和方法

《北京市中长期教育改革和发展规划纲要（2010～2020）》提出，要“加大政府对农村成人教育培训的统筹指导，健全覆盖区县、乡镇和村三级的农村成人教育办学网络。大力开展农村实用技术培训和农村转移劳动力培训，培养有文化、懂技术、会经营的新型农民，提高农民和农转非人员的就业创业能力和综合素质”。《北京市“十二五”时期教育改革和发展规划》提出，要“依托高等院校、职业学校、成人学校和社区教育三级办学网络，实施首都市民素质提升工程、农村成人教育及企业职工培训工程、专业技术人员继续教育工程，普遍提升各类专业技术人员、企业职工和广大市民的思想道德素质、科学文化素质、知识水平、职业素养和技术水平”。《北京市教育委员会关于加强“三教统筹”推进郊区农村成人教育服务社会主义新农村建设工作的意见》也提出：“培养有文化、懂技术、会经营的新型农民，提高农民的整体素质，是我市职业教育和成人教育的重要任务。加强‘三教统筹’，大力发展郊区农村的职业教育和成人教育，完善农民教育培训网络建设，构建农民终身教育体系。”

（一）参与农民培训的院校资源概述

1. 高等院校

北京的教育资源丰富，这些院校积极参与北京市郊区的农民教育培训工作，如中国农业大学、中国农民大学、北京林业大学等中央高校，但市属农业院校和科研单位是北京市农民培训的主体。市属农业院校在开展学历教育的同时，承担着短期技术和业务的培训工作，同时还在实训基地、服务基地面对农民的培训。

（1）国家层面的农业高校。如中国农业大学、北京林业大学等，都结合学院专业特长和技术优势开展服务。它们是强势的服务主体，这些院校投入当地的新农村建设，创造出服务的品牌。例如在北京，中国农业大学在新的形势下，创新服务途径，拓展服务领域，主动融入北京的新农村建设。从2004年12月开始开展“红色1+1”科技行动，实现了农业高科技与农民“零距离”接触，满足了新农村建设对人才的迫切需求。清华大学继续教育学院成立农业产业化教育项目培训中心直接服务于“三农”，培训服务于“三农”领域的企业家和政府官员。这些强势服务供应主体的介入对农业职业院校带来了挑战和压力。如中国农业大学与大兴区委、农工委签署合作协议，在“十二五”期间每年安排2万人参加培训，2015年，共有20177人参加了培训。重点安排了区情、镇情和管理方面的培训内容；通过对后续效果进行评估，表明农民对村干部的认可度在逐年提高。

（2）北京市属农业高校。北京农学院和北京农业职业学院在我国省市属农业院校中是办学条件较好、师资和教育培训能力较强的院校。具有地利、人和优势的北京农学院也借历史机遇打出了北京郊区农村“1+1+X”的服务品牌，在农村进行技术推广和人才开发服务。但两所学校的农业类专业均面临招生减少、规模萎缩的问题。另外，北京城市学院、北京联合大学、北京财贸职业学院也有部分涉农专业，但招生数量较少。

北京农学院坚持“立足首都、服务三农、辐射全国”的办学定位，努力打造和完善都市型现代农业技术推广服务体系。学校创建实施了“政产学研推”服务新农村建设特色模式，深入推进农村实用人才“1+1+X”科技培训工程，2013~2015年，通过开展“百名专家兴百村”“科普惠农兴村计划”和“双百对接”活动，推广和转化农业技术和成果280项，帮助京郊100多个村镇完成了经济社会发展任务。现正在对专业的内容进行升级和改造，以进一步加强专业优势，目前学院现有的36个高职专业中有22个专业与北京都市农业发展紧密对接。[①] 该院还不断创新科技挂职服务“五个一”带动机制、专业化服务工作室运行机制以及“三院联动”的农业院校横向合作机制，相继组建都市现代农业、畜牧兽医新技术等专业化服务工作室和奶牛健康养殖、种苗组培、设施农业等产学研服一体化工作室；连续8年选派专业骨干组建科技挂职服务团队，累计派出112名178人次服务郊区，在56个乡镇、单位建立实习实训、产学研服基地50余个，为农村引进推广新技术80余项、新品种80多个。生态环保养猪、植物病虫害生物防治等技术项目已成为品牌项目。近几年培训农民10多万人次。学院获得“北京新型农民培养先进单位”“社会力量参与社会主义新农村建设先进单位”等荣誉称号，并被农业部认定为“现代农业技术培训基地”。

（3）其他院校。如中关村学院近年来通过职业技能培训，推动北京市海淀区农村劳动力专业技能的提升，保障农民有质量地转岗就业，走出了一条“农民需求啥，学校培训啥”的新型职业农民培训特色之路。该院瞄准海淀区农村劳动力专业技能需求，积极与海淀区人力资源和社会保障局合作开展项目培训，共计为海淀区7个街道、乡、镇提供了16个职业技能培训项目，职业教育共培训22000多人次，其中有905名海淀区新型农村劳动力参加国家职业资格鉴定，895人拿到国家职业资格证书，考证通过率为98%。先后与海淀区农委合作，积极开展农民科技培训和农村两委干部的专业培训700多人次；与海淀区教委合作，开展了700多场次的社区教育培训。其中，共计完成北部新区社区教育培训14000多人次。[②]

2. 中等职业教育、职教中心/成教中心/社区教育中心、乡镇成人学校

北京地区最早创办中等农业教育始于清宣统元年（1909年）。当时在大

① 《打造服务三农的排头兵》，《北京日报》2017年5月2日。

② 卢晓春：《农民喜欢干啥，我们就培训啥——中关村学院开展新型职业农民培训工作纪实》，《农民日报》2018年4月18日。

兴黄村将“顺天南路中学堂”改为“顺天中等农林学堂”，分预科、本科和农林讲习所，有学生 176 人。1918 年 1 月，将政学堂改为“京兆甲种农业学校”，设农科、林科；1934 年，改为河北省立黄村初级农业职业学校。抗日战争时期，日伪政权在通州建立“河北省农业通县农业专科学校”，分初级、高级两部，分别招收高小、初中毕业生。抗日战争胜利后，1946 年，更名为“河北省立黄村高级农业职业学校”。

新中国成立后，为适应农业发展，培养中等农业专门人才，北京市相继建立起一批为农业服务的中等专业技术学校，至 1995 年，北京市共有服务农业的中等专业技术学校六所。

1953 年 9 月成立的北京水利水电发电学校，原由燃料工业部领导，后改由电力工业部领导；1966 年停止招生，1978 年 8 月恢复招生；1980 年 8 月，水利部和北京市政府商定将它和北京市水利学校合并扩建为北京水利水电学校，具体由北京市水利局负责领导和管理。学校设有水利水电工程、建筑工业与民用建筑、机电设备与管理、农田水利，财会五个专业。现在学校还在招生。

1956 年，为满足农业合作化对农业技术人才的需求，当时河北省通州地区在管庄成立了河北省通州农业学校，1958 年通县划入北京市后该校改名为北京市农业学校。

1960 年 3 月，成立了北京市八一农业机械化学校，培养拖拉机驾驶员和修理人员。1977 年 11 月，改为普通中等专业学校。

1973 年，成立了北京市农业机械技工学校，该校隶属于北京市农业机械管理局。1983 年，改制为北京市农业机械总公司，以生产实习教学为主，以技能培养为重点，为农机系统培养中专技术人才。先后设有两年制冷加工专业和三年制铸造专业。

1978 年，为满足当时迅速发展的机械化养鸡养猪事业的需求，成立了北京市畜牧技工学校，隶属于北京市畜牧局，后改组为华东华土集团总公司，学校设有养禽和食品加工两个专业。①

另外还成立了北京市农业学校（北京市农业技术学校）和北京市农村建设学校。②

全日制中等职业教育包括中等技术学校、职业高中和劳动技校三类。北

---

① 北京市地方志编纂委员会.《北京志农业卷：农村经济综合志》：349～351 页。

② 这两个学校的发展参见第二章第一节相关内容。

京农林类的学校有 3 所，即北京农业职业学院中专部、北京水利水电学校、北京园林学校。另外还有 11 所学校开设有涉农专业。目前多数中专学校的主要问题是招生难，不少学校已经或者将被撤并。2012 年，全市有 54 所职业高中学校，招生也主要集中在城市区域，远郊区县的 6 所职业高中招生困难，专业也逐渐改为非农专业。

近年来，社区建设与管理已成为我国社会管理的一个重要内容。经过多年发展，社区建设逐渐向乡村延伸。在朝阳区、海淀区、丰台区等城郊接合部土地征收、征用较多。失地农民的居住方式逐渐向社区过渡，很多社区教育中心或者其他培训机构充分利用社区优势，与社区合作，为居住在当地的失地农民提供多方位的教育培训服务。如延庆社区教育中心自 2012 年开始，依托北京东方妇女老年大学的“幸福养老大课堂”项目，开展“老年教育向农村延伸”项目的实践，2014 年 12 月 16 日，在大庄科乡沙塘沟村和井庄镇北地村正式启动了“老年教育向农村延伸项目”。目前该项目已经扩展到 4 个乡镇，开展以送艺、送医、送法等为主要内容的老年教育培训服务，到目前已开展活动 30 次，受益群众达 1000 人次。

各区县成人（文化、技术）学校也承担了大量的培训任务。到 2016 年底，北京郊区共建有区县级成人教育中心 6 所、职业教育中心 7 所，乡镇成人文化技术学校 175 所，村成人学校 2146 所。全市乡镇成人学校专职管理人员近 700 人（其中占区县教委编制的有 550 余人，占政府编制的有 70 余人），学校兼职教师近 2000 人。郊区县中大兴、房山、通州三个区的乡镇文化技术学校有独立机构和编制。这些学校培训的内容涵盖乡镇各个方面的需求，农业技术培训和农民培训是重要内容之一，但由于缺乏师资，培训师资只能由乡镇从相关涉农院校或者是农业技术推广部门聘请。各区县、各乡镇培训基地的能力和活动情况差别较大。

3. 北京市农业广播电视学校及各级电视大学

为多渠道加快农村技术人才的培养，1981 年 7 月，北京市农业广播电视学校开班，招收农村学员。1983 年 11 月 11 日，中共北京市委农村部、市政府农林办公室、市工农教育办公室、市财政局、团市委联合发出关于《加强区县农业广播电视学校的通知》，明确区县建工作站，乡镇办教学班，办学经费由各级财政筹措解决，从而形成了市、县、区、乡镇农业广播教育体系。

涉农成人教育学校则以北京市农业广播电视学校为主体，该校目前有 11 所分校，是京郊农民终身教育的重要教育培训机构。现有在校中专生

9811 人。2000 年，该校在变更隶属关系时未涉及区县分校，造成了市校属于农委领导，而分校属于教委领导的格局。隶属关系不同，工作关系不顺。在不同管理体制下，工作缺乏总体规划、统一领导，影响了农广校整体服务功能的发挥。2011 年，市农广校有了独立的编制，但在财务、人员管理上还有很多事情未能理顺，影响了农广校的持续发展。以延庆农广校为例。自 2006 年延庆农广校举办第一个农民花卉中专班以来，现已在 15 个乡镇 200 余个行政村开办农民中专班 240 多个，参加学员近 12000 人，涉及专业 15 个。其中延庆在全市乃至全国率先开办的第一个农民社会文化艺术中专班，目前班级总数达 66 个，学员达 2656 人。

延庆电大与延庆区委组织部合作，针对农村基层干部的学历相对偏低，很多人都是初中学历的情况，采取有效措施提升文化素质。为村干部举办过大专班，之后则以延庆农广校为基地大力加强公共管理人才的培训。

4. 各级各类党校

各级各类党校主要承担了各级领导干部业务轮训和党性教育的任务，还承担了部分骨干农民和农村两委干部的培训任务，是农民教育培训的重要补充部分。主要包括市委党校、农工委党校和各区党校，在 2017 年还有部分乡镇也成立了党校，这些党校开展了大量对基层农村干部培训的工作。

大兴区委党校一方面对镇级基层干部开展培训，强化业务能力的提升。主要内容有：政策性培训、业务培训、能力提升培训、中青年干部培训等。另一方面还对党支部书记开展培训，强化履职能力。对低收入村村级干部的培训则通过观摩，提升他们的思路与视野，以党史知识、新农村建设、团队建设等课程为主。

5. 农业机械化学校和农民科学技术学校

郊区农村比较系统的开展成人职业技术教育，始于 20 世纪 70 年代，当时各区县和乡镇办起农民“五七”“大学，边学习边劳动，除学习政治文化课程外，还要学习一些生产技术技能。

1973 年 10 月，在 13 个县区建立起农机培训班，培训对象为拖拉机等农业机械的修理工人。1978 年，各区县陆续将农机培训班改为农业机械化学校，任务是培训农机管理干部、拖拉机手、农用汽车司机等。1991 年 12 月，北京市成人教育局批准各县区农业计划学校改为成人中等专业学校，成为郊区农业机械化队伍的培养基地。进入 21 世纪后，随着改革的深入，这些学校多数不再办学，或者与其他学校合并，名字也五花八门，只有大兴和顺义的农业机械化学校还在继续招生，教学内容从机械化培训向提升农民素质、新型职业农民培训转变，2015 年 2 月 8 日，大兴农业机械化学校改名为大兴农业技术学校，至此，全市只有顺义还保留着农业机械化学校。

1980 年 9 月，在 14 个郊区县和海淀区四季青乡的农民“五七”大学改名为农民科学技术学校，性质为成人中等农业技术学校，为农村培养农业技术人才。1983 年前，只设有农学、果林、畜牧、蔬菜、农机五个专业，从 1984 年起，陆续增设农经管理、企业管理、农机管理、文秘档案、财务会计、汽车运输、工业与民用建筑、化工、机械制造、机械制造、电子仪表、农田水利，机电，医士、旅游等专业，每年在校生 400 多人，这 15 所农民科学技术学校成为郊区农村职业技术培训的重要基地。1983 年，明确形成农业广播教育体系后，这些学校就不再招生了。

6. 其他社会培训机构

主要是农业企业及其相关设置的教育培训机构。如安鑫农业集团设置的安鑫三农商学院等，企业按照标社会用人标准建立农村人才培养基地，基地为培养对象提供种苗、技术培训、生产指导和产品销售等服务，带动培养对象发展事业，提升职业能力的人才培养模式。

（二）新型职业农民学历能力双提升培育模式的创新与实践

2012 年中央一号文件提出“大力培育新型职业农民”，同年 3 月，北京农业职业学院向中国职教学会农村与农业职业教育专业委员会申报的课题“新型职业农民培育模式研究”被批准立项为重点研究项目，2014 年 2 月项目结题并开始更为深入的实践。在 6 年的研究与实践中，该学院构建了专题培训、专门培养、系统培育相结合的新型职业农民培育体系，创新形成“半农半读、农学结合”的培养模式，探索了一条新型职业农民系统化培养新路径，提升了职业农民学历水平和职业能力，为乡村振兴提供了人才支撑。

1. 项目实施背景

农民培育是一个历史性课题，同样也是一个系统工程。利用农业职业资源为乡村振兴战略培养人才，构建新型职业农民培养模式是国家战略、职业教育改革的需求，也是培养新型职业农民、全面提升农业农村人才质量的迫切要求。

2012 年，中共中央、国务院印发的《关于加快推进农业科技创新持续增强农产品供给保障能力的若干意见》中提出要“大力培育新型职业农民”。

北京都市型现代农业面临的“老龄化”“兼业化”问题越来越突出，培养大量以农业为职业、具有一定专业技能、收入主要来自农业的现代农业从业者和乡村基层干部，解决好北京郊区“谁来种地”“如何种地”的问题，并为乡村治理提供强有力的高素质人力人才保障，就显得十分紧迫和必要。

北京农业职业学院审时度势，决定牵头组织开展新型职业农民培育模式研究，向中国职教学会农村与农业职业教育专业委员会申报了“新型职业农民培育模式研究”课题，2012 年 3 月被批准立项。

参与研究的人员以北京农业职业学院为主，同时还涉及北京市农村工作委员会、市教育委员会、市农业局、市园林绿化局、市教育科学研究院、市农业技术推广总站、市农村经济研究中心等部门和单位的人员。通过大量调研，对新型职业农民培养提高、后继补充、吸引扶持和资格认定等方面的现状、经验和问题形成了清晰认识。

在课题研究中他们深刻认识到，农民培训，包括职业农民培训工作虽然开展了多年，但新型职业农民培育具有自己的特点，有不同的做法。新型职业农民培育需要构建新体系，以专项培训、专门培养和系统培育拓展人才培养的新路径，同时创新“半农半读、农学结合”新模式。

2014 年 2 月项目结题后，学院开始了更为深入的研究和实践工作。在科学论证基础上，学院向上级有关部门提出招收新型职业农民参加全日制高等职业教育学习，开辟新型职业农民学历能力双提升渠道，进行新型职业农民培养模式创新实践。

2. 创新做法

正确认识和处理好农民问题历来是一个战略性问题。习近平同志历来重视三农问题，深刻阐述了“谁来种地”问题，强调要以吸引年轻人务农、培育职业农民为重点，建立专门政策机制，构建职业农民队伍。北京农业职业学院转变思路，完善育人机制，全面提高新型职业农民培养质量。

（1）构建体系，铺就新型职业农民成才路。

学院通过实施“文化驻乡”“农艺入户”“驻村帮扶”和“学历提升”四大工程构建了专题培训、专门培养和系统培育的新型职业农民培养体系，铺就新型职业农民学历能力提升之路。

2012 年以来，学院开展各类专项培训提升农民专项技能，推广新型农民在种植、养殖、农产品加工及休闲农业等领域需要的关键技术，到 2017

年底，培训农民近40万人，占北京市从事农业生产经营人员的80%；北京市农广校开设12个中专专业培养农村发展需要的专门人才，截至2017年底，注册学员58262人，占一线农民总数的11.6%。其中社会文化专业、休闲体育专业、村务管理专业等都是在全国首先开办。实施新型职业农民学历提升工程，开设新型职业农民高等职业教育相关专业，通过全日制系统培养和打造一支“有文化、懂技术、会经营、善管理”的高素质农业人才队伍，为乡村振兴战略提供坚实的人力资源保障。

（2）拓展路径，打造职业农民素质提升梦工厂。

“十二五”以来，北京农业已经基本完成产业升级，实现了一、二、三产业融合，新产业、新业态不断涌现；广大农村乡村治理水平不断提升，农业产业组织化程度不断提高。北京农业农村发展，也对广大从业人员、农村干部的能力和学历都提出了更高要求。激发了广大农民尤其是青年农民提升职业能力和学历层次的迫切需求。

学院利用专业教学资源及二级单位北京市农业广播电视学校四级办学体系优势，基于北京市农民现实需求启动了“四大工程”，打造农民素质提升的“梦工厂”。

“学历提升”工程，即在农民中等职业教育的基础上，制定切实可行的农民高等职业教育培养方案，科学设置农民中高职业教育衔接贯通培养课程，形成农民中高职业教育衔接贯通培养体系。学院开设了休闲农庄经营管理、家庭农场经营管理、农民合作社运营管理、现代农艺、农产品流通与管理5个新型职业农民高职教育专业，目前在校生有500多人。

“农艺入户”工程，是把农艺教学实践搬进农户家里，开办现代农艺专业中专班，开展家庭种植设备开发制作、家庭有机蔬菜种植、家庭花卉养护、家庭果树盆栽系列教育活动，推广家庭现代农艺开发技能，建设家庭小农场，培养家庭“农艺师”，现场教学、现场传授知识和技能。以“农艺入户”为载体，将农业科技、新型农民培养、农民增收、快乐家庭田园生活相结合，陶冶情操，丰富业余文化生活，弘扬传统农耕文化。使他们成为家庭种植产业的带头人，实现创业致富在农家、家庭美化在农家、健康生活在农家、文明和谐在农家的目标。截至2017年底，全市共开办500个培训班，培训50000人次，推广社区达到500个，

“文化驻乡”工程，是以培养扎根农村的乡土科技与文化人才为目标，驻乡进村培育文化人才和团队。通过驻乡进村，建设农村文化大院，以喜闻

乐见的形式来吸引农民自愿接受系统教育，以文化促科技，以科技带文化，实现科技和文化融合，最终提高农民科技文化的综合素质。现在学院在11个区分校共计招生94个班，学员9114人。

2016年，学院启动“驻村帮扶”工程，即面向北京市低收入村进行精准培训、引智帮扶。其主要特色表现在把课堂搬到民俗户的农家院子里、厨房里，手把手教的培训，“做给农民看，带着农民练，指导农民干”；在学习中，院村结对，成立农家院经营互助互学小组，打造学习共同体，为乡村旅游产业的升级奠定基础；全程跟踪，线上线下全方位服务。在组织集中培训后，精心设置了跟踪指导服务措施，组建了精准帮扶微信交流群，把指导教师、学员纳入其中，充分利用现代科技手段提供全面服务。截至2017年底，已启动了碳厂村、前野厂村等7个低收入村“驻村帮扶”工程。专项培训农民300余人，组建乡村旅游专业中专班1个。

（3）创新模式，圆了职业农民的大学梦。

学院创新新型职业农民学历提升工程教学模式，在课程设置和教学内容选取上，突出农业农村特色；在教学组织形式上，采取半农半读、农学交替方式；在教学管理方面，做到四个结合，即理论教学和实践教学相结合、集中学习和分散学习相结合、线上学习和线下学习相结合、共性考核和个性考核相结合，架设了职业农民初中高三级贯通培育的立交桥，实现了新型职业农民能力和学历双提升，也圆了广大农民的大学梦，学校还组织优秀农民学员走出国门到国外学习考察。

（三）成果特色与创新

成果以新型职业农民培养模式创新为突破口，解决了农村人才供给不足、缺乏学历能力双提升通道、农民学习与生产有矛盾、职业院校精准扶贫缺乏有效路径等问题。

1. 率先构建新型职业农民人才培养体系，解决乡村振兴农业实用人才供给不充分的问题

北京具有“大城市小农业”“小农业大功能”“大京郊小城区”的区域经济社会特点，都市农业已经基本脱离传统农业结构，一、二、三产业高度融合发展，涌现出的休闲农业、创意农业等新业态成为新的农业增长点；同时城市化发展加快，乡村发展、乡村治理呈现新特征，京郊农村发展需要大量学历和能力均有提升的高素质人才。

项目为了满足新型职业农民学历和能力双提升需求，依托学历提升、“农艺入户”“文化驻乡”“驻村帮扶”等工程提升农民学历水平，很多学员在参加短期培训选拔后参加中等职业教育学习；部分优秀的中专毕业生、获得认证的农村高级实用人才以及市级以上的农民专业合作社理事长经过提前招生考试后被录取到农业职业学院参加高等职业教育。通过短期的专项技术培训、农民中专学历教育的专门培养、全日制高职教育的系统培育，实现了初等、中等、高等农民职业教育的贯通培养，形成衔接立交的新型职业农民培养体系。项目解决了京郊农村人才总量不足、结构性短缺和高端人才供给不足的问题，并为都市农业新业态填补了人才供给空白。

2. 架设职业农民中高职贯通培育的立交桥，开辟农民学历和能力“双提升双认证”通道

北京市现有的农业生产一线从业者80%为初中及以下学历，无法适应都市农业发展需要，许多农业从业者有提升自己学历和技能的强烈愿望。

农民中专班和全日制高职班打通了职业农民“初、中、高”级学历提升的渠道，提升农民的学历水平；通过短期培训班、“农艺入户”“驻村帮扶”等项目工程提升农民从业能力。对于符合中专和高职学籍管理规定的学员，经过系统的学习并考核合格后分别给予北京市农业广播电视学校的中专毕业证书和北京农业职业学院高职毕业证书以及相应的职业资格证书；根据《北京市农村实用人才队伍建设和农村人力资源开发实施意见》精神，开展了高级农村实用人才的认定工作，对参加系统培训并技能鉴定合格的1507名职业农民，由中共北京市委农村工作委员会和北京市农村工作委员会颁发北京市高级实用人才证书，创新了职业农民职业资格证书认证新路径，提升了农村实用人才队伍的整体素质。

3. 创新适合农民学习的人才培养模式，解决新型职业农民学习与生产之间的矛盾冲突问题

四大工程在教学和管理方面的共同特征是“半农半读，农学结合”，学院针对农民教育的特点，制定了新型职业农民人才培养方案。在教学组织上，将农业生产活动与教学活动相结合，刚性的教学内容与柔性的教学安排相结合；采取“半农半读、农学结合”的方式完成学习活动，满足了农民生产中掌握关键技术和美好生活中素质提升的需求，推进了专业人才培养与岗位需求衔接，人才培养链和产业链有机融合，受到了农民欢迎，教育效果明显提高，解决了职业农民与生产矛盾冲突的问题。

4. 开拓引智帮扶模式，解决了职业院校精准扶贫路径不畅通的问题

践行乡村振兴战略，是全社会的共同责任，更是高等院校的重要使命。目前，北京共有 234 个低收入村，7 万多低收入户，约 15 万名低收入农民。

学院统筹教学资源，调动教师积极性，针对乡村发展的不同阶段和区域特点以及不同低收入村和农户需求，采取针对性的、个性化的、科学有效的教学措施，为乡村人才振兴提供了保障。同时制定政策，鼓励教师把课堂搬进田园、搬进庭院，解决农民生产中的技术、营销和管理难题，帮助低收入村充分挖掘当地的生态资源和人文资源，以发展乡村旅游和休闲农业为主攻方向，形成了以打造一桌农家宴、一个农家院、一个旅游村、一支人才队伍“四个一”为具体目标的帮扶模式，解决了职业院校服务乡村振兴、开展精准帮扶路径不畅通问题。

（四）成果推广应用效果

实践证明，学历和能力双提升的新型职业农民培育模式创新与实践达到了预期效果，无论是教育效果、经济效益，还是社会效益都十分明显，具有很强的示范效果和推广价值。

1. 项目培养了乡村振兴战略需要的乡土人才队伍

随着新型职业农民培养模式创新开展，一大批高素质的新型职业农民逐渐成长起来，成为农民致富的“领头雁”、科技兴农的“接力棒”、构建和谐新农村的“助推器”。北京首泰金源农业科技有限公司经理霍振亭成为创业先锋，北京硕丰磊白山药产销专业合作社理事长薛新颖经营创新获得突破，北京裕农源生态农业专业合作社经理东雪被授予全国青年致富带头人，他们在学习中不断创新，企业获得跨越式发展。多次参加培训的学员寇红艳，被北京市委、市政府授予“北京市有突出贡献的农村实用人才”，带领一方农民致富；“文化驻乡”工程培养出一批扎根基层的科技文化乡土人才，这些学生成为构建和谐新农村的“助推器”，乡村治理的“排头兵”，促进了乡村治理。

新型职业农民培养模式深受农民欢迎。怀柔区月亮湖农业合作社社长宋立新就是在参加专项培训后进入北京市农广校中专，中专毕业后又进入到高职学习。他是北京市三八红旗手，2017 年 11 月参加了首届新农民新技术创业创新大会，得到了中央政治局常委汪洋副总理的接见。新型职业农民学历提升工程还吸收了具有本科学历人员参加高职的学历教育，其中王禹晨在中国政法大学自考大学毕业，薛新颖取得武汉大学行政管理专业本科学历，现在两位学员正在农广校的农业合作社专业就读高职。

2. 项目得到了国家教育体制改革领导小组的认可并向全国推介

国家教育体制改革领导小组主办的教育体制改革简报2016年第83期发表了《北京“半农半读”，提升农民素质》的文章，并分送到中共中央、全国人大、国务院、全国政协办公厅和各部委、各省自治区党委教育工作部门，以及各高等院校，向全国进行了推介。

在全国农村成人职业教育经验交流活动会上，教育部领导对新型职业农民学历工程给予了充分肯定，认为此项工程必将对北京都市型现代农业的发展发挥不可估量的作用。

同时，“文化驻乡”得到了党中央、北京各级政府的广泛关注。2011年12月《农村情况》（第1085期）内参上报道北京市农广校开展“文化驻乡”工程，时任中央政治局委员、中央书记处书记，中央宣传部部长刘云山同志在内参上批示：“北京市开展‘文化驻乡工程’对推动农村文化建设有重要意义，受到农民欢迎，可在媒体上宣传介绍他们的做法和经验。”

新华社、《人民日报》《光明日报》《经济日报》《农民日报》、中央人民广播电台、中央电视台等10多家新闻媒体记者深入农广校采访宣传，肯定了其在新型职业农民培养、繁荣农村文化、促进乡村治理、精准扶贫等方面做出的贡献。

3. 项目具有重大推广价值和示范引领作用

山东畜牧兽医职业技术学院、江苏农牧职业学院、江西生物机电职业学院等20多家院校先后来农广校学习交流，回到当地探索创新；中国职业教育学会农村与农业专业委员会向全国农业职业院校大力推介项目经验，农广校教育教学改革的做法得到了更为广泛的推广应用。

自2012年，学院科研取得了丰硕成果，在新型职业农民培育方面出版专著1本，发表论文30多篇，有10名教师被评为教学名师。在2017年北京市职业教育教学成果奖评选中，王福海主持的“基于学历能力双提升导向的新型职业农民培育体系创新与实践”、李俊英主持的“新型职业农民培育‘教产融合’模式研究与实践”分别获一、二等奖，在第七届全国农业职业教育教学成果奖评选中，有3个项目获一等奖，1个项目获二等奖。2017年2月，学院被农业部授予“新型职业农民培育示范基地”。

第三节　涉农部门开展农民培训和农业技术推广创新

涉农部门是开展农民培训的主要力量，农委及其下属部门出台了相关政策并积极开展培训。

（一）北京市农口农民培训资源调查

根据北京农口各单位上报农民培训情况，经过对数据进行统计分析，结果统计如下。

1. 培训机构情况（见表3－4）

表3－4　近3年承担农民培训任务单位情况

单位：家

序号	培训单位	机构数	培训机构
1	北京农业职业学院	4	北京市农广校（北京市农民科技教育培训中心）、继续教育学院（北京市农村实用技术服务中心）、北苑培训学校、机电工程学院继续教育学校
2	北京市农林科学院	3	北京市海淀区智农远程职业技能培训学校、中国农业大学现代远程教育北京农林科学院校外学习中心、北京市农林科学院农业科技信息研究所
3	北京市园林绿化局	4	北京市园林绿化国际合作项目管理办公室、北京市蚕业蜂业管理站、北京林业工作总站、北京市园林绿化培训学校
4	北京市农业局	10	市农机鉴定站、北京市种子管理站、宣传教育中心（农业干部培训中心）、小汤山基地培训中心、北京市土肥站、水产技术推广站、兽药监察所、畜牧兽医总站、畜牧总站、畜牧业环境监测站
5	北京农学院	1	北京农学院
6	北京市农研中心	1	培训部
合计		23	

从表3－4得知，近3年来全市承担农民培训任务的单位共有6家，培训机构有23家。在23家培训机构中，又可分为12家专门培训机构和11家农业科技推广机构（见表3－5）。

表 3－5　专业培训机构和推广机构情况

单位：家

序号	培训单位	推广机构数	培训机构数
1	北京农业职业学院		4
2	北京市农林科学院		3
3	北京市园林绿化局	3	1
4	北京市农业局	8	2
5	北京农学院		1
6	北京市农研中心		1
合计		11	12

2. 培训场所情况（见表 3－6）

表 3－6　培训机构具备培训场所情况统计

序号	培训单位	建筑面积（平方米）	专任教师（人）	自有实训基地
1	北京市农广校（北京市农民科技教育培训中心）	38991	179	有
2	北京农学院	3200	3	有
3	北京农业职业学院继续教育学院（北京市农村实用技术服务中心）	2000		
4	北京农业职业学院北苑培训学校	1000		
5	北京农业职业学院机电工程学院继续教育学校	300		
6	北京市园林绿化培训学校	300		
7	北京市农林科学院农业科技信息研究所	200		

通过表 3－6 分析得知，具备固定培训场所的培训单位只有 7 家，其余各家均没有固定培训场所，几间办公室。北京市农广校和北京农学院分别具有 179 名和 3 名专职教师，其他培训机构均只有管理人员。

3. 2012～2014 年培训机构承担培训任务情况（见表 3－7）

表 3－7　培训机构承担培训任务

序号	培训机构	承担项目金额（万元）	培训人数（人）	培训方法
1	北京市农业广播电视学校（北京市农民科技教育培训中心）	2891.9466	26434	面授加实践
2	北京市农业局宣传教育中心（农业干部培训中心）	931.421	5312	

续表

序号	培训机构	承担项目金额（万元）	培训人数（人）	培训方法
3	北京市农林科学院农业科技信息研究所	594	3549500	远程教学
4	北京农学院	423	2380	
5	北京市农研中心培训部	300	300	
6	市农机鉴定站	219. 035	2870	
7	土肥站	150. 4	374213	
8	北京市畜牧业环境监测站	128. 15	1583	
9	中国农业大学现代远程教育北京农林科学院校外学习中心	128	2870	
10	北京市园林绿化培训学校	80	4626	
11	小汤山基地培训中心	67. 8	414	
12	北京市兽药监察所	65	200	
13	北京市林业工作总站	54. 9076	205	
14	北京市蚕业蜂业管理站	42. 86	2950	
15	北京农业职业学院继续教育学院（北京市农村实用技术服务中心）	24. 5	1069	
16	北京市种子管理站	16. 7605	2385	
17	北京农业职业学院机电工程学院继续教育学校	15. 054	140	
18	北京市海淀区智农远程职业技能培训学校	10	100	
19	北京市园林绿化国际合作项目管理办公室	6	200	
20	北京市水产技术推广站	0	3800	
21	北京农业职业学院北苑培训学校	0	900	
22	北京市畜牧兽医总站	0	260	

4. 2012～2014 年培训项目资金情况

根据数据汇总情况，可以看出，近 3 年来上述培训机构承担的培训项目数量逐年递增，培训资金主要来源于财政项目（见表 3－8、表 3－9）。

表 3－8　近 3 年培训项目资金统计

年份	财政资金			非财政资金		
	培训项目数	培训人数（人）	培训资金（万元）	培训项目数	培训人数（人）	培训资金（万元）
2011	48	1147580	1761. 87	9	160994	67
2012	62	1405122	2434. 80	11	19291	88. 5
2013	80	1232094	1921. 52	10	18115	163

表 3-9 近 3 年财政支持培训项目来源情况

单位：万元，%

	2011 年		2012 年		2013 年	
	资金	所占比例	资金	所占比例	资金	所占比例
农业部等国家级资金	6.00	0.34	11.80	0.48	217.50	11.32
市农委	241.13	13.69	255.88	10.51	371.61	19.34
市农业局	1176.69	66.79	1616.74	66.40	765.69	39.85
市财政	249.96	14.19	257.62	10.58	222.09	11.56
市科委	59.00	3.35	33.21	1.36	72.76	3.79
区县财政资金	0	0	93.15	3.83	74.67	3.89
其他资金来源	29.10	1.65	166.40	6.83	197.20	10.26

5. 基本判断

从调研来看，北京市农民教育培训工作得到了较快发展，上百万农民通过接受培训，提高了素质和技能水平。但是，由于缺乏稳定的法律制度保障，农民教育培训工作在不同程度上存在事随人走、培训跟着项目跑的现象，随意性大，不确定性因素多，为农民培训工作的持续、稳定、健康发展带来了困难。面对当前新型职业农民培训的新形势，需要农委加强科学规划，统筹兼顾，整合各方面的资源，形成法律法规，把新型职业农民培训纳入法制化的轨道。

全市培训资源相当丰富，但培训质量有待进一步跟踪，存在为了完成任务而培训的情况，要制定统一的农民培训标准，推进新型职业农民培训工作的标准化。同时要进一步完善新型职业农民培训培养体系，强化市、区、镇、村四级办学网络，切实发挥办学实体校在农村成人教育培训中的龙头作用，特别是要整合各方面资源，使得各个方面的工作形成合力，避免内耗和浪费，形成大联合、大教育、大培训的格局。

（二）涉农相关部门开展农民教育培训

1. 市农委

（1）关于农民培训指导性文件。

在《北京“十二五”都市型现代农业服务体系建设总体规划》重点章节中，市农委明确提出要“发挥首都教育、科研、培训的综合优势，在教育科研院所选择3～5个熟悉京郊农村产业、师资力量配套、具备较强理论教学和实践操作能力的单位，作为北京现代农业技术培训基地，按照农业主管部门下达的培训计划，每年分期分批地组织对全科农技员、乡镇农业综合服务中心专业人员，以及其他农民专业合作经济组织的技术骨干，开展分产业、分区域的知识更新轮训。轮训内容包括新品种、新技术、新模式、新机具、农技推广理论与方法、农业公共信息服务和经营管理知识、农业政策和相关法律法规等”。要“继续开展农民田间学校建设工程，增加农民田间学校投入，改善办学条件和辅导员工作条件。要扩大办学规模，新建、续建农民田间学校总数达到2000所以上，培养农村各类乡土专家、种养殖大户等5万人以上，辐射带动50万农民学习和采用新技术；要在基层农业技术推广机构、专业合作经济组织、农业龙头企业中，培养2000人左右的农民田间学校辅导员专职化师资服务团队”。

在2014年工作计划中，市农委明确提出“统筹推进新型农民培养工作，扩大实施设施农业骨干农民境内外研修，扎实推进农民田间学校建设，推动开展农业职业技能鉴定工作，开展农民职业资格认证试点，促进一产就业员工化”的工作目标。

（2）近年农委举办的主要培训。

2012年，市农委培养农民学员1万余人。举办各类研修班81期，培训设施农民及技术人员1588人、骨干农民1210人。开办农民田间学校800所，培养农民乡土专家、科技示范户、新型农民2万人。

2013年，市农委开办服务于区域主导产业的农民田间学校800所，加强了30所市级示范校建设。举办设施主导产业市内、外埠研修班74期，境外7期。举办农村实用人才专题示范培训班4期。

2. 市农业局

近年来，市农业局所做的培训大部分以培养管理人员为主。

2014年上半年，在密云、延庆、顺义、大兴、昌平、门头沟、怀柔、房山和朝阳9个区县开展北京市农业标准化暨质量安全培训23次，培训覆盖种植、畜牧、水产三大行业，累计培训3708人次。

为落实农业节水行动“2463”计划的要求，北京市农业技术推广站筹划开展的“百千万”农业节水培训工程（100个技术人员、1000个全科农技员，10000个示范户）于5月26日举办了来自农业技术推广站及郊区县推广站（农科所）的主管领导和技术人员160余人参加的“百千万”培训工程首期培训班。

来自各区县农委、农业局农产品质量安全管理人员及乡镇农产品质量安全管理站人员共计170余人参加了北京市农业标准化暨质量安全培训第一期；来自各区县农委、农业局农产品质量安全管理人员及乡镇农产品质量安全管理站人员共计200余人参加了北京市农业标准化暨质量安全培训第二期。

来自全市农业系统的6个市站所、15个区县49个执法单位的共211名执法新进人员参加了农业行政执法资格人员行政法律法规培训班。

3. 市园林绿化局

（1）关于农民培训指导性文件。

《北京市“十二五”时期园林绿化发展规划》明确提出“重点强化基层林业站基础设施建设和人才队伍培养”和“加强对林农、果农、花农、蜂农的科技培训，加强对生态林管护员的管理培训”。

（2）近年园林绿化局举办的培训情况

园林绿化局的培训对象基本为基层管事人员和一线工作人员。培训内容大部分以实用技术为主。

2014年9月，全市11个养蜂重点区县的区县蜂业主管人员、蜂农专业合作社代表和优秀养蜂农户共70多人参加了为期两天的养蜂新技术培训班。

2014年8月，各区县园林绿化局、局属各单位及河北省林业厅、丰宁满族自治县项目办的管理和技术人员共90人参加了为期一天的“自然森林经营理论与技术培训会”。

2014年8月，全市各相关区县种苗站及试点企业专业技术人员参加了为期一天的“北京市苗圃管理系统培训班”。

2014年7月，14个区县的园林绿化局、乡镇林业站以及养护单位的100名技术骨干参加了为期两天的平原地区生态林养护技术培训班。

2014年2月，全市京津风沙源治理二期工程的8个区县及有关市属林场的主管领导、科长及工程技术人员共60余人参加了为期两天的京津风沙源治理二期工程造林营林技术培训班。

4. 市经管站

（1）关于农民培训指导性文件。

在《北京市农村经济经营管理“十二五”时期发展工作规划》中提出：“加大培训力度，对农村集体经济组织负责人、财务管理人员以及参与改革工作的社员代表重点进行改革程序和工作技能等方面的培训；大力加强农村财会人员培训，全面实行农村会计电算化。”

在《北京市农民专业合作社“十二五”时期发展工作规划》中明确提出：“有计划、分层次培训各级农业部门干部和农民专业合作社负责人，建立培养一支理论通、业务精、会管理、作风过硬的合作社辅导员队伍。对合作社重点培养三方面人才：以合作社理事长为主的经营管理人才、以会计为主的理财能手和以专业技术人员为主的种养能人。”

（2）近年经管站举办的培训情况。

对郊区村级农村管理信息化工作人员进行培训。为进一步加强农村集体“三资”监管平台建设和应用，确保“村管系统”升级后原功能和数据的有效衔接，保障村级管理工作正常运行，提高村级管理人员的整体素质和工作水平，2013 年，为全郊区农村管理信息化人员已累计举办 3 个层级的 33 期培训班，共培训京郊 14 个区县、198 个乡镇和 3986 个村的农村信息化管理人员 4700 人。其中区（县）师资培训班 1 期，培训人员 87 人；市、区、乡业务干部培训班 1 期，培训人员 268 人；村级信息员培训班 31 期，培训人员4345 人。

农村新型集体经济组织主要管理人员岗位培训班。2013 年 10 月 15 日至 11 月 9 日，北京市农研中心举办农村新型集体经济组织主要管理人员岗位培训班，从集中授课到完成实地考察，历时 26 天。整个培训以区县为单位分为四期进行，持续 4 周，每周一期。参训人员的确定由 14 个区县经管站负责，在全市已经改制的 3804 个村当中，按条件推荐了 111 个村的集体经济组织董事长或总经理。参加培训的还有各区县经管站主管站长或主管培训工作的业务人员。

农产品成本核算业务培训班。2013 年 10 月 30 ~ 31 日，市农经办（农研中心）、农经统计处（金融处）举办了农产品成本核算业务培训班。郊区负责农产品成本核算工作的区（县）乡（镇）干部和部分核算点核算员共计 150 余人参加了培训。

“新三起来”专题培训班。2014 年 7 月 24 ~ 26 日，北京市农经办为深入推进“新三起来”重要工作，围绕农村集体土地资源调查的工作重点，组织市、区县、乡镇三级农经干部近 400 人，举办了专题培训班。

财务会计人员师资培训班。2014 年 6 月 11 ~ 18 日，北京市农经办组织了两期财务会计人员师资培训班。全市 14 个区县经管站（农经办）财务科及乡镇财会人员共计220余人参加了培训。

2014年收益分配统计业务培训班。2014年9月15～16日，市农经办农经统计处举办了2014年收益分配统计业务培训班。各区县、乡镇经管站（农经站）主管领导、科长，以及负责农经统计的工作人员共计260人参加了培训。

5. 市科研机构开展的培训

北京地区的科研机构主要包括中央所属、北京市属和各区所属的科研机构，中央单位如中国科学院、中国农业科学院、中国林业科学院都为京郊农业科技研究和推广工作做出了巨大的贡献，但参与北京郊区农民培训的主体还是北京市属的科研机构，如北京市农林科学院、北京市科研院等。

北京市农科院启动了科技惠农行动，实施了科技惠农折子工程，构建了以信息化管理为核心的院－所（中心）科技服务网的“一库一网一平台”，积极探索院局、院区、院镇、科农合作的服务模式，推动了农业综合服务试验站建设和“双百工程”，为世界种子大会、国际草莓大会、世界葡萄大会等提供科技支撑。在京内外建立了科技示范推广基地464个，推广新品种372个，推广新技术239项，示范新产品126个，累计培训农村劳动力33.3万人次，创社会经济效益近百亿元。

（三）北京农业技术推广工作的做法和创新[①]

北京市农业技术推广站1983年3月开始恢复建站，8月20日正式成立，至今有30多年了。

（一）围绕种植业主要开展技术推广的三个阶段

30多年农业技术推广工作，始终坚持依法推广，贴近政府、贴近“三农”、贴近市场需求，围绕北京农业的种植业生产走过了三个发展阶段。

第一阶段为主攻单产、保证市场供应阶段。该阶段处于改革开放探索阶段，党的十一届三中全会揭开了北京农业发展的新篇章。市委、市政府确定了“服务首都、富裕农民、建设社会主义新农村”的农村工作指导思想，在粮食生产上坚持“稳定面积、主攻单产、增加总产”的方针；在蔬菜生产上贯彻由“近郊为主”调整为“立足本市、稳定提高近郊、大力发展远

---

① 本小节内容根据笔者2014年6月17日在北京市农业技术推广总站的调研访谈记录和相关资料整理，大部分数据截至访谈之前。

郊、充分利用外埠优势”的方针。此阶段农业技术推广站工作重点是围绕“米袋子、菜篮子”工程，发展“增量农业”，保障市场供应。在粮食生产上重点抓了小麦、玉米、水稻等作物的高产技术攻关；在蔬菜生产上重点开展了露地蔬菜如大白菜高产和优质高产、节能型日光温室技术及品种多样化等试验研究与示范推广工作；开展了西瓜、食用菌、草莓等经济作物高产技术试验示范，为增加首都市场供应总量提供了技术支撑。面向京郊农业发展，坚持上山下乡，深入农村，到田间地头，发现问题、研究问题，持续不断地开拓创新，取得了多项创新性技术成果，填补了生产技术上的空白，如研究解决了冬小麦晚播高产技术体系问题，实现了小麦、玉米两茬双高产；研究解决了温室冬季生产喜温性蔬菜需要燃煤耗能问题，实现了节能低碳生产和瓜果类蔬菜周年生产供应，节能型日光温室如今已发展成为设施农业的主体；从引进入手与自己选育相结合，研究解决并很快推出了无籽少籽西瓜新品种，填补了北京西瓜的花色品种，延长了西瓜的栽培与供应……

进入 20 世纪 90 年代中期，在党的十四大提出建设社会主义市场经济体制的方针指引下，全国大流通的经济格局开始逐渐形成，市场对农产品提出了多样化和优质化的新需求，尤其党的十五大以后，种植业结构调整和优化产业结构开始显现，北京农业进入了第二个发展阶段。在该阶段，北京市农业技术推广站在继续抓好农作物高产、高效的基础上，围绕农产品优质化、多样化做了大量工作，例如重点抓了优质小麦、优质饲用玉米生产技术推广；及时开展了饲草和药材方面的研究，以适应郊区农业产业结构调整的需要；同时，围绕蔬菜质量提升和多样化需求，开展了设施蔬菜健康栽培、无公害蔬菜综合配套技术、特（芽）菜栽培及出口蔬菜品质提升等综合配套技术；推广设施西甜瓜技术，研发创新了结球生菜繁种技术、玉米非传统套种技术；选育成功了设施栽培小型西瓜、特色系列番茄、甜椒等蔬菜新品种，为丰富市场多样化需求提供了良好技术支撑，促进了种植业结构调整。

2004 年以来，北京市政府提出发展都市型现代农业，据此北京农业进入了建设融生产性、生活性、生态性于一体的现代农业发展阶段。该阶段的核心是在坚持生产功能的基础上拓展农业的多种功能，满足城乡居民新的需求。在坚持生产功能上，重点推广高产高效农业技术。相继开展了小麦、玉米、蔬菜、西瓜、杂粮等作物的高产创建活动，千方百计提高农作物的土地产出率和劳动生产率。2012年，在房山窦店村开展的冬小麦高产示范种植，亩产突破了600公斤大关，成为全市小麦生产的标杆；延庆大榆树镇是技术推广站从80年代中后期中低产开发的示范点，2011年在该镇陈家营村建设的王来牛10亩春玉米高产田，亩产突破1100公斤大关；2010年在大兴小黄垡村设立的春大棚黄瓜越夏生产示范点，亩产达到18621.7公斤，突破了1975年朝阳区东柳生产队15036.5公斤的历史高产纪录。高产创建活动的持续推进，带动了郊区大面积粮菜主要作物单产不断提高。在突出生态功能上，重点推广农业生态及安全技术。例如开展保护性耕作、裸露农田治理等技术，以保护北京大气环境；开展农业综合节水、膜面集雨、玉米雨养旱作等技术，以保护水资源环境；开展提高水、肥利用率等技术，以保护耕地环境；开展有机蔬菜、奥运蔬菜等集成技术推广，以保护农作物生长环境，进一步提高农产品质量安全，确保了重大活动和市民的农产品安全供应。在开发生活功能上，重点推广休闲采摘与景观农业技术。引进研究开发了“南果北种”技术；开展了观光蔬菜、西甜瓜景观创意及配套栽培技术，提升了农业文化品位；打造创意农业如“向日葵百里画廊、玉米迷宫、小麦收获节”等；阳台农业、低碳农业、芳香花卉进社区；文化创意走进大田、设施蔬菜、果园，开展了多种农业景观设计，示范推广了花卉百合、牡丹和中药材金银花等种植技术，这为发展休闲采摘观光农业，建设美丽北京，吸引市民下乡，提供了丰富多彩的技术模式。在发挥示范功能上，重点展示了引领性农业技术。依托小汤山科技展示基地，坚持不断引进特菜新品种与生产技术的同时，进一步展示了芽苗菜技术、特色蔬菜新品种和新技术，使之成为北京乃至全国特种蔬菜的发源地；在农业结构调整阶段，重点展示无公害蔬菜、绿色蔬菜、有机蔬菜的质量与安全生产技术，引领全市“放心菜”的生产；在都市型现代农业发展阶段，重点展示了“南果北种”、四特（菜、果、花、草）种植技术和工厂化育苗与工厂化番茄生产技术，为发展休闲观光农业、推进都市型现代农业提供了技术模式。在北京市农业技术推广站支持下，一部分区县先后建立了农业技术展示示范基地，展示了大批新品种和新技术，为农民和企业提供了观摩培训场所，引领了郊区农业科技不断进步。

30多年来，京郊小麦、玉米、蔬菜等土地产出率，逐步有了较大提高，京郊小麦亩均单产由1982年的177.4公斤提高至2012年的350.3公斤；玉米亩均单产由1982年的299.8公斤提高至2012年的422.1公斤；蔬菜亩均单产由1982年的2349公斤提高至2012年的2912公斤。获得国家、部门及本市各类科技奖励122项。其中获国家科技进步奖、农业部科技进步与丰收奖、北京市科技进步奖、北京市农业技术推广一等奖23项；获得奖杯奖牌40余个；获得来自各方面的集体荣誉奖110项。

（二）加强自身条件建设，保障服务业务

俗话说，兵马未动、粮草先行。成立后的推广站需要有自己的办公和试验场地。当时，站领导班子临时借用北京市农业局3间和北京市植物保护站6间房屋办公，一边大力开展技术推广工作，一边在北桃园新址启动了建站的步伐。北桃园占地面积约50亩，只有10多间小平房。全站职工用智慧和勤劳的双手，先行建设起电教楼、培训楼和欧共体项目育苗用现代大型温室，此后陆续建设了综合办公楼及相关配套设施，建设总面积为38345.30平方米。电化教育楼1984年9月动工，1987年10月完工，三层建筑面积2400平方米，主要功能是利用计算机和先进的声像设备对农业技术人员进行现代推广方法教育。培训楼1986年6月动工，1987年9月完工，四层建筑面积2800平方米，主要是为郊区骨干农民、乡村技术带头人开展技术培训提供住宿学习条件。配套建设的食堂（含培训教室）和配电室1987年5月动工，1988年3月完工；锅炉房1985年12月动工，1986年10月完工，建筑面积960平方米；育苗种子处理车间1986年6月动工，1987年9月完工，建筑面积为3780平方米；车库1996年建成，建筑面积600平方米。还建设了职工活动网球场和篮球场。世行项目支持的农业技术综合服务中心楼，由于资金不足，1994年4月26日，与北京光霁经济发展公司签订了合作建设协议，1995年8月完工，建筑面积5350平方米。1995年10月13日，推广站又与光霁公司签订了中心楼使用补充协议，规定2270平方米属于合作方光霁公司使用，使用年限为50年，自1995年12月27日开始至2045年12月26日终止。1995年12月27日，北京市农业局批准了推广站和光霁公司、中石化百川经济贸易公司三方签订的调换使用协议，将光霁公司2270平方米的50年使用权调换为中石化百川经济贸易公司使用。综合服务中心楼的建成为全站职工提供了综合办公条件。

为提升推广站农业技术试验研究和示范推广的能力，促进产业结构调整，开发观光农业，北京市农业局京农组人字〔1998〕21号文件通知："经局党组研究，将北京市优质农产品产销服务站所属小汤山地热开发公司（特菜基地）划归北京市农业技术推广站。"划归后，于1998年11月18日通过补充协议，首先解决了公司与北京市第一轻工业建筑工程公司所建翠泉楼的经营互利和归属问题的矛盾，此后北京市农业技术推广站支付给一轻公司400万元将其收回，并分步对特菜基地的设施与环境进行了大力改造，新打一眼每小时出水50立方的地热井，先后新建了东西场大门，寓意自然与科学；在水洼低地上扩建教室、住宿用房并改造翠泉楼成为农业技术培训中心，拆旧新建了办公楼；建设了蔬菜加工车间和东场2.4公顷现代化温室、西场现代化温室，以及取暖、配电等相关配套设施，引进了天然气取暖。在土地所有方小汤山大柳树集体资产管理协会和葫芦河村经济合作社提出增加基地地租的要求下，经友好协商，对原小汤山镇（乡）政府与北京市优质农产品服务站1988年7月1日签订的协议书、1996年1月30签订的承包经营补充协议中有关土地使用与付费等条款进行了重要修改，于2005年12月22日和28日分别与两村签订了新的补充合同，保证了集展示与培训为一体的基地可以正常使用到2038年12月31日。加以公务用车配备及采购制度的推行，推广站做好农业技术推广各项工作的条件得到了极大改善，后勤保障非常有力。

（三）设施农业骨干农民培养情况

设施农业是都市型现代农业发展的主要实现形式，是首都"菜篮子"的重要保障，是京郊农民的重要收入来源。为做好设施农业骨干农民培养工作，推广站积极探索培养方法创新和管理机制创新，在骨干农民培养方面取得了显著成效。

1. 具体做法

在骨干农民培养中始终以产业发展和生产需求为导向，根据作物不同分别设置了5套培训方案，包括产前、产中、产后系统的技术和理论知识培训，关键时期的技术指导等，确保农民了解产业的前沿技术、掌握当前的关键技术。

（1）理论培训+实操练习。农民具有丰富的实践经验，但理论知识相对薄弱，为此，推广站设置了适合农民学习的系统理论培训课程，同时加大了更受欢迎的实操练习，确保理论知识的有效吸收和操作技能的真正提升。保证农民学得会、记得牢、用得好。

（2）集中式讲座+参与式讨论。针对共性的知识和问题，设置了集中式的讲座，保证了培训的效率；针对关键技术和相对比较有争议的技术问题，设置参与式的专题培训和讨论，确保大家对该技术或问题能够有比较深刻的理解，通过充分讨论能够形成共识以指导生产。

（3）分期培训＋关键指导。研修时间与农时紧密结合，改变过去“一期培训管一年”的做法，按照作物生长关键时节分期进行培训，以便农民学后能马上应用，同时，技术人员在关键生产时期到田间地头开展技术指导，确保培训技术的落实与知识技能的巩固。

（4）示范＋观摩。为了引领各产业的发展，建立了蔬菜、西甜瓜、食用菌和草莓4种作物综合高产、高效技术示范点12个，在生产的关键时期，组织骨干农民开展现场观摩与交流，促进了新品种、新技术和新产品的推广应用。

（5）市内培训＋外埠培训。在大力做好市内研修的同时，组织30%左右的优秀学员，在关键生育生产时期，到现代化生产水平较高、规模较大的外省市对生产技术、管理模式、市场销售等相关内容进行实地考察研修，开阔农民视野。

（6）境内培训＋境外培训。对10%左右生产规模相对较大、文化程度相对较高、有理想有抱负的优秀学员开展境外培训，以让他们了解境外农业规模化、产业化、标准化等技术与管理经验，在开阔眼界的同时，引导他们逐步走向职业农民之路。

2. 机制创新

（1）技术资源整合机制。首先构建了技术支撑体系，由在京大专院校科研单位的专家学者，市级、区县级专业技术人员，骨干农民讲师和企业技术人员等125人组成。师资力量雄厚，确保了技术支撑。市级、区县的生产基地以及水平较高的企业作为实操培训基地，提供相应的实操设备等资源。其次，制定了技术路线，包括需求的调研、学员的选拔、培训内容和方法的确定、分产业的培训计划制订、培训方案的落实、学习效果评估等。

（2）部门联动管理机制。成立了由市农委主管主任牵头，市农委、市农业局相关业务处室共同参与的工作领导小组；成立了以技术推广站科教信息室及5个业务科室参与的技术培训实施小组；成立区县级管理机构骨干农民服务配合实施小组。整合资源，明确分工，部门联动，定期对培养工作进行会商，确保骨干农民研修工作的顺利进行。

制定了“首席专家统筹管理、分领域分头实施”的工作机制。制定了该项目的具体管理办法，确保骨干农民的培养质量。

（3）双向效果评估机制。为了确保培训效果，在训前对参加培训的农民进行测试，了解他们在生产知识、技能和态度方面的具体问题，及时调整培训内容和方法，以使培训更有针对性、技术的实用性更强、培训方法更符合农民的习性。培训过程中，为每位学员建立档案，记录学习情况，包括考勤记录、课后作业完成情况、考核成绩等，确保培养质量。课后进行综合考试，了解培养效果。每次培训活动后，会组织学员对培训班进行评估，主要包括培训技术的先进性和实用性、培训的时效性、培训方法的新颖性、培训组织的规范性等，有效促进了培训组织能力的提升和培训的效果。考核合格后颁发北京市农业技术培训证书。

（4）跟踪服务机制。研修结束后，对骨干农民生产情况进行长期跟踪指导，帮助解决生产中的问题，并组织骨干农民积极参加新品种、新技术的试验、示范、观摩与交流，将学到的技能和知识用到实践中，带动周边的农户共同发展。

（5）激励机制。30%左右的优秀学员有机会参加外埠培训，有10%左右的优秀学员可以参加境外培训。农民是农业生产的主体，改变农民传统习惯，提高农民技术应用水平，是提高农业生产水平的基础。技术推广站通过培训方法创新，做到了“理论培训+实操练习”“集中式讲座+参与式讨论”“分期培训+关键指导”“示范+观摩”“市内培训+外埠培训”“境内培训+境外培训”，形成了比较成熟的骨干农民系统培训模式，在国内首创了派遣骨干农民赴境外研修的培养方式，探索了一套农民出国途径和办法，搭建了一批境外机构平台，为今后职业农民的培养开展了有效探索。通过机制创新，探索形成了技术资源整合机制、部门联动管理机制、双向效果评估机制、跟踪服务机制、激励机制，有效保证了项目的顺利实施，尤其是双向效果评估机制的实施，大大提高了培训效果和培训组织管理能力，跟踪服务机制的建立，促进了骨干农民延续能力的提升，加快他们成为真正示范户的步伐，有效促进了农业新技术、新品种、新产品的广泛应用。

3. 取得的成效

（1）培养了一支骨干农民队伍。2008～2013年，培养了骨干农民1612名，组织1255名骨干农民参加提升培训，2014年，培养了骨干农民376名。通过培训，他们掌握了较系统的栽培知识和技术，具备较强的示范和辐射带动能力，成为一支活跃在农村的技术传播队伍。

一是骨干农户生产产量和效益均明显提高。不同作物平均亩产比培养前增加 153～2935 公斤，增幅 10.3%～32.9%；平均亩产效益比培养前增加 0.5 万～1.2 万元，增幅 12%～44%；比周边农户增产和增收幅度分别达到 21.5%～89.9% 和 25%～120%。

二是骨干农民视野得到开阔，素质得到提升。骨干农民清洁生产、资源循环、食品安全、环境保护、协作生产意识等均得到提升。

三是骨干农民队伍的示范带动作用初步显现。

（2）探索了一套骨干农民培养模式。形成了一套境内与境外相结合的国内首创的规模最大的骨干农民培养模式。首先，改变传统农民培养填鸭式、上大课、针对性差、培养形式单一的问题，制定科学系统的培养内容，采用与农时相结合、理论与实际相结合、培训教师与学员互动的方式开展研修，注重研修过程规范管理，强化“专家—技术人员—农民”技术链条，及时解决实际问题，并开展后期跟踪服务。其次，在国内首创了派遣骨干农民赴境外研修的培养方式，探索了一套农民出国途径和办法，搭建了一批境外机构平台；最后，构建了骨干农民之间的交流平台，促进了技术、经验交流和相互学习，形成了良好的学习和技术传播氛围。

（3）建立了一条畅通高效的技术传播渠道。首先，培养的骨干农民成了新品种和新技术在郊区的落脚点和传播者，建立起专家、技术人员和骨干农民共同参与的良好技术推广平台。其次，通过骨干农民“传、帮、带”作用，推动了其他农民积极向骨干农民学习，加速了新品种、新技术在广大农村地区的扩散与普及，促进了学习型农村的建设。同时，在培训和服务中发现了大量的生产需求、总结和提炼了一大批实用技术，对科研和生产具有极大的指导意义。

第四节　建构“多元一体”的农民培训新格局

习近平总书记高度重视保护农民权益，高度重视培养造就新型农民队伍，他指出，农村经济社会发展，说到底，关键在人；要通过富裕农民、提高农民、扶持农民，让农业经营有效益，让农业成为有奔头的产业，让农民成为体面的职业；小康不小康，关键看老乡。为此，我们必须从战略高度重视农民培训事业，必须从战术角度推进这项事业的健康发展，需要依据中央和北京市的相关政策、意见，结合当前首都发展的新阶段，结合郊区承担大量的疏解非首都功能和落实“四个中心”战略任务，培养出大量合格的农民，为此，对北京市开展农民培训工作提出如下思路。

（一）加强资源统筹

北京培训资源丰富，但需要加强统筹。

1. 主管部门统筹。从市、区县、乡镇三级政府来看，涉及农民培训的政府部门不少于20个，多头培训难免产生重复培训。建议在区县级层面建立由农委统筹规划本区县的农民培训；在市级层面由农委统筹市级各政府部门及区县农委的整体培训，建立统一、规范的培训管理渠道。从而清晰地制订全市的培训总体计划及富有各自特色的区县培训总体计划。

（2）人才培养方案统筹。单个培训模块固然需要，但从整体农民素质提高角度，建议最少按区县不同产业特点及人员素质状况，制定农民短期、中期、长期人才培养方案。培训内容应始终围绕人才培养方案进行。

（3）培训经费的统筹。主管部门、人才培养方案统筹确定后，应根据整体培训方案一次性给予培训经费的保障，以保障人才培养方案的连续性和持续性。

专栏　湖南省长沙市统筹资源，精准培育，打造高素质新型职业农民队伍

近年来，长沙市坚持把新型职业农民培育作为发展现代农业的战略工程、基础工程、重点工程，注重市级统筹，加强资源整合，创新培育机制，全力打造一支高素质的新型职业农民队伍，三年来，共举办新型职业农民培训班257期，培训农民超过2万人次，为全市现代农业发展奠定了坚实的人才基础。

一、突出打造“三支队伍”，实现培育对象集群

围绕都市现代农业发展定位，着力打造以新型农业企业家为引领，新型职业农民为主体，新型农技服务队伍为支撑的现代化农业人才格局。

一是打造新型农业企业家队伍。围绕新型农业企业家的特质，以现代企业制度的建立和改造为导向，以增强驾驭国际国内两个市场的能力为目标，与清华大学、中国农大等高校合作，先后组织高级研修班18期，安排学员赴中国台湾等地考察学习，共培育现代农业领军人才1250人。

二是打造新型职业农民队伍，破解“谁来种地”的问题。以培育新型经营主体带头人为目标，精选专业大户、家庭农场、农民合作社负责人进行

重点培养，全市已建立37930人的培育对象储备库，计划用四年时间进行轮训，目前已认定颁证新型职业农民1650名。

三是打造新型农技服务队伍。结合基层农技服务体系改革工作，突出提高农技服务人员整体素质和服务效能，从2014年开始，采取分类分批的方式，对全市1000多名农技服务人员进行了专业技术培训，占农技服务人员总数的80%，有力促进了农技服务队伍结构的优化。目前，全市中高级职称基层农技人员占比已达35%。

二、突出抓好“三个统筹”，实现培育资源集约

充分发挥市级统筹作用，推动整合培育力量，集聚教学资源，有效破解了新型职业农民培育过程中资金不足、师资缺乏等瓶颈问题。

一是统筹培训力量。善用外力，与中国农大、浙江大学、台湾农协等专业培训机构开展长期战略合作，实现教学资源共享。巧用内力，选聘省市专家教授担任老师，与100多名知名专家建立稳定合作关系，形成了300多人的职业农民培育师资库。凝聚合力，将中国农大、湖南农大、隆平培训、市县农广校等12家培训机构纳入市级统筹范围，充分利用乡镇农技站（农科教中心、农校）、龙头企业、田间学校承办培训项目，实现农民就地就近培训、整乡整村推进。

二是统筹培训资源。加大项目资源统筹力度，2015年市本级投入新型职业农民培育资金共914万元，区县（市）配套投入培育资金1350万元，带动乡镇、田间学校和新型农业经营主体投入培育资金850万元。加大行政资源统筹力度，整合部、省、市、县四级培训资源，统筹调度市直各部门的培训资源，对涉及农业部门的培训项目实行统一管理，提高了职业农民培育效率。

三是统筹管理服务。加强培训班管理服务规范化建设，市级会同区县（市）重点办好示范班和实验班，对区县（市）培训班市级派人现场指导，严格把好“三关”，即开班前的“方案审定关”，开班期间的“监督管理关”，培训后的“考核验收关”，实现了全市培训标准和程序的基本统一。同时，积极创新培训管理，推行“白加黑”的培训方式，充分利用夜间时段组织学员开展课堂教学、专家面对面、学员分享会、主题班会、理论考试等活动，让集中教学有效时间增加50%以上，课程增加40%以上，学员到课率提高15个百分点。

三、突出搞好“三个对接”，实现培育目标精准

指导各地因产制宜、因人制宜设置培训专业和课程，确保农民和农技人

员能够“学得到、带得走、用得上”。

一是专业对接产业发展。在培训内容上更加聚焦产业发展前沿与实际，围绕农业主导产业设置培训课程，市级先后举办蔬菜带头人、稻田生态高效种养、生态农业等10多期产业专题示范培训班。

二是课程对接岗位要求。按照加快农民职业化和农技服务人员专业化的发展导向，先后举办村级动物防疫员、花卉园艺工、蔬菜技术员等职业专题培训班，有效提高了农民和技术服务人员的职业技能水平。

三是人才对接市场需要。坚持问题导向、短板意识，围绕补齐经营管理和市场营销等传统农民培训中的短板，重点培养综合性农业人才，打造更加适合市场化需要的新型职业农民。2015年以来，结合实施“互联网+现代农业”行动计划，每年开办3~4期农业电子商务专题班，帮助专业大户和家庭农场加快融入“互联网+”浪潮，有效破解农产品销售难题。

四、突出推动“三个结合”，实现培育模式多元

通过创新培训模式，有效提高了培训的适应性和针对性，让农民由过去的“要我学”变为现在的“我要学”。

一是统一办班与自主培训相结合。采取重点专题由市级统筹，市县共办；产业专题由市级示范，县级承办；特色专题由市级统筹，部门联办；职业培训由市县指导，乡镇农校、田间学校承办等多种模式办班，构建常态化的新型职业农民培育工作机制，基本做到“月月有培训、周周有活动”。

二是课程教学与田间实训相结合。在加强理论教育的基础上，更加注重现场参观和田间教学，建立了“三个课堂”“四个基地”的现场教学模式。“三个课堂”即固定课堂、流动课堂、田间课堂，“四个基地”即农业企业、实训基地、田间学校、科普教育基地。同时，打破田间实训的地域限制，创新异地实训模式，2014年以来，市县共组织异地考察学习35批次，参加学员2100人。

三是短期集训与常态管理相结合。注重加强学员长期跟踪管理，对所有学员建有信息数据库，创新“微信+”管理模式，在全市组建了70多个新型职业农民培育班级微信群、QQ群，邀请授课专家在微信群开设专栏，目前参与学员已达6000多人。先后成立“长沙市青年农业创业联合会”“长沙市现代青年农场主联盟”等组织，为新型职业农民相互交流与合作提供了重要平台。

五、突出做实“三个到位”，实现培育机制长效

坚持把落实好认定管理、跟踪服务、政策扶持作为培育新型职业农民的重要内容，避免了“一训了之”的现象。

一是做到认定管理到位。制定《长沙市新型职业农民认定管理暂行办法》，建立包括基本要求、职业道德、专业技能、经营规模、经营效益、教育培训6个方面的评价体系，分初、中、高三级进行认定，认定结果统一纳入全市职业农民培育数据库，形成了分级培育、分级认定、分级奖励扶持的工作机制。目前，全市已认定新型职业农民1650名，全部颁发了“新型职业农民证书”。

二是做到跟踪服务到位。对所有参加新型职业农民培育的对象进行了建档立卡，作为后续管理服务和政策扶持的依据。开展“科技指导员联农户”活动，建立跟踪服务指导员制度，2015年共组织665名科技指导员，指导服务新型职业农民6580人。开展农科教结合“四进基地”活动，推动科技指导员进基地、科技专家和专家工作站进基地、科技成果进基地、科技项目进基地，2015年以来共组织科技专家进基地65场。大力开展“气象为农”服务，为2万多名新型职业农民发送服务信息350万条。

三是做到政策扶持到位。长沙市先后出台《关于加快培养现代农业领军人才的通知》《关于印发〈长沙市新型职业农民培育工程项目实施方案〉的通知》等政策文件，在项目资金安排、土地流转、生产配套设施用地、融资贷款等方面对新型职业农民予以政策扶持，各区县（市）也相应出台了配套扶持政策。通过精心培育、长效管理、大力扶持，让新型职业农民真正成为长沙市发展现代农业、推进农业供给侧结构性改革的主力军和生力军。

资料来源：根据笔者2016年10月与湖南省长沙市农委科教处夏礼平同志访谈记录整理。

（二）强化管理体制，突出全程参与

基于各地构建“一主多元”的新型职业农民教育培训体系的经验[①]，需

① 王东春、杨子江：《关于北京市培育新型职业农民的思考》，《北京农业职业学院学报》2014年第1期。

要根据不同分类标准，选择新型职业农民培育对象，制定“懂农业、懂技术，爱农村、爱北京，会经营、会管理”的“两懂两爱两会”总体培训目标、培训内容和考核办法，创新不同形式的培训模式。加快构建和完善以农广校和农民科技教育培训中心为主体，以农业科研院所、农业院校和农技推广服务机构及其他社会力量为补充，以农业园区、农业企业和农民专业合作社为基地，满足新型职业农民多层次、多形式、广覆盖、经常性、制度化教育培训需求的新型职业农民教育培训体系。同时在农民培训中，给予农民更多的选择权，让他们能够选择培训内容、培训时间、培训师资，在培训前收集农民对培训的意见和要求，最大限度地调动农民参与培训的积极性。

特别需要强调的是以农村两委干部为主的基层干部队伍培训工作必须由各级组织部门牵头抓总，并参与人才培养全过程。由组织部和农工委、农委联合组织培训学员，农工委派人长期参与课程教学与实习实践过程，做到在教学中发现问题，在实践中查找问题，及时向办学单位和组织部门反馈问题，解决问题。承担培养工程的教学单位需要在教学组织和成绩考核上及时与市委组织部沟通，与市农工委对农村基层干部的选拔任用和考核对接，让在岗村干部、后备人才和在校学生了解学习内容和教学特点，了解实习实践的关键节点，实实在在地为农村基层服务。

（三）强化分类培养，突出多样需求

通过调查，我们认为常见的转岗农民培训模式主要有以下四种：一是社区培训模式；二是基地培训模式；三是校企合作模式；四是远程教育模式。① 我们建议以公办学校为主体，适当补充较大规模的私人培训机构以及非营利组织的培训学校等培训条件较好的培训机构为培训基地，农民根据自己的兴趣爱好以及职业发展需求，就近选择适合的培训班，接受教育培训服务。也可以借助校企合作平台，将培训教室搬进企业车间，让农民在车间边学边干，了解企业的生产环节，并不断认同企业的组织文化与价值理念。培训结束后，企业根据生产需要，失地农民根据自身掌握的技能和就业需求进行双向选择，从而达到双赢。同时大力推进

---

① 鲍海君：《从保障生存到促进发展：论失地农民的教育培训体系建设》，《西北人口》2012年第5期。

“网上远程培训和网外综合服务”相结合的农广校模式，即网上组织失地农民学习远程课件，培训专家现场指导，网络电话语音答疑等形式多样的教育培训综合服务形式。[①]

特别是针对北京市农村基层干部和广大农民的特点，需要将学习对象划分为“两层三类”：在岗人员、后备人才、在校学生，针对在岗人员以大规模的短期培训为主，45 岁以下的青年村干部可以适当开展学历教育试点；后备人才和在校学生以学历教育为主，短期培训为辅，将这三类人才的选拔任用与考核和教学衔接起来，真正做到“无缝对接”，需要健全制度，规范管理，明确要求，明晰培养和培训的类别，落实北京市基层人才培育工作的实施意见，实现农村干部的持续稳定发展。

（四）强化课程安排，突出首都特色

在课程设计和安排上，需要从源头摸清当前北京农村作为“四个中心”、疏解非首都功能亟待解决的问题，针对特定的人才培养目标，开发有针对性的教学资源。需要达到北京市组织部门对农村基层干部的要求和满足村级基层岗位的需求。由专业教师与行业专家、组织部门领导、优秀两委部成立课程建设小组，从组织建设、生产发展、生态保护等方面共同进行课程开发，设计教学过程和教学内容，完善教学资源。不仅要根据组织部门对农村基层干部实际能力的要求，还要紧扣北京农村发展和人才实际需要，将学历教育与短期培训结合起来，将理论教学与实习实践结合起来，从而加强课程的针对性和有效性，也从根本上解决农村基层干部学历与能力脱节的问题。

针对北京郊区农村的实际情况，积极推进实践基地建设，由学校、组织部门、示范村共同建设一批理念先进、示范带动作用明显的京内实践教学基地，并选择有代表性的京外示范村建设实训基地，为满足教学和岗位实践提供有力保障。

（五）强化政策保障，培育合格人才

政策保障是人才队伍健康发展的基石。一是需要成立专门的机构，制定

① 鲍海君、黎默芸、俞红燕：《公共服务均等化视角下的失地农民教育培训网络化手册》，《现代教育管理》2010 年第 12 期。

专项发展规划，在区县级层面建立由区农委统筹的系统安排本区县的农民培训计划；在市级层面由市农委统筹市级各政府部门及区县农委的整体培训计划，建立统一、规范的培训管理渠道。还要制定农村基层干部选拔标准，并将取得学历的毕业生列入基层干部后备人才库，优先从人才库中选拔任用。二是参照国内外其他地区的经验。将培训经费的使用统筹起来，通过购买服务的方法，选择有效的培训单位和方式，这样也可提高经费的使用效率。农村两委干部等基层干部培训经费由财政部门给予支持，保障政府埋单，学生免费学习。三是统筹人才培养方案。建议除全面培训工作外，系统考虑农村重点人才培养的要求，将部分培训资源集中到相关人才培养上，统筹安排各个单位对人才的系统培训，加快人才的成长。需要与组织部门签订定向委培协议，保障在农村基层公益岗位就业人员的相应待遇。四是需要组织部门、学校对定向委培毕业生实行跟踪管理，定期进行考核。对服务期内考核优秀的人员，服务期满后择优选拔进入机关公务员、事业编队伍；对有发展潜力的人员，可列为乡镇领导班子后备干部进行培养。

第四章

农民培训师资

教育大计教师为本，教师是农民培训要素中最重要的因素，教师质量在很大程度上决定了农民培训的质量和绩效，对农村人才振兴甚至会对乡村振兴战略的实现产生重大影响。研究农民培训教师的现状、质量和存在的问题，是农民培训研究中的重要内容。本章研究有一线调研，也有为了提高教师素质开展的行动研究。

第一节　引言

近年来，国外普遍加强了成人教育教师的培训，形成了成人教育教师接受继续教育的体制与机制，以便成人教育教师通过进修，不断提高自身素质。尽管各国存在政治、经济、文化传统等差异，但在有效开展成人教育教师继续教育方面有不少共同之处。成人教育教师继续教育是指对在职成人教育教师进行的以扩充知识、提高教学水平为目的的一种高层次的追加教育活动。继续教育作为成人教育教师教育的重要组成部分，在提高成人教育教师的思想道德水准、改善其专业知识和专业能力结构、促进其队伍建设等方面发挥着举足轻重的作用，因此普遍受到各国的重视。尤其是近年来，随着成人教育教师专业化运动的大力推进，其发展速度和规模甚至超过了成人教育教师的职前培养。各国积极制定政策法规，采取多项措施，推动成人教育教师继续教育的发展，形成了一些共同的特点，值得我们学习和借鉴。

首先，政府高度重视立法工作。法律反映了一个国家和政府对有关方面的重视程度，它具有导向作用，也是国家和政府干预、管理和控制成人教育教师继续教育的一个重要手段。各国就成人教育教师的继续教育颁布了一系列法律和规定。美国联邦政府 1966 年制定的《成人教育法》明确规定，联邦政府教育部承担全国性成人教育师资的培训工作，各地方、社会团体、企业单位负责自己举办的成人教育所需的师资短期培训，每个州至少设立一所高等学校，负责对成人教育师资进行高等教育的培训工作。许多州政府为了保证成人教育教师在职进修，还通过立法规定了具体的在职进修期限。如田纳西州为每年 5 天，加利福尼亚州为每年 150 小时。日本在《教育公务员特例法》中规定："教育公务员为尽其责、职，必须不断进行研究和提高修养。"同时还规定："具有教育公务员任命权者，必须制订对教师在职培训方面的计划安排，确保执行。"文部省又于 1997 年颁布有关规定，改善了成人教育教师及其他教师进修制度，分别对不同水平和职务的教师加以培训。英国于 1987 年颁布《教师工资待遇法》，以立法的形式强制规定了教师接受在职培训的义务，规定教师在一年中必须履行 1265 个教学契约，其中包括 5 天的专业发展日，即在这 5 天内教师必须参加在职培训。又在 1992 年发表的《教育白皮书》中规定新任教师要有 1/5 的时间进修，正式教师每 7 年轮流脱产进修一次，力求在任何时间内有 3% 的教师能够带薪进修。丹麦于 1969 年通过法律规定，成人教育教师必须每年接受 180 小时的在职培训。瑞典规定，民众中学的工作者必须经过由林雪平大学负责进行的为期 40 个星期的培训才可任教。上述法律法规的颁布与实施，为各国成人教育教师继续教育的顺利开展提供了有力的制度保障。

其次，采取激励机制调动教师参与继续教育的积极性。为激发成人教育教师的学习动机，树立终身学习的观念，积极参加在职培训和进修，世界各国普遍制定了相应的支持性政策，采取具体的激励手段。一是实行教育休假制。法国在《继续教育法》中规定，教师服务一定的年限后，可享受一定时间的进修假，每个教师每年都有 2 周的进修学习时间，由此全部职业生涯的法定进修时间达到 2 年。自 20 世纪 80 年代起，墨西哥政府就明确规定，在职教师至少每 3 年参加 1 次进修班的学习，以不断提高自身的科学文化水平和业务水平，在此期间工资照发。瑞典规定，一年内教师为了业务进修，可停课5天，除薪金照发外，国家报销教师外出受教育的生活费等。澳大利亚政府规定，成人教育教师每6~7年就有一个学期的带薪进修假期，每年至少有一定天数的脱产进修时间。日本文部省发布多项公告，鼓励在职成人高校教师更新知识。在职教师的进修一般多采用留职停薪，学习期间还可享受高额奖学金与补助金。二是继续教育与晋级加薪相挂钩。“不接受继续教育就很难晋级加薪”，这可以说是当今国外成人教育教师的真实写照。美国为促进成人教育教师积极参与在职进修，建立了进修与获学位、加薪相结合的激励制度，即成人教育教师只要通过进修取得高一级学位，其工资便随之提高。日本在《改革教师培养与资格检定制度》中明确规定了在职教师培养、提高与晋级制度。即在成人高校任教的教师必须取得硕士或博士学位，并且教授满2年后，需要在进修学习中获得15学分以上者才可晋级，工资也随之增加。为促使成人教育教师不断接受继续教育，致力于自身的专业发展。英国教育与就业部于1997年颁布了绿皮书——《教师：迎接变革的挑战》，规定每年对教师的专业发展进行一次评估，如果通过评估，月薪可立即增加10%，并有可能获得更高的薪酬。有一些国家虽不直接与工薪联系，但提供了职务晋升的更大可能性。三是更新教师资格证书。美国一些州废除成人教育教师资格的终身制，规定教师资格的有限期限，教师必须通过进修获得一定学分或学位后才能更新证书。

最后，实现教师进修机构多元化。在国外，有着多种多样实施继续教育的机构，大致可分为六类。一是大学。大学是成人教育教师继续教育的主阵地。美、英、德等国的大学举办成人教育师资培训班或开设内容广泛、程度不同的成人教育教师进修课程，还提供成人教育硕士、博士层次的培训。二是专门的继续教育机构。如英国于20世纪90年代成立“教师训练局”，专门负责成人教育教师和普通教育教师的培训，全国遍设教师培训中心，几乎每一个地方教育当局均拥有1~2个教师中心。日本的国立社会教育研修所、坦桑尼亚的乡村工艺中心、塞拉里昂的乡村培训学院等也都是负责成人教育教师培训的专门机构。三是成人教育专业团体。如澳大利亚的成人教育协会、丹麦的教育协会和教师协会每年都为成人教育教师开设多项培训课程。德国的成人教育协会还专门为大学中的成人教师实施TEACH项目培训。四是社会组织。如美国的工会、教会机构、合作推广机构、公立图书馆、博物馆等也参与成人教育教师的培训。五是联合国或国外资助的培训机构。如苏丹在联合国的赞助下，建立了社会发展培训中心，对成人教育教师、社会福利官员等实施培训。斯里兰卡在瑞典国际开发基金会的帮助下成立培训中心，对远距离教育和开放教育的教师进行全面培训。六是跨国界的区域性合作培训机构。如沙特阿拉伯、苏丹、伊拉克等联合创建国家基础教育中心（ASFEC），对从事成人基础教育的教师、管理者进行培训。正规的培训课程学制为 12～18 个月，还多次开设短期课程，培训国家一级的项目管理人员、课程设计人员等。

除了这些共性的经验以外，一些国家的具体措施也是值得我们学习和借鉴的。

英国十分注重成人教育教师队伍建设，采取种种措施，推动成人教育教师继续教育的开展，呈现出以下特色：政府高度重视，大力推进；高校积极参与，发挥重要作用；课程设置灵活，适应学员不同需求；实施“能力培训”，侧重能力培养；注重对培训者的培训，提升其专业素养。

德国在成人教育发展过程中，既注重成人教育教学机构，又采取“国家辅助、多元化办学”的措施　充分发挥各种社会力量办学的积极性，形成了办学主体和教学机构多元化的格局，以满足不同层次成人的学习需求。民办高等学校对于德国的成人教育尤其是终身教育具有非同寻常的意义　它已成为构建德国终身教育体系的社会基础和实际载体。民办高等学校历史悠久，1876 年，在柏林建立了都市夜民办大学和工人民办大学。民办高等学校在魏玛共和国时期蓬勃发展，至 1932 年已达到 200 多所。二战后民办高等学校得以稳步发展，1976 年寄宿制民办高等学校成立乡村寄宿民办高等学校联盟　使之成为乡村民众教育的中心。

在国内，近几年对于成人学校的教师研究也出现了一些新的观点，并积极主张开展教师培训，提升教师素质。

李立新、任志英在《乡镇成人学校校长要有“三头六臂”》一文中提出，乡镇成人学校的校长应有三种头脑，即具备求实的教育头脑、扎实的科技头脑、不懈的开拓头脑。乡镇成人学校的校长应具有六种能力：科普教学能力、组织协调能力、社会活动能力、信息运用能力、实验实践能力、综合管理能力。

张洵在《乡镇成校校长现状调查与培训对策》一文中指出，乡镇成校校长存在学历层次不高、技术职称偏低、一部分人经验不足、管理能力欠缺等问题。胡培根在《新农村建设中乡镇成校校长素质探讨》一文中提出，乡镇成校校长必须具备相应的领导素质，理念创新是乡镇成校校长必备的思想素质，求真务实是乡镇成校校长应有的工作作风，知识渊博是乡镇成校校长必备的文化素质。

李运全在《乡镇成校教师应具备四种精神》中提出，成校教师应具备科学精神、创新精神、开拓进取精神和艰苦奋斗精神。显扬和王卫东在《乡镇成校教师应具备的素质》一文中提出，教师应具有师德表率、广博的专业知识、纯熟的教学技能、较强的实践技能、一专多能、创造能力和良好的身心素质。

余昌超在《刍议乡镇成校师资队伍建设》一文中，首先阐述了成校师资存在的问题：教师队伍年龄偏大，人员老化；教师队伍素质偏低，缺乏专业知识；有的教师缺乏事业心、责任感。然后就如何加强成校师资队伍建设提出了自己的建议：要改革成校用人制度，实行教师聘任制、岗位责任制、结构工资制，真正做到竞争上岗，能者上庸者下，不断优化人员配置；要搞好岗位培训，使现有教师具备成教师资的知识和技能结构，能适应农村成人教育的需要；要从有关大专院校挑选一批德才兼备、愿意从事成人教育工作的毕业生充实成校师资队伍；要聘请有关专家、技术员、专业户、科技示范户以及能工巧匠担任成教兼职教师，逐步形成专兼结合、数量充足、素质优良的成教师资队伍。

韩瑜、张维新、霍玉文等人都认为现阶段我国乡镇成校师资队伍的现状是：数量不足，结构不合理，包括专职和兼职教师结构不合理；学历结构重心偏低，专科和专科以下还占相当比例；知识结构不理想，能力结构不完善；整体缺乏专业训练，缺乏职业准入制度。李艳在其硕士学位论文《统筹城乡背景下重庆农村成人教育师资队伍建设的研究》中，首先分析了重庆农村成人教育师资队伍建设的现状与问题，以及其阻碍重庆农村成人教育师资队伍建设的因素，其后重点提出了创新重庆农村成人教育师资队伍建设的途径与方法。

第二节　农民培训师资建设现状

一　发展历程

当前，师资队伍建设是农民培训事业发展中极其薄弱的环节。从 20 世纪90年代以来，为实现我国经济结构的调整和增强“三农”事业的竞争力，国家农业相关主管部门先后在全国范围内开展了大规模农民培训项目，主要有：绿色证书工程、跨世纪青年农民科技培训工程、新型农民科技培训工程、阳光工程、百万中专生计划、新型职业农民培育工程等，这些农民培训工程取得了可喜的成就，为农村提供了大量先进技术，为农民增收致富提供了智力支撑和科技支持。

但是我们也要看到，在整个教育大发展中，农民教育培训事业的办学条件比较差，发展面临诸多困难，办学体制、人才培养模式与运行机制还不能满足当前经济建设和社会发展的需要。尤其是师资队伍，无论是在质量上还是在数量上都远不能满足当前农村成人教育发展的需要。因而，建立一支数量足、素质高、专兼职结合、比较稳定的“双师型”师资队伍，仍是当前农村成人教育工作的一项根本性任务。

随着社会的发展、科技的进步和农村产业结构的调整，北京现代都市农业的格局已然形成，新型职业农民的培育不断开展，家庭农场、合作社等生产经营方式日渐普及，农民为适应新的生产、经营形式，需要进行知识与技术的更新，农村成人教育培训的内容也要根据农业产业结构调整、农村生产实践和农民实际生活的变化进行调整与更新，这就需要从事农村成人教育的干部教师不断进行知识的更新与专业的拓展，以满足农村成人教育培训的多元化需求。

二　师资现状

（一）总体情况

目前北京市教育系统的新型农民培育已经形成了比较完备的市、区县、乡镇三级管理体系；市、区县、乡镇、村四级办学组织体系；由专业、课程、师资等组成的教学体系；由市、区县教育科研单位组成的教育服务体系。全市有涉农高等院校4所（农业大学、林业大学、农学院、农职院），区县成人（社区）教育中心10所，农村地区的职业学校13所，市电大分校10所，市农广校分校10所，乡（镇）成人学校178所，村成人学校3296所。

“十一五”期间，北京市教委投入资金5760万元，在全市建设了72

所示范性乡镇成人学校，逐步建立起了农民教育管理、运行、维护、投入的长效机制，为推动农民教育可持续发展，更好地为北京社会主义新农村建设服务提供了保障。市教委还投资3500万元，先后在大兴、房山、通州、平谷、昌平、延庆等区县的职业学校、农广校兴建从事一产农民教育培训的实习实训基地，并在基地开办田间学校。为了更好地实施“送教下乡”活动，2008年，北京市教委启动了“北京市农民教育培训流动课堂”建设项目，投入750万元为郊区县职业学校、农广校和部分乡镇成人学校配备了19人座的依维柯汽车15辆，10人座的金杯汽车14辆，车内装备了一些培训所需的电教设备，把农业科技知识送到农民的田间地头。

为弥补郊区农民教育资源不足，充分发挥现代信息技术手段的优势，大力开展农民远程教育，以信息化带动郊区农民教育的现代化，全面提升教育为“三农”服务的水平。“十一五”期间，北京市教委依托北京市农科院信息所建立了农民远程教育信息平台，并投资3400万元，在全市178个乡镇的成人学校建立了农民远程教育网接收站点，每个站点配备了远程教育接收系统、教学课件点播系统、40台以上的电脑，以及多媒体教室和电子图书室等，实现了农民远程教育“镇镇通”。北京市已有200多位专家利用该平台开展了农民培训和技术成果推广，累计推广技术、成果1000余项，极大地提高了技术辐射面。

（二）师资数量与结构

完备的管理体系、办学组织体系、教学体系、教育服务体系，为都市现代农业新型职业农民培育奠定了坚实的基础。2011～2014学年《北京教育事业发展统计概况》的数据统计显示（见表4－1），直接面向农民培育的农村成人文化技术培训学校（机构）结业生数达到2464031人次，注册学生数达到1351987人，为加快北京市社会主义新农村建设进程，培养有文化、懂技术、会经营的新型农民，提高农民的整体素质做出了很大贡献。

通过问卷调研，北京市10个郊区县农民教育培训的师资队伍建设情况数据显示，从事农民教育培训的教师（不含高职院校和技工学校）共有1004人，年龄结构基本呈正态分布（见表4－2），年龄大多集中在31～50岁，占78.18%；教师的学历结构合理（见表4－3），本科及以上学历占

表 4－1　2011～2014 年农村成人学校农民培训情况统计

年度	结业生数(人次)	注册学生数(人)
2011～2012	756949	447076
2012～2013	804835	451245
2013～2014	902247	453666
合计	2464031	1351987

86.27%；从教师的职称统计看（见表 4－4），中级及以上职称占到了 65.54%；从教师取得职业资格证书的情况看（见表 4－5），双师型教师占 17.63%；从教师承担授课任务情况的情况看（见表 4－6），有 46.81% 的教师不授课。

表 4－2　农民教育培训的师资年龄结构统计

年龄	21～30 岁	31～40 岁	41～50 岁	50 岁以上	合计
人数	65	340	445	154	1004
百分比(%)	6.47	33.86	44.32	15.34	100

表 4－3　农民教育培训的师资学历情况统计

学历	中专	大专	本科	硕士	博士	合计
人数	32	105	810	56	1	1004
百分比(%)	3.18	10.45	80.60	5.57	0.10	100

表 4－4　农民教育培训的师资职称情况统计

职称	初级	中级	高级	合计
人数	346	522	136	1004
百分比(%)	34.46	51.99	13.55	100

表 4－5　农民教育培训的师资职业资格证书情况统计

是否具有职业资格证书	无	有	合计
人数	827	177	1004
百分比(%)	82.37	17.63	100

表 4-6　农民教育培训的师资承担授课任务情况统计

授课情况	1门	2门	3门以上	不授课	合计
人数	315	156	63	470	1004
百分比(%)	31.37	15.54	6.27	46.81	100

同时，农民培训还存在师资来源渠道单一的问题。在现有培训中，师资来源主要有两个渠道：一是相对各部门的专业人员，这部分人员的专业性很强，对部门工作内容了解透彻，但部分人员授课技巧不足，有些则离不开工作岗位，用于授课的时间有限；二是从科研单位、院校等部门聘请的师资，这部分人员授课能力强，但部分人员实践知识和专业了解不足，有些优秀师资参与培训的时间非常有限。同时，我们还注意到，北京市对能够承担农民培训的师资缺乏系统谋划和整体开发，各单位培训时教师聘请的随意性比较大。[①]

北京市农民教育培训的师资队伍在不断完善，老中青结合，年龄结构合理，学历层次较高，虽然双师型教师和能授课教师数量偏少，但通过加大师资培训力度，不断强化教师基本能力训练，积极营造有利于人才成长的良好环境，提升教师的教科研能力和实践教学水平，这支队伍完全有能力胜任新型职业农民培育工作。

（三）管理体制

在师资管理上各区县探索了一些新的管理方式，得到了较好的培训效果。首先由北京市农业局组建市、区县两级师资库，组织征集了新型职业农民培育师资队伍，明确入库师资基本条件、入库程序、师资队伍管理要求等；其次，在2个示范县（区）建立和健全参与广泛的新型职业农民师资团队，以农业广播电视学校、农业职业学校为主，以市、区县、乡镇农技推广机构为辅，同时还有农学院/农科院/农职院三院、农民合作社、农业企业、农业园区、示范基地、农村乡土专家、致富与创业能手等。大兴区组建起了由果树、蔬菜、植保、畜禽养殖、“12396”新农村科技服务热线专家共100多名专家组成的培训师资库，密云区整合区内教育培训资源，申请并获批成立区农业职业学校作为专门的培训机构，有41名市、区县专家进入师资库（见表4-7）。

① 王平平：《北京郊区职业农民培训师资管理创新初探》，《北京农业职业学院学报》201年第3期。

表 4-7 北京郊区新型职业农民培训师资管理模式及特点比较

培训模式	师资来源	培训优势	存在问题
专家带动型培训	以教育机构与科研院所的专业技术人员为主，部分乡土专家为辅	资源整合较好，形成了集群优势，人才培养规模迅速扩大，人才培养周期显著缩短；教育与科研成果转化快速	专家供不应求、专家与培养对象即协议双方责权不明、专家单兵作战，缺乏合力
基地辐射型培训	以农业企业或公司的专业技术人员为主，部分高校、科研院所专业技术人员为辅	实现了人才培养与农户生产经营活动结合、人才培养与农民创业结合、企业发展与劳动者素质提升结合	企业培训动力不足且存在时限性，企业领导者个人管理理念有制约影响，基地的生产过程与人才培养过程存在矛盾
技能+基础型培训	以各地农广校、涉农类中专等教师为主，部分高校、科研院所专业技术人员为辅	全面提高了农民的受教育水平与综合素质，提升农民的职业能力，人才培养从一般的技能培训上升为系统职业教育	社会认可度不高，教育培训经费短缺，农民成人教育基础薄弱
田间学校型培训	以乡土专家为主，部分外聘的高校、科研院所专业技术人员为辅	更新了农业技术推广与培训传统形式，增强了农民学习使用科学的意识和能力，提高了农民培训的管理水平，赢得了社会各界对农民培训的支持与关注	受时间和场地约束较大，实践经验丰富的教师严重短缺
全科农技员双师合作型培训	乡土专家和全科农技员	发挥“突击队”作用，示范引领整个队伍素质提升，及时满足了农民的技术指导需求，得到了农民的认可	人员总数较少，流动性较大
产业+需求骨干农民型培训	以乡土专家，部分高校、科研院所专业技术人员为主，部分农业企业技术人员为辅	形成了技术资源整合机制、部门联动管理机制、双向效果评估机制、激励机制、跟踪服务机制等，增强培训效果和培训组织管理能力	教育内容上还比较单一和陈旧，教育资源有浪费情况

资料来源：根据访谈和相关资料，课题组成员王弢整理。

三　存在的主要问题和原因

经过多年的努力和探索，北京市农民教育的改革与发展取得了一定成绩和效果，但随着“大力培育新型职业农民”的提出，农民教育要适应新型职业农民培育，仍然存在一些问题，改革之路还任重道远。2015 年，课题组在与参加培训的农民学员座谈和实地调查后，认为农民培训的师资还存在以下问题。

（一）师资队伍总量不足

师资是开展新型职业农民培育的重要因素和基本保证。培训教师总量不足。以课题组调研的怀柔区为例。该区成人教育师资由教育培训机构的专职教师和聘用教师两部分组成。专职教师主要来自社区中心、怀柔全区职业学校、怀柔区农业广播电视学校、怀柔电大、乡镇成人学校等，这些教师相对比较稳定，主要由教育培训机构在编的教师或专业技术人员担任。这些教师又分成几类：第一类是专业技能教师，他们中部分专业课教师理论知识丰富，但缺少实践经验，授课效果不是很好，学员不是很满意；第二类是文化课教师，他们大部分是从中小学老师转岗过来，文化课教学尚可，但教技能课就捉襟见肘，难以胜任；第三类是在学校中担任管理服务的老师，这些教师来自社区中心、农广校和电大等，他们部分是培训管理者，没有专业技能，能上讲台的文化课老师不多，只能为外来聘任教师提供教学服务。综上所述，所谓的专职教师其实也难以胜任成人教育。

兼职教师来源则比较复杂，有来自高等院校、科研院所的教师，也有企事业单位等相关系统的专业技术人员，还有经验丰富的“土专家”，流动性较人。细致分析这些兼职教师，也是问题多多，有理论知识也有实践经验的教师来自市里高校，但授课需要遵照专家的时间，难以满足教学需要；土专家有一定的实践基础，但缺乏理论，也缺乏授课技巧；企事业系统的专业技术人员很多不具备教师技能，授课效果不尽如人意。

目前农民教育教师大部分是从普通教育（中学、小学）的工作人员中抽调而来，并非专职教师，从前期问卷调研中教师取得职业资格证书的情况看双师型教师占 17.63%。

比知识和技能欠缺更严重的是，部分乡镇成人学校的教师是在农村中小学“撤点并校”中被迫转岗而来，心理有落差，加之工资待遇比在中小学时低，职称评审只能到中级职称，没有前途，长期心理不平衡导致工作积极性差，精力投入不足，当一天和尚撞一天钟，不认真钻研业务，对教学管理也不上心的大有人在。

（二）师资结构先天不足

近10年，随着新农村建设和乡村振兴战略的提出，北京市建设美丽乡村的布局不断深化，全市郊区的经济社会发展出现了新的特点，农村社区都市型现代农业面临的“老龄化”“兼业化”问题也越来越突出，尽快培养一大批以农业为职业、具有一定专业技能、收入主要来自农业的现代农业从业者和乡村基层干部，解决好北京郊区“谁来种地”“如何种地”的问题，并为乡村治理提供强有力的高素质人力人才保障，就显得十分紧迫和必要。可是，培养新型职业农民的师资严重缺乏。城市化和城镇化进程中，部分农民进城成为城市居民，他们的工作性质、生活习惯发生了转变，需要进行转业培训，也需要开展观念提升的培训，但能够承担这些培训的教师十分短缺。很多社区、妇联、人社部门、组织部门等想开展成人教育、社区教育，也往往由于师资不足很难开展。

教师的整体素质有待提高。农民培训教师在应用和实践能力、对职业教育和专业前沿的追踪能力，以及对经济社会现状的认识水平三个方面均有待提高。作为从事农民培训的师资，不了解现代农业、现代农村的实际，以及城乡一体化发展对教师的新的需求，很难做到有针对性地教学。同时，培训师资的梯队层次也存在诸如拔尖人才少，专业带头人、骨干教师少的一系列问题。

当然也不乏在农民培训中投入精力、视农民教育事业为自己生命的专家教授，但这样的教师寥若晨星。北京农业职业学院园艺系副教授高照全，自2003年起开始从事果树技术的示范和推广工作，在北京的昌平、房山和通州等地，以及山东省、陕西省、山西省、甘肃省和新疆建设兵团等地建立农业技术示范推广基地80余处。重点推广了苹果开心形改造、红色梨优质高效栽培和有机果品生产等技术。苹果开心形改造技术在陕西、甘肃、山东、山西等地直接推广150余万亩，辐射1000余万亩；连续举办60多个技术培训班，培训果农和技术人员5000余人次，取得了显著的社会效益和经济效益，为我国苹果产业技术升级提供了有效的技术支撑。在高教授的成长历程中，是他的老师、昌平区科委张显川对农民的大爱精神深深影响了他（见专栏）。

专栏：苹果开心，开心脱贫

——关于推广苹果开心形技术以科技扶贫纪实

从1985年到1995年，短短十年内苹果栽培面积从1138万亩增加到4431万亩。然而，苹果长大后却很快遇到了树冠光照差、产量低和品质下降，并造成收入大幅减少等一系列问题。各地专家学者莫衷一是，老百姓无奈之下纷纷挥泪砍树。

在这何去何从的关口，我的老师、原昌平区科委张显川主任从日本引进了苹果开心形管理技术，并将该技术在全国苹果主要产区进行了推广，其中西北贫困地区的延安、庆阳、平凉、运城、阿克苏、喀什等地应用最多，效果最好。在上千万亩的苹果园推广，使数百万果农直接脱贫致富。

我自2002年就追随张老师开展这项技术的推广工作，现将相关情况纪述如下。

东渡日本求真经

张显川老师1991年在日本青森县考察时看到日本的苹果树都采用开心树形，果实又大又红，品质好，产量高，和我国的管理模式完全不一样。他还看到那里的苹果都是论个卖，一个苹果的价钱几乎可以买到我们一筐子苹果。而这种开心树形管理技术，正好可以解决我国苹果光照差、品质差、效益低的问题。在震撼之余，张老师下定决心：砸锅卖铁都要把这项技术引进过来，不干成死不瞑目。

决心好下，做到太难！自己没有果园，没有人，也没有钱。怎么办？张老师先是在昌平区官高村承包了500亩的荒地；又跑遍各级部门争取资金；然后与日本板柳町谈技术引进事宜。张老师时任昌平区政协副主席、科委主任，但他把自己的办公地点硬是搬到荒地里，搭个窝棚居住，捡把柴火煮饭，并把这里起名为：中日友好观光果园。他指着这片荒地对大家说：“我们要在这里生产出中国最好的苹果，不论斤卖，论个卖，每个10块钱。”亲近者听了伤心不已，疏远者听了哈哈大笑。好的苹果都卖不了5毛钱，你这片荒地还能结出金疙瘩吗？

缺乏技术是最大的难关，张老师对日本青森县板柳町的町长竹浪春夫说："你们说怎么办，我就怎么做。要是需要浇香油，我就去买香油给每棵树都浇上。"日本朋友看他如此真诚，特别感动，当即表态：无偿援助中国苹果苗木和管理技术，免费提供专家指导和每年接待6名技术人员赴日培训，相关费用都由日方负责。1993年6月23日，板柳町和昌平签订了长期的苹果技术指导服务协议。

没钱雇人干活，张老师就带领科委职工一起整地、挖坑、栽树苗……由于年龄大，劳累过度，造成腰椎间盘突出，住进了医院。当时的北京市科委主任邹祖烨听说后要来看他，张主任挣扎着起身，请邹主任到中日果园见面。指着他的那片荒地向邹主任描绘心中美好的蓝图。邹主任特别感动，当即表态：今后张主任无论有什么要求，市科委都要全力以赴支持。后来科技部、国家外专局等部门也都立项支持，10年间先后给予扶持资助经费达2600余万元。

板柳町选派苹果专家石泽重信先生每年来华指导，坚持9年多，共36次来华，板柳町还先后接纳中国研修生21人次在日本研修1年，学习日本苹果的开心形管理技术。张老师也先后19次到日本考察学习，石泽先生对张显川的执着精神非常佩服，9年间倾情相授。2001年石泽先生因病去世，临终前他攥紧张老师的手说："一定要把我一半的骨灰埋在中日果园，我要看着日本的苹果技术在中国大地上生根发芽。"

在各方大力支持下，中日果园到1998年就初见成效。2000年培养出了和日本一样又大又红的苹果，每个苹果货真价实地卖到了10块钱！前来观摩考察的人越来越多，大家都没想到中国也能产出这样高品质的苹果。中日果园的实践证明，开心形苹果管理技术是适合中国的。但张老师还有一个更大的心愿，那就是把中国的苹果树都改造成和日本一样的树形，让更多的果农从中受益。

苹果变成摇钱树

2001年，张老师先在昌平全区建立示范基地，将开心形技术用于苹果大树改造上，先组织全部基地的26名主管和技术员去日本考察，开阔眼界；又在各个示范点进行指导示范；还从区财政中申请专项补助经费，每年200多万元。天道酬勤，当年改造示范点的苹果都大了、红了，亩收入增加了3~4倍，苹果改造技术在昌平一炮打响。

2001年金秋，科技部原副部长邓楠到中日友好观光果园考察。她一到果园就被又大又红的苹果震撼了，当即要求张老师到延安去改造那里的苹果树，进行科技扶贫，并指示相关部门马上部署落实。当月底，张老师邀请延安市科技局有关领导率团到中日果园实地考察，并于当年11月开始多次到延安协调指导苹果大树改造工作。在延安的洛川、富县、宜川、黄陵和宝塔5个苹果主产县建立了8个示范点，300亩示范果园，每次都亲自去进行培训指导。

宝塔区姚店镇叶张鸿有6.3亩苹果园，改造之初我们问他每年能挣多少钱，他说“我从来都没挣过钱!”“6亩多地一年最多卖3000多块钱，一亩地不到500元，除了农药化肥、工具水电，自己一分钱也没挣着过。”2002年改造后，当年就获得苹果收入18000元，2003年苹果收入23000元，随后几年叶张鸿的果园连年增收，他使用苹果园的增产收入，盖起了大瓦房，买上了新汽车，还给儿子娶了媳妇，实现了自己家庭的脱贫致富梦。

开心形改造技术当年改造当年就能增产增收，为延安老区百姓脱贫致富提供了一条实用便捷的好途径。到2004年，仅延安市就推广应用了70多万亩，到2006年陕西全省已推广应用200多万亩，每年促进果农增收100多亿元。陕西苹果面积从2002年的327万亩增加到2016年的1057万亩，成为我国乃至全世界苹果生产的中心。

我是2002年结识张老师的，从他身上不但学到了苹果技术，更学到了为民请命的精神。张老师到延安等地推广苹果开心形改造技术时，他已是60多岁的老人，身体也不好，可他却一门心思扑在苹果事业上，3年间先后29次到延安，每次10～15天，把5个县的8个示范点全部指导一遍。2004年，有一次我陪他在延安调查时，他因前列腺硬化而小便出血（后在化验中出现癌细胞），可他却不让说，坚持指导完全程。张老师对农民的大爱深深打动了我，于是我下定决心，一定要帮助他老人家把苹果改造技术做下去。接着我便辞去了铁饭碗，割掉心头爱，来到张老师的果园工作，全力以赴进行苹果改造技术的推广。2004年，日本著名苹果专家末永武雄先生和中国农科院吴毅明老师也鼎力相助，我们组成一个“苹果四人帮”一起进行这项技术在全国的推广。

2004年10月30日，国家发改委西部开发办主任李子彬到张老师的果园考察，看到一片被废弃的老果园，竟然结出了一个个又大又红的苹果，特别高兴。当即指示让张老师到干旱贫困的甘肃省继续进行苹果扶贫工作。2004年，我们先在兰州选择2个点进行示范，2005年就取得了增产增收的良好效果。随后这项技术在庆阳、平凉、天水等苹果主产区进行了大规模推广，3年间仅我们承担的项目就推广了50万亩，平均亩收入为5870元。由于苹果开心形技术增收效果特别显著，带动甘肃省的苹果面积从2004年的260万亩增加到2016年的440多万亩。这些地方基本都是贫困地区，苹果产业已经成为当地农村的主导产业。多少果园红满天，多少百姓笑开颜！

苹果树是果农的命根子，大家对果树技术有天生的渴望。刚开始我们在甘肃举办现场培训班时，当地主管部门提前通知当地果农前去学习，由于果农热情太高，一下子去了六七百人，以至于下次再去都不敢提前通知大家了，以免人太多损坏果园。我至今还清楚地记得2008年5月12日中午，我们正在甘肃宁县一处苹果园进行技术指导，四川汶川发生了特大地震，宁县由于离震中较近，当时群山乱颤，黄土飞扬。地震后信号全无，家人生死不知，可是听课的几十名果农无一人离开，大家蹲在地上，热切地听我把技术讲完。

山西运城市万荣县有位果农叫闫振元，他原是村里的党支部书记，并带领村民把全村的地都种上了苹果，可没结几年好果，产量品质就下来了。他听说开心形改造技术能解决这个问题，就自己来到北京请教，并邀请我们到山西运城去搞改造。2004~2006年我每年冬天都去他家待几天，连续给他剪了3年树。2004年改造第一年他家1.5亩示范园收入从3000多元增加到6000多元，第二年增加到9000多元，第三年增加到9700元。同样的树，经过开心形技术的改造，纯收入就增加了好几倍，周围果农纷纷前来学习，几年间超过2万多人去参观。后来万荣县政府专门请我们在全县推广这项技术，为山西全省苹果产业技术升级提供了支撑。《科技日报》对此以“他把苹果变成农民摇钱树”为题进行了专题报道。

2006年，新疆维吾尔自治区科技厅邀请我们到阿克苏、喀什、伊犁等地建苹果大树改造基地，改造后当年，示范基地的苹果单果重量就由180克增加到255克，亩收入增加到1万多元。后来在阿克苏、喀什、伊犁等地得到了大面积应用。过去阿克苏的苹果出不了新疆，现在北京价格最高的苹果就是阿克苏苹果。2006年12月29日《科技日报》刊登了“苹果专家亚克西、科技援疆亚克西”的报道。

从2001年到2010年，我们跑遍了大西北所有的苹果主要产区，把一棵棵的苹果树变成了农民的摇钱树。多少农家从入不敷出，走上了小康之路。记得2003年我们搞培训时，多数果农都是骑自行车或走着来的；几年之后再培训时大家就骑上了电动车；现在再回访那些老果农，很多人家都买了小汽车，盖了新楼房。西北地区一直都是我国最为贫困的地区之一，可是西北这些有苹果的农村不断翻新房屋，硬化路面，农村面貌比山东、河北等很多沿海省份还好。一项技术改变了一个产业，一个人带动了几百万人致富，如此壮举怎能不让人赞叹！

斯人已去谁与共

2010年，我们在甘肃的苹果项目完成后，张老师因操劳过度，前列腺癌日益严重不得不中断了自己心爱的事业。相关技术基本成熟，我们用了3年时间，一起编写出版了三本专著。

2013年，张老师的身体状况稍有恢复，就不顾年老体弱又到山东指导并推广了樱桃大树修剪技术，也取得了非常好的效果。2015年6月13日，张老师在泰安市岱岳区讲课时忽然胸口剧痛，不得已回到北京检查，当时也没查出什么病状。没过几天，6月19日凌晨，老人家在睡梦中溘然离去。在他头天晚上的工作日记中还写着："明天去王茂家樱桃园……"

2015年张老师去世后，山西万荣的闫振元给我打电话说，"张老师去世了，你要继承他老人家的遗志，继续把开心形的技术做下去，果农们都需要你。"位卑不敢忘国，民忧岂能袖手。这几年我每年去万荣4～5次，指导苹果开心形的管理技术。当地的老百姓对技术还是那么如饥似渴，2015年12月5日，由于白天行程安排得太满，有一个叫百帝村的地没去成，但当地的果农一直等着，非要我去讲课，从晚上19点讲到21点多，在村里露天的大舞台讲了2个多小时，大家的脚都冻麻了，也没有一个人离开，反而听课的人越聚越多，有的人还扛来小被子听课。2015年12月7日，在万荣县大礼堂举办培训班，原来预计二三百人的培训班竟然来了六七百人，而且这些人上午听了3个小时，中午还非要去地里剪2棵树，剪完都1点多了，大家还意犹未尽，围着我问个不停。最让人欣慰的是，经过这几年的努力，我们在原来大树改造成功的基础上，又让当地果农学会了开心形改造后的管理技术，张老师和末永先生念念不忘的心愿终于实现了。只是我势单力薄，影响有限，没能让更多的果农掌握到这项技术。

近几年，常有果农朋友来问我："我们改造后的果园，结了几年好果，可这几年又慢慢不行了，该怎么办呢？"斯人已去，谁来答？

作者：北京农业职业学院农业科技推广副教授高照全

（三）经费投入不足

教育系统进行农民教育培训，普遍存在经费不足的现象。虽然国家财政对农民培训投入的经费总体数量较大，但中央和各级财政投入农民培训的资金就像切蛋糕一样被切割给多个部门，各大部委都在进行农民培训工作，而最后直接面对农民进行培训的任务却是教育系统的乡镇成人学校，可以说是"上面千层线、底下一根针"，乡镇成人学校面临来自不同上级部门的培训任务，应接不暇。各个部门的培训资金标准和使用方式各自为政，部门利益倾向严重，真正用在学校建设和发展上的资金有限，缺少长远规划。

而且能够投入师资队伍建设的资金更是不足。不得不面对郊区成人培训师资不规范、无学历、无教师证、没有经过教师专业培训、素质参差不齐、培训整体水平不高、难以满足实践培训需求和外聘教师难等诸多问题。同时，很多教育培训机构在师资聘任和考评上没有具体标准，比较随意，严重地影响了教师的授课积极性和进行农业科技研发、推广的动力。

（四）师资激励机制不足

各级涉农机构的激励机制尚待进一步完善。主要表现在关注教师教学和科研工作的"量"，而忽视了教师教学和科研工作"质"的提升。在分配手段上，基本还是平均主义的"大锅饭"；在资金投入方面，注重硬件环境建设，忽视教学科研软件要素投入；在评价标准方面，往往表现为机械使用本科院校标准等。教学名师的培养机制、优秀教师的选拔与培养机制，以及教师考核评价机制等还远没有形成，导致部分教师的活力不足、创造力不足、上进心不足，甚至出现了职业倦怠。

四　师资培养创新

多年来，北京市培育新型职业农民的工作中存在培训方面的不足和空白，主要体现在师资方面：专家教授的培训专业性强，农民学员听不懂；“土专家”技术强、经验丰富，却不擅长教学方法，讲授时常常事倍功半；外聘专家教授的专业性强，农民学员不易听懂。但是在工作实践中也发现了一些特殊学员，他们有技能，能致富，经验丰富，乐于助人，愿意带动周边人一起致富，他们身上都有可以让人借鉴和学习的专长，并且这些技能专长是农民、社区居民所需要的。为了提升培训教师开展农民培训的专业知识和技能，北京市相关机构开展农民培训教师培养的主要做法如下。

（一）职业院校教师素质提高工程

“十一五”期间，北京市以职业院校教师素质提高工程（以下简称工程）为依托，加强职业院校教师队伍建设，促进职业教育的内涵发展和质量提高，以更好地适应经济社会发展对教育的需求，满足人民群众对优质教育的需要，推动职业教育再上新台阶。2012 年，北京继续实施该工程，并做了改进。工程中的农林类专业教师培训基地承担对全市 20 所农林类院校专业教师教学理念、教学方法、教学能力、专业建设、课程开发等方面的培训工作。我们详细了解了该基地运作情况，并通过解剖该基地的运作方式深入把握北京城乡一体化师资体系建设的成效、取得的效果和影响，并对基地建设提出我们的思考和建议。

该基地明确培训的内容有以下几点。

一是加强教师综合能力培养，如教学能力、科研能力、课程开发能力等。

二是提升教师实践能力，促进双师型教师队伍建设，如专业技能培训、技能大赛、企业实践等。

三是持续开展企业调研，深入探索校企合作的途径与方法，促进专业与行业、企业的紧密结合。

四是通过开展课程设计比赛、说课大赛等活动将培训成果及时地固化和推广。

五是组织选拔优秀教师到国外学习和参加培训。

基地的培训内容在运行中逐渐明确，培训认识逐年增加。2012 年，师资基地以提升骨干教师实践能力为突破口，以双师型教师队伍建设为重点，以实现教师的专业成长为目标，通过集中培训、院企调研、专项技能培训、企业实践、评比竞赛、国外培训等形式开展了各项培训活动。全年参与活动的人数达到 1351 人次，培训活动达到 23370 课时。

通过院企调研、企业实习、中外职业教育理念培训及境外培训或境外学习，广大教师在职业教育理念方面有了很大程度转变。改变传授式教育方法，在教学过程中激发学生的学习兴趣，以培养学生的职业能力和社会能力为目标，培养学生发现问题、解决问题的能力。在重视学生职业能力培养的同时，更加注重学习方法和社会能力的培养。

通过培训，广大教师在课程教学中广泛使用了行动导向教学法，使教学设计时尚，内容丰富，形式多样，摆脱以往枯燥的教学方法，激发学生的学习热情。在教材编写方面，注重以企业生产过程为主线的实用教材，请有现场经验的企业专家编写。采用单元模块形式，注重吸收新标准、新规范，不按学科体系编写。在教学设备方面，积极与企业合作，将开发虚拟现实的技术应用于职业教育中，更大力度地开发三维动画技术及互动、仿真软件。在教学内容上适度超前，将最新技术、设备、工艺等向学生介绍，及时更新教学内容。

（二）师资培养（北京农业职业学院师资培养案例[①]）

“教学工厂”模式是新加坡南洋理工学院林靖东院长提出的一种职业教育模式，其优势在于职业院校毕业生以适应实际工作岗位的需求为核心理念，借鉴德国“双元制”的师资管理特点，将先进的教学设备、真实的企业环境引入学校并与学校教学有效融合，形成学校 + 基地 + 企业的“三位一体”综合性教学模式。[②] 为此，我们可以结合农业生产的实际，创新设计一种将农民生产技能、企业生产与学校教学有机结合的新模式，以学院为本位，在现有教学系统（包括理论课、辅导课、实验课和项目安排）的基础上，全方位营造田间工厂的实践环境，使理论教学与生产实践教学有机结合，达到培养学生的实践能力和师资队伍素质与农业生产实际、企业生产流程相接轨的综合教学目的（见图 4 – 1）。

---

① 本部分内容作为课题阶段成果曾经发表，见王平平《北京郊区职业农民培训师资管理创新初探》，《北京农业职业学院学报》2017 年第 3 期，收入本专著时有较大删减。

② 白彦婷：《新加坡“教学工厂”的经验与启示》，《职业教育研究》2007 年第 12 期。

图 4-1　新型职业农民培训的田间教学工厂模型结构

教材、师资和企业生产是“田间教学工厂”教学的关键要素。在师资管理上，招聘的教师不仅要有大学以上学历，而且要具备 3 年以上的农业企业工作经验。这些教师不仅带来了他们的学识，带来了他们的工作经验，而且带来了企业的生产关系，带来了企业项目。正是有了这些既有较高理论水平，又有企业实际工作经验的教师，才保证了“田间工厂”项目教学的实施。2013 年组织召开了学院首次师资队伍建设工作会议。会议提出学院将进一步以推进人才强校战略为引领，加快建设一流师资队伍的步伐。以加强教师职业道德和能力建设为核心，以加强双师型教师队伍建设为重点，以创新制度和机制为动力，以完善培养培训体系为保障，以实施“十百千”教师素质提高工程为抓手，建设一支品德高尚、素质优良、结构合理、规模适当、专兼结合的高素质专业化教师队伍，实现综合实力达到全国职业院校一流水平的学院师资队伍建设整体目标。会议讨论并出台了《进一步加强师资队伍建设的实施意见》及配套的“名师培养计划”“专业带头人和优秀中青年骨干教师培养计划”“双师素质提高计划”“兼职教师队伍建设计划”“师德师风建设计划”的“1+5”文件。学院将投入 1400 余万元作为经费保障。还陆续制定了《北京农业职业学院客座教授聘用办法》《北京农业职业学院兼职教师、兼课教师管理办法》，完成学院首批 19 名客座教授的评选聘任工作，并使校外教师聘任管理工作进一步规范化、制度化。2014 年又制定了《北京农业职业学院农业技术推广教师考核办法》，明确了农业推广教师的考核办法，采取了定量考核与定性考核相结合、目标考核与动态考核相结合、以考核工作实效为主的考核办法，并对在乡镇挂职的专业技术人才和干部采取了电话检查、工作日志、企业走访等多种形式来加强管理和考核，进一步提高了教师实践技能（见表 4-8）。

表 4-8 北京农业职业学院“十二五”期间乡镇挂职干部情况汇总

单位：人

年份	2011	2012	2013	2014	2015
参加人数	第六批 29，第七批 28	第八批 15	第九批 13	第十批 15	第十一批 12
社会实践教师人数	40	37	30	24	8

（三）北京市农业广播电视学校师资培养经验

北京市农广校每年都针对区农广校教师及管理人员进行师资培训，提升教师的教学水平及管理人员的管理水平。从 2012 年起每年确定不同的培训内容和培训重点。

其一，2012 年，市校在组织中青年骨干教师培训，聘请市专家团队进行培训时，培训的主要内容如下。

（1）了解田间学校的发展背景及发展现状，强调农民田间学校要科学运用新型参与式培训方法，以农民为中心有针对性地开展农民培训。

（2）系统讲授农民田间学校基本要素与内容、田间学校的主要特点与培训原则、开办农民田间学校的基本程序与管理、教师需要具备的基本素质等。

（3）重点培训了开办农民田间学校中的需求调研和农民参与式培训方法，包括需求调研准备、实施、分析、问题总结、课程设置、培训技巧和学习团队建设等。

（4）培训教师掌握农民田间学校的教学内容，将复杂的理论知识转换为简单操作方式传授给农民，课堂上大多采用参与式、互动式和启发式的新型培训方法。

（5）提升体系内教师的业务能力和综合素质，全面提高本市农广校的教育、教学水平，促进京郊农民教育事业健康发展。

其二，2013 年，针对阳光培训及文化驻乡工程对教师及辅导员进行专题培训。培训内容是：都市农业的发展及新型职业农民教育、阳光工程培训管理、科技文化融合与农业技术推广、文化驻乡的教育教学模式、农民培训与学历教育结合、首都地区培育新型职业农民、提升农广校战斗力、做好信息宣传工作、农民教育培训的教学设计、参与式的培训方法、音乐鉴赏及广场舞的编排练习等。

其三，2014 年，实施新型职业农民培育工程，抓好探索建立培育制度、组织开展示范培育、建立健全培训体系三项任务，构建一支强有力的师资及管理队伍。培训内容主要包括：培养造就高素质新型职业农民队伍、都市农业背景下新型职业农民教育、新型职业农民课程“微课视频”的制作方法、新型职业农民培育操作规范、参与式农民培训的理念和技巧、培养新型职业农民的经营主体等。

其四，2015 年，为贯彻落实中央一号文件精神，启动实施新型职业农民培育工程，探索构建“三位一体、三类协同、三级贯通”的新型职业农民培育制度，培养一支有文化、懂技术、会经营的新型职业农民队伍。必须建立一支高素质的‘创业培训’师资队伍，扎实开展新型职业农民的创业培训，培养愿种地、会种地、种好地的新型职业农民。此次培训班分为管理者及教师两个培训班，从不同的角度开展培训，培训内容如下。

（1）校长培训班。主要培训内容包括“三农”政策解读、新型职业农民培育的组织实施、北京农业发展的趋势、农民中等职业教育的管理、农村成人教育的发展、农广校的建设与发展、新型职业农民培育与农民中等职业教育等。

（2）教师培训班。主要培训内容包括“三农”政策解读、新型职业农民培育的组织实施、北京农业发展的趋势、现代技术（慕课、微课）在教学中的运用、如何上好一门课、教学方法的创新、现代新型农业技术现状及在教学中的运用、教师教学能力的提升等。

其五，2016 年，为有效破解新型职业农民培育中“低水平简单重复”和“搞培训不抓队伍”的问题，使培育对象与新型生产经营主体对接、培育目标与现代农业产业发展方向对接、培育方式与农民学员实际需求对接、培育过程与中等职业教育对接，切实提升新型职业农民培育质量。利用网络资源，将线上与线下学习相结合，提高教学质量，构建一支线上教学及线下辅导教学的强有力的师资及管理队伍。

（四）北京市开展乡镇成人学校师资建设的经验和做法

北京市教育科学研究院结合北京市农村职业教育和成人教育发展现状，从 2015 年起，开展基于职成一体背景下“互联网 + 新型职业农民培育”的农村成人教育学习资源建设以及学习成果认证，对全市农村成人教育的干部教师进行系统培训，为全面推动农村成人教育的改革与发展奠定基础。

1. 开展师资建设步骤

(1) 深入调研，了解需求。

首先组织召开了农村成人教育干部教师培训需求调研工作会，昌平、通州、房山、大兴、门头沟5个区教委职成科、职成教研室以及相关学校负责人参加调研会。通过调研会了解5个区和相关学校干部教师的实际情况以及培训的需求情况。随后，又深入延庆、门头沟、大兴进行实地调研，详细了解农村成人教育干部教师的培训需求。

(2) 确定主题，制定方案。

根据前期调研的结果，结合“互联网 +”时代的教育背景，确定了每年师资建设的主题。

2016年农村成人教育干部教师培训的主题为信息化教学，培训目标主要是全面提升农村成人教育干部教师的信息化教育教学理念与运用信息技术开展教育管理与课堂教学的能力。

同时，根据农村成人教育的特点和实际情况，确定了“线上自主学习为主，线下集中辅导为辅”线上线下相结合，“以老带新学员为点，线上学员为面”以点代面的培训方式，“专业导学 + 同伴互助 + 教学实践 + 成效评价”的线上、线下混合式的学习方式来探索互联网 + 背景下，农村成人教育干部教师培训的有效方式。并且设计了“信息化教育教学理论”“信息化教育教学技能”和“专业拓展”三个模块课程，以及相对应的数字化课程资源，制订了详细的培训计划、学习要求和时间安排表。

(3) 研发平台，定制课程。

为了适应农村成人教育的实际，满足干部教师培训需求，确保培训方案的顺利实施，职成教研中心联合北京开放大学开发了“互联网 + 课程 + 教师”的线上学习平台——“北京职成教研”。学员可以根据阶段课程安排，自主选择时间，选择自己需要和喜欢的课程来学习，并通过完成作业和跟帖参与讨论的形式，进行学习过程的管理。在平台上为学员们提供了包括电子书、视频、PPT等多种形式的学习资源，专门请专家做了系列微课学习资源、录制了系列专题讲座学习资源；并将教研中心和开放大学近年来开发的视频教学资源，以及近年来北京市和全国职业教育信息化大赛的获奖教学设计等作为专业拓展学习资源，以满足农村成人教育多元化的教育培训需求。

（4）平台启动，报名注册。

经过前期的充分准备，2016 年 5 月 12 日，“北京职成教研”线上学习平台正式启动。学习平台一上线就得到京郊农村成人教育广大干部教师的积极响应，10 个区的 569 名干部教师报名参加线上学习。为方便干部教师注册、学习，教研中心印制了导学手册，并开通了微信交流群和 QQ 交流群，在启动会当天，现场就有 197 人通过二维码扫描加入学习组群。

（5）自主学习，过程监测。

学员注册成功后，就可根据自己的时间自主选择学习内容，登录平台进行学习。完成规定学分的学习后，参与研讨、完成作业，系统就会自动生成学员的学分，没有完成规定学分的学习、没有提交作业等情况在学员的登录页面会有显示和提醒，实现了学习过程的实施检测。

（6）以老带新，以点代面。

在面向全体农村成人教育干部教师开展线上培训的同时，教研中心还成立了“以老带新”工作室，为京郊各区培养青年骨干教师。以老带新工作室设计了科研能力、教材开发、基地建设、“互联网 +”、翻转课堂 5 个研究方向，成员根据个人专长和培养方向，分为 5 个小组，聘请了 5 位农村成人教育专家为 5 个小组的导师，带领学员们分别在 5 个方向进行深入学习。同时，通过这些青年骨干教师带动各区干部教师的线上学习，起到“以点带面”的作用。

（7）集中问题，集中培训。

为了帮助干部教师用好线上学习资源，指导线上学习，解决线上学习以及实际工作中遇到的问题，帮助教师们顺利完成线上学习，并将线上学习内容有效地运用到实际教育教学中，根据干部教师线上学习情况、参与情况以及跟帖留言等反映出来的问题，教研中心适时组织开展线下集中培训，及时解决干部教师线上学习的问题与困惑。先后聘请了北京农业职业教育研究所所长马俊哲教授和北京市农广校朱启酒校长，做了题为“北京市农村成人教育的形式与展望”和“当前形势下新型职业农民培育的重点工作和工作方法”的讲座。为了帮助干部教师充分认识信息化以及信息化教学的重要性，先后聘请了教育部职业院校信息化教学指导委员会副主任魏民和北京电子科技学院副院长于京，做了题为“新形势下农村成人教育信息化理念与发展趋势”和“信息化教学的理念、趋势和要点”的专题报告。针对2016年的培训主题，帮助干部教师掌握信息化技术以及教学设计中的运用，先后聘请了北京教科院职成教研中心的马开颜教研员和北京开放大学的韩博士，做了“信息化背景下教学设计应该注意的几个问题”和“农村成人教育的信息化教学设计”的专题培训。同时，还根据干部教师的实际需求，聘请了北京农职学院张天琪教授、首都师范大学的王博士以及北京市农广校的李凌教授，为干部教师们进行了“蓝墨云课班的功能与使用”“参与式培训”等专题培训。

（8）作业竞赛，检测效果。

为了激发学员的学习兴趣和动力，除了制作微课作品和提交信息化教学设计的作业外，职成教研中心针对线上学员，组织了微课大赛和信息化教学设计（说课）大赛。学员们的学习效果得到了检验。

2. 实施效果

（1）改变培训方式，实现线上学习，线下辅导。

农村成人教育干部教师培训，以线上学习和线下辅导相结合，解决了教师工作忙、调不开课无法参加培训的问题，给了教师们更多的自由和选择。针对线上学习不能解决或线上学习中遇到的问题，适时组织线下集中培训和辅导。

（2）改变导学策略，实现导师引领，同伴互助。

将线上学习变被动接受为主动学习，并将所有学员分为5个大组，每个大组聘请了一位农村成人教育专家为导学教师。导学教师在每个学习阶段中提出问题，引领学员们学习，并随时解答学员们学习和工作中遇到的问题。5个大组又分为40个小组，小组长负责组织本组学员参与线上讨论、交流学习心得。学员们也把自己学习和工作中遇到的问题在交流圈里提出来，大家集思广益，互相帮助。

（3）改变课程形式，实现多种资源，自主选择。

线上模块课程提供了多种形式的学习资源，可以满足农村成人教育培训多元化的需求。三个模块为学员们提供了包含信息化教育理论、信息化教育技术、优秀课例等20门课程的微课、电子书、视频等学习资源，同时提供了15个门类180集40987分钟的专业拓展学习资源。并且根据干部教师的学习情况，增加了专家讲座、领导讲话、精品说课和资源制作4个门类的拓展资源。学员们可以根据自身的知识体系结构、实际工作需求、专业延伸以及兴趣爱好，自主选择课程资源，进行系统性的学习；也可以自主选择一门课程资源中相关内容，进行选择性学习。

（4）参与面大，完成率高。

2016 年，京郊 10 个区共有 569 名干部教师参加了线上培训，其中房山 173 人，大兴 113 人、延庆 88 人，计划是全区农村成人教育干部教师全部参与，参训教师规模是历史之最，也是线下集中培训所无法达到的。同时，学员们学习的热情高、兴趣浓，完成率高。第一模块必修课完成率为 98.6%，选修课完成率为 98.2%；第二模块必修课完成率为 93.7%，第二模块选修课完成率为 93.2%；第三模块的完成率为 85%。三个模块学完后，共有 486 名干部教师取得了由北京开放大学和职成教研中心共同签发的结业证书。

（5）重点突破，普遍提高。

根据干部教师的学习需求和农村成人教育的实际，精心设计的学习平台和学习资源，使线上学习的广大干部教师的信息化技术与运用有了极大的突破，559 名学员中，468 名学员上交了自己制作的微课作品。经 5 位导师的集中评议，普遍认为学员们制作的微课技术规范、环节流畅、画面和音质清晰，思路清晰，内容实用，微课的效果普遍较好；同时，500 余人上交了信息化教学设计，经区县推荐 69 名教师参加了信息化教学设计（说课）比赛，评委们认为参赛的教师在教学设计中信息化技术都得到了有效的运用，起到了优化教学的作用，说课的课件也比较精致，反映出教师们信息化教学的能力和水平有了普遍提高。

3. 问题与建议

（1）主要问题。

几年的干部教师培训工作虽然取得了一定的成绩，但是也存在着不足和有待提升的空间。

一是线上学习平台的功能还不完善。

由于是初次开发和使用，线上学习平台的功能设计不够充分，一些功能还不能实现，或者实现得不够理想。比如：看不见学员在线学习的时长、不能随时看到学员已经取得的学分等。

二是线上学习资源还有待进一步丰富。线上学习资源还有一定的局限性，线上学习的组织方式和过程管理还不是很科学。

（2）建议。

一是应进一步完善线上学习平台的功能。根据实际情况和导师以及学员的反馈，对线上学习平台进行改进和完善。

二是进一步丰富线上学习平台的资源。根据干部教师的实际需求，继续开发更多形式多样、内容丰富的线上学习资源。

三是继续探索农民继续教育学习成果认证管理办法，创新人才培养模式。

新型职业农民中等学历教育“线上线下融合”学习成果认证，可以最大限度地满足新型职业农民对学习内容、学习时间与学习方式的需求，能够促进新型职业农民中等学历教育和农村成人教育的发展，创新人才培养模式，是完善不同类型学习成果的互认与衔接机制。下一步的重点是进一步修订学习成果认证标准，完善细则，建立学习成果认证体系，为健全终身教育服务体系奠定坚实的基础，推进“互联网＋”背景下农村成人教育教学的改革。

第三节　行动研究：学习共同体构建与农民培训师资库建设

为了把握农民培训教师的成长规律，课题组与怀柔区成职教研室从2015年起利用开始行动研究，形成阶段报告如下。

一　项目背景

我们调查发现，怀柔区在成人教育师资队伍建设方面存在着几个问题。

一是总量不足和结构性短缺矛盾突出；二是师资队伍建设的资金投入相对不足。怀柔区成人培训师资存在不规范、无学历、无教师证、没有经过教师专业培训、素质参差不齐、培训整体水平不高、难以满足实践培训需求和外聘教师难等问题。

教育大计，师资为本，师资的缺乏成为制约怀柔成人教育的障碍和短板，但在短时间内引进大量师资也不现实，开展创新工作，建立一支数量足、素质高、专兼职结合、比较稳定的双师型师资队伍成为怀柔区成人教育工作中一项根本性任务。

怀柔区成职教研室在对怀柔成人教育的重点内容、师资现状充分调研的基础上，确定创新工作思路，抓住培训的短板和重点任务，以培养当地乡土专家的授课技巧和专业能力为主，通过培训建立起一支专业齐全、素质不断提升的教师队伍，这支队伍既是社区成人教育师资队伍，又是担任新型职业农民培训任务的队伍。

培训目标是在北京怀柔区逐步建立一支懂专业、能上课、能基本满足当前农民培训和社区居民学习需求的成人培训教师师资库。

上述目标的达成不会是一日之功，难以一蹴而就，我们确定了第一个阶段 1 ~2 年的任务，主要有三点。

一是提高现有成人培训教师的整体素质。提高教师职业技能、专业素养和敬业精神，让他们热爱成人教育，熟悉并把握成人教育特点，因材施教，增强培训效果。

二是提升乡土专家的技能和授课能力，让他们熟悉自己的专长，又具有一定的授课能力，做得好也能讲得好，掌握一定授课技巧，初步胜任社区教育和新型职业农民培育的授课任务。

三是建立教师学习型组织，逐步培育出能够自我组织、自我学习、自我提高、有活力，并活出生命价值的学习共同体。

二　项目投入和主要产出

为达到以上目标，项目开展经历了四个阶段，师资能力提升中开展了参与式行动研究，在研究中不断提升项目效果。

（一）项目开展的四个阶段

1. 摸索阶段，找到工作突破口

多年来，在培育新型职业农民的工作中发现了培训方面的不足和空白，主要体现在师资方面：专家教授的培训专业性强，农民学员听不懂；“土专家”技术强、经验丰富却不擅长教学方法，讲授时事倍功半；外聘专家培训内容专业性强，农民学员不易听懂。

在工作中我们也发现了一些特殊学员，他们有技能，能致富，经验丰

富，乐于助人，愿意带动周边人一起致富，他们身上有着可以让人借鉴和学习的专长，并且这些技能专长是农民、社区居民所需要的。

于是我们经过反复调研论证，开拓思想，以“特殊学员”作为培养对象，建立“乡土专家”师资库，来弥补成培教师的严重不足。我们与这些乡土专家进行接触交流，他们非常愿意进入我们的师资库中，参加我们的培训，并愿意承担新型职业农民的培训任务。

2. 初步探索、乡土专家甄别选拔阶段

在农广校、社区、农委等培训机构的推荐下，乡土专家师资班开始报名，库门随时敞开，学员相互介绍，培训中还可陆续加入，人员逐渐增多。经过教师基本素质（包括沟通、语言、着装、PPT 基本制作、成培特点等）基本培训后，对每人进行了 10 分钟的微课教学考核，结合他们在农委、社区、农广校培训机构的课堂培训情况，初步选拔出 25 人正式加入师资库。具体活动如下。

（1）开班研讨，制订培训计划。

2016 年 7 月 7 日，乡土专家师资建设项目在北京峪园度假村开班，共有 60 位乡土专家参加。北京市农广校校长朱启酒、怀柔区教委副主任杨荫东、怀柔农委培训科科长王泉生、怀柔区教科研中心副主任崔建福、怀柔区职业学校书记黄海军、怀柔农广校校长刘晓飞等领导参加了开班仪式。

乡土专家师资班学员主要是从每年农村实用人才培训班中选拔出来的有丰富种养殖经验和管理经验的学员。

北京市农广校校长朱启酒对怀柔区举办乡土专家师资培训班的创新之举表示肯定，说怀柔区的乡土专家师资培训是北京市第一家，在全国也是第一家，契合中央的文件精神，契合农业发展需求，利用乡土专家的实践经验进行培训可以避免农民走弯路，对怀柔区的实用人才及新型职业农民等成人的培育工作大有益处。

活动后下发并收集了培训学员调查表，利用 7 月和 8 月学校假期时间统计培训学员的基本信息，了解专业方向，收集培训意向，为以后的培训课程设定提供依据。

（2）2016 年培训项目的实施。

2016 年 9 月 22 日，市农广校教师许璇做关于“沟通技巧”的培训。

10 月 20 日，延庆教委职成教育督学周爱香做关于“成人培训教师基本素质”的培训。

11 月 2 ~4 日，乡土专家学员到承德滦平学习交流。滦平县农牧局农业推广研究员许福德做了“关于农产品安全”“中草药种植与栽培”、吴晓刚做了“山区果树的经营和管理”主题讲座，让学员观摩教师讲台授课的模式和教学方法。

11 月 17 日，怀柔区教科研中心唐志国做了关于“PPT 课件制作”的培训。

12 月 7 日，市农委协调联络处处长、市农广校客座教授任荣做了关于“创新农业”的培训，让学员见识了著名专家开阔的知识视野。

3. 乡土专家素质提升阶段，备选专家待入库

在教委的支持下，划拨了专项经费 25 万元，为做到效果最大化，开展了以下教研科研活动。

通过第一学期对近 60 名学员的初步筛选和课堂实践，选择上过讲台的 25 人进入师资库，针对这些人开展了素质提升培训。

召开需求调研会，征求了他们在培训中遇到的问题，组织了 4 次针对成人培训参与式教学方法的专家讲座。

针对教学方法的专家讲座，组织成培教师 37 人到河南夏邑“参与式”教学法现场观摩。

观摩回来后，北京农职院的李凌副教授针对具体教学过程和方法运用做了讲座并和大家一起指导了在中心组织的插花汇报研究课。

4. 乡土专家“出壳”阶段，独立登上讲台。

通过专业技能、授课素质培训，以及外出考察和课堂实践后，乡土专家跃跃欲试，准备在课堂上大显身手。学员们建立了微信群，交流经验，切磋自己的讲稿，相互帮助制作课件。在专业相近、脾气相投的基础上自愿成立“大家讲给大家听”课下教研组，有场地的出场地，有想法的出想法，经常自己组织活动，几次试讲下来，乡土专家的讲课水平突飞猛进，准备在接下来的考核中大显身手。

2017 年 12 月，乡土专家李志艳在教研中心开设汇报课，内容是插花。课堂中，李志艳基于插花过程设计课堂流程，上课中充分调动学生的积极性，学生参与互动性强，非常投入。教研员作为学员和评价者参与了这堂课，一致反映较好。

在场的成培教师针对这节课发表建议，结合自己的专业提出今后在培训中也要尝试使用这种方法，社区的李娜老师自告奋勇要在下学期上一节观摩课。

为提高教师素质和信息化运用，组织乡土专家师资 19 人参加市教科院京师网线上学习并于 12 月底结业，线上学习内容丰富，学员反响强烈，要求明年还参加。

（二）师资库建设中的研究和考核评价

建立特色师资库，没有现成的模式可以借鉴，也缺乏资金支持，只能边摸索边前进，开展参与式行动研究，在行动中研究，通过研究促进行动，教研室老师与师资库的老师一起为了学习共同体健康成长开展研究。

2016 年 10 月 12 日上午，在怀柔区教科研中心召开了“乡土专家师资培训”研讨会，怀柔农广校校长刘晓飞、副校长李永红，怀柔区教委职成科王开丽、教科研中心彭海芳，结合成人培训教师素养和学员基本情况，制订并修改补充了 2016 年项目培训课程计划。

2017 年 3 月 21 日，怀柔农广校在怀柔区小渔传媒多媒体中心教室举行乡土专家师资培训班学员“10 分钟微课教学”中期评价考核，聘请北京市农广校许璇、怀柔区教科研中心彭海芳、怀柔农广校副校长李永红等教师为评委，为参加考核的学员从仪表、仪态、教学内容、PPT 制作等方面进行打分评价。22 位学员共分 5 组进行教学考核。教学内容涉及种植、养殖、农业信息、电商、民俗经营、家政服务、茶文化、食品安全、剪纸、面塑 10 种生产生活领域，每位学员自选某一方面内容精心制作成课件，以“准培训教师”的资格向评委、学员进行展现。学员周立民现场演示了在动物防疫中如何穿脱防护服、叶艺嘉进行了茶艺表演，虽然每个人都存在或多或少的不足之处，但学员们已经基本能够将过去几个月在乡土专家师资培训班所学予以呈现，既有理论又有实践。学员们纷纷表示：站在讲台上的时候特别紧张，但也非常激动，希望通过更多的学习和实践，早日成为怀柔“师资库”中的合格成员。

针对学员在教学中的不足，结合 3 个评委的点评，又邀请市农广校的专家许璇做了课堂教学素质提升的讲座。课题组研讨出切实可行的培训方案，确定了下一步的教学内容，最终将培训出一批确实经得起考验的农村实用型授课教师。

三 项目成效和影响

1. 师资库初步建成

现已经有25位乡土专家教师进入师资库，师资得到了补充。经过不到2年的探索，怀柔成人教育师资库初步建立，形成了一支比较稳定的师资队伍。原有的成人学校老师也转变了观念，提升了技能，对自己担任成人教育任务有了信心。

2. 完善了怀柔区成人教育体系

保障基本民生，迫切要求完善基本公共教育服务体系，怀柔新型职业农民培育和新型城镇化加快推进，教育需求发生结构性变化，教育体系、结构和布局面临深刻挑战。由于缺乏师资，以前很多成人教育活动很难开展，师资库建立后，区级妇联部门、社区等都先后与我们联系，要求开展培训，怀柔的成人教育体系得到了一定程度的完善。

3. 探索自治型社区教育模式

社区教育的根本目的是以各种教育方式、多种教育手段提高国民的素质，具有多种模式。通过师资库的建立，开始了“大家讲给大家听”的活动，活动现在已经开展近100期，这些活动的开展初步建立了自治型社区教育模式。

4. 农村与城市社区多层次多类型的培训需求获得了一定满足

2016年11月7日，怀柔农广校乡土专家师资培训班学员宿晓勇首次登上了农民培训的讲台，为雁栖镇西栅子村“民俗旅游接待提升”培训班的40余名民俗学员讲授了一堂“我们的农家院，我的院”的经验分享课。宿老师的讲座内容通俗易懂，语言诙谐幽默，又是自己实践的经验，与学员实际特别贴近，所以学员们听得特别认真，不时地向老师提出问题，宿老师都一一进行解答，学员们纷纷表示这样的课非常实用。

宿晓勇老师在讲课后，还利用两天半的时间为西栅子村的学员实际操作教授大家制作八宝招财鱼、扒猪脸、农家烧带鱼、板栗焖肉、三两半炖鸡等看家菜品。看到他的表现很难让人相信一年前他还在说“看到黑压压的人我可不敢说话”。

走上讲台后，宿晓勇谈了三点感受：“第一，自己成功地跨越了心理这道坎，走上了讲台；第二，当看到台下朋友对知识渴望的眼神时，我想倾我所有的教他们；第三，一句‘宿老师您辛苦了’，让我眼睛有点湿润了，一句话：独乐乐，不如众乐乐！”

建立“大家讲给大家听”公众号。师资库的25名“土专家”受邀参加农委、社区、农广校组织的农民、社区培训125场，如卧龙岗的剪纸、面塑、养生、野外救援，月亮湖的民俗厨艺，妇女就业协会的花样面点，北房中学何永艳的丝带绣等深受欢迎；他们影响着怀柔区的农民培训，《北京日报》对此做了报道，缓解了怀柔区成人培训教师难找的困境。

四　问题和建议

（一）问题

师资库的建设，获得了一定的成绩，但也出现了一些问题，主要表现在管理和授课两个方面。

1. 师资库管理问题

一是有的人进入师资库后感觉自己的翅膀硬了，就过河拆桥，自己独立去外面接课，而不再接受新型职业农民培训和社区培训这些公益性的课。

二是这些老师成长以后，有些部门聘请这些老师去上课，由于授课费不统一，老师挑肥拣瘦。

三是教授授课质量参差不齐，没有统一评价。

四是部分乡土专家功利心太强，他们以为，进入乡土专家师资库，“出壳”后就可利用培训平台更多地宣传自己的企业或者产品，对继续提升自己的教学质量和授课技巧，并不十分关注。

五是资金不足。

2. 教学存在三个问题

一是教师单打独斗，缺乏对产业群的对接。农村一、二、三产业融合，靠单个老师进行授课很难对农民培训有较大的提升，由于对这些老师没有整合，很难形成培育高素质职业农民的师资力量。

二是教师培训内容与当地产业发展契合度有待很高。

三是很多老师停留在经验型的传授上，没有太多精力和时间探讨背后的知识和理论，在授课效果上打了折扣。

（二）建议

1. 三个对接

师资培训应增加三个对接，以提升教师素质，确保农民和农技人员能够“学得到、带得走、用得上”。

一是专业对接产业发展。在培训内容上更加聚焦产业发展前沿与实际，围绕怀柔区农业主导产业设置培训课程。

二是课程对接岗位要求。按照加快农民职业化和农技服务人员专业化的发展导向，举办专题培训班，有效提高乡土专家、农民、技术服务人员的职业技能水平。

三是人才对接市场需要。坚持问题导向、短板意识，围绕补齐经营管理和市场营销等传统农民培训中的短板，重点培养综合性农业人才，打造更加适合市场化需要的新型职业农民。如开展电子商务专题班，帮助专业大户和家庭农场加快融入“互联网＋”浪潮，有效破解农产品销售难题等。

2. 建立专兼职结合的教师团队

以提升双师型教师比例为目标，按照农业产业化、学科综合化的要求来进行师资的配比，通过进修提高现有教师的素质和引进人才来改变不合理的教师专业结构，特别注意引进互联网应用、农业品牌营销、就业创业辅导、农业创意、农村管理等方面的教师。通过挂职、生产指导、服务农民等途径，丰富教师的生产实践经验，实现理论与实践的结合，学校教育与实践训练的结合。坚持采取双师型教学模式，既要配备专业理论课教师，又要配备具有相当实践经验的、具有较高技术水平的农业技术教师，使专业教师的理论知识与农技教师的实践经验互为补充。充分利用首都高校师资资源，聘请有丰富经验的教授作为农民培训的兼职教师，建立起符合实际需要、具有合理结构的教师队伍，为区域经济社会发展服务。进一步深入挖掘农业生产一线的“土专家”“田秀才”，通过系统培训将他们充实到农民培训师资队伍中去。

3. 建立双师型教育模式

这是以学生为主体，以教师为主导的教学管理理念，是由2位或2位以上懂理论、懂实践的教师合作，采取自下而上的参与式、互动式、讨论式教学方法，最大限度地调动农民学员多感官学习，以达到培养学员综合能力的一种教育模式。充分调动学员学习的积极性，激发学员学习热情，培养学员发现问题、分析问题、解决问题的综合能力。

4. 加强师资库教师考核

分阶段考核，分层次建立师资库。将考核合格的学员纳入师资库，按照教师素质高低和理论型、实操型、理论+实操型等不同层次设立教研组，以教研组为单位开展课上课下的教研活动，以进行继续教育和素质提升。

严格培训考核，健全管理制度。对于乡土专家承担的政府补贴性培训项目，要建立统一规范的结业考核程序，加强对考核过程、考核结果和培训合格证书发放的监督检查。各部门聘请教师上课，统一向教研室提出申请，对于私自接受邀请参加授课的教师，后续培训中不再提供支持。

5. 资源整合，争取更多资金支持

争取更多资金投入培训基础设施建设，做到教学有设备、下乡有工具、学习有场所、实习有基地；加强师资队伍建设投入，建立质量更高的成人教育培训师资库，有针对性地开展师资培训、岗位练兵等活动，加强双师型教师队伍建设，推进导师团制度，满足农民多种和多层次需求；鼓励编写综合性和交叉学科教材，为农民和市民提供经常性、系统化的教育培训服务。

6. 做好舆论宣传，营造良好氛围

总结师资库建设的经验，对切实可行的教育与教学方法、扶持政策与管理经验进行总结推广。加强乡镇之间、培训机构之间的交流，取长补短，推广成功经验，不断完善符合农村实际并且可在更广范围内实施的农民培训模式。积极宣传报道通过培训，实现就业和达到增收的农民典型案例和优秀乡土专家案例，培养更多懂农业、爱农村、爱农民的乡土专家队伍。

第四节　农民培训师资建设建议

根据与北京市相关教育培训机构的座谈，结合全市当前新型职业农民培训师资管理的现状及问题，提出如下建议。

一　做好农民培训师资的系统规划

农民是乡村振兴事业的主要动力来源，这就需要建立长期稳定的培训服务体系，从师资管理的角度看，需要建立培训师资前期介入需求调研、中期实施培训、后续跟踪服务等全方位、全链条的教育培训体系；需要认真深入调研师资队伍现状、存在问题和北京郊区经济社会发展对我们提出的要求。要以此科学地确定学院的发展定位，编制切实可行的中长期师资队伍发展规划，明确师资队伍建设的长远目标和近期工作重点，通过扎实奋斗，形成一支理念先进、师德高尚、素质优良、业务精干、规模适度、结构合理，并具有较高教学水平和较强实践能力、富有创新精神与活力的专兼结合师资队伍。这就需要教育主管部门站在全局的高度，充分整合各类教育资源，形成高、中、初“三位一体”互为补充的职业农民教育培训体系。

建议全市建立市一级高等职业培训师资库，各涉农区建立中等职业培训师资库，乡镇建立初等职业培训师资库。市级层面由市农委统筹市级各部门及区县农委的师资整体规划与任务管理，在区级层面建议由区县农委统筹，系统安排本区县的师资开发与管理，通过编制好的职业培训师资发展规划和年度管理计划，让各个单位形成多元化的相互配合的师资管理系统。

二　建立师资专业化发展制度

首先是培训途径多元化，着力增加自主随机学习的时间，保障工作学习两不误，理论与实践并重。其次是要加强培训制度建设，鼓励和支持教师参加高层次的会议，开阔视野。再次是培训内容多样化，并强化针对性。鼓励教师学习新知识，拓展知识面；培训内容应紧密结合所教专业，有学科针对性的培养要多一些；培训内容不仅应从教学的目标和内容要求出发，更应结合学生的具体实际来确定。此外，培训对象还应照顾学科和专业成长的需要。农业产业具有弱质性、公共性、复杂性等特点，这就决定了农业职业院校在进行产学研合作，加强教师实践能力培养时，相比其他行业难度大、成效不明显。要鼓励教师采取兼职挂职和专职挂职相结合，加大人文社科管理类专业挂职的力度等。同时要完善到农业企业、农村社区定期实践的制度，切实提高教师的实践教学能力。

鼓励持续开展师资培训，并在培训中增加三个对接，提升教师素质，确保农民和农技人员能够“学得到、带得走、用得上”。一是专业对接产业发展。在培训内容上更加聚焦产业发展前沿与实际，围绕怀柔区农业主导产业设置培训课程。二是课程对接岗位要求。按照加快农民职业化和农技服务人员专业化的发展导向，举办专题培训班，有效提高乡土专家、农民、技术服务人员的职业技能水平。三是人才对接市场需要。坚持问题导向、短板意识，补齐经营管理和市场营销等传统农民培训中的短板，重点培养综合性农业人才，打造更加适合市场化需要的新型职业农民。如开展电子商务专题班，帮助专业大户和家庭农场加快融入“互联网+”浪潮，有效破解农产品销售难题。

三 建立农民培训师资的激励机制

一是加强新型职业农民优秀师资宣传力度，培育典型，抓亮点，点面结合，做大做强。二是列入各级师资库的培训教师优先晋升职称、职务晋级，并在年度各级评优表彰中单独予以表彰。三是增加师资管理经费，从北京市新型职业农民培训经费中单列一部分经费用于各级各类师资培养。四是鼓励教师针对不同的培训内容，开发有特色、适应性好的课程及相关教学资料，以达到因人、因地、因需组织教学，提升培训效果的目的，并适当给予物质奖励。

要根据农业职业教育的特点和规律，修订适合农业职业院校教师工作特点的教师职务评聘办法和培训管理制度，为中青年教师的成长和脱颖而出营造良好的环境；要制定并逐步实施《农民培训名师培养计划》《专业带头人和骨干教师培养建设计划》，完善并优化教师结构；要鼓励教师组织团队开展农村实用技术推广、新产品开发，以及新型农村社区建设等服务活动；要完善农业企业和社会专业技术人员到校担任兼职教师的制度和措施，出台“兼职教师管理办法”等规章制度；要加强对教师培养提高的组织领导，加大经费投入，营造教师成长的良好环境，切实促进教师不断成长。

还要及时总结师资库建设的经验，对切实可行的教育与教学方法、扶持政策与管理经验进行总结推广。加强乡镇之间、培训机构之间的交流，取长补短，推广成功经验，不断完善符合我区实际并且可在更广范围内实施的农民培训模式。积极宣传报道通过培训，实现就业和达到增收的农民典型案例和优秀乡土专家案例，培养更多懂农业、爱农村、爱农民的乡土专家队伍。

四　完善农民培训师资的科学评价体系

探索采取更加科学有效的评价系统，准确设置相关考评内容和比例，大力增加农民的参与程度，推动建立“360度”全方位评价体系，将参训农民、组织机构、管理方的意见都能收集上来，更好地服务于职业农民培训事业。在新型职业农民培训中，在培训开始之前让农民了解师资的基本信息，并选择相应的课程与师资组合；在培训后采取微信、QQ群等网络平台，匿名收集农民对培训师资的意见和要求，评价较好的师资可以承担更多的培训任务，否则予以调整，从而更大程度地调动农民参与培训的积极性。

还要加强师资的考核评价工作，采取分阶段考核，分层次建立师资库。预计在2018年3月让每位学员走上讲台，将考核合格的学员纳入师资库；按照教师素质高低和理论型、实操型、理论+实操型等不同层次设立教研组；以教研组为单位开展课上课下的教研活动，以达到继续教育和素质提升的目的。严格培训考核，健全管理制度。对于乡土专家承担的政府补贴性培训项目，要建立统一规范的结业考核程序，加强对考核过程、考核结果和培训合格证书发放的监督检查。各部门聘请教师上课，统一向教研室提出申请，对于私自接受邀请参加授课的教师，后续培训中不再提供支持。

五　加大资金支持力度和深度

要争取更多的资金投入加强培训基础设施建设，做到教学有设备、下乡有工具、学习有场所、实习有基地；加强师资队伍建设投入，建立质量更高的成人教育培训师资库，有针对性地开展师资培训、岗位练兵等活动，加强双师型教师队伍建设，推进导师团制度，满足农民多种多层次需求；鼓励编写综合性和交叉学科教材，为农民和市民提供经常性、系统化的教育培训服务。

第五章

农民教育培训教材建设

推进乡村振兴战略，实现乡村产业振兴、人才振兴、文化振兴、生态振兴、组织振兴，关键是要人才振兴。农民培育工作需要打造一批“爱农业、懂技术、善经营、会管理”的新型职业农民，促进乡村振兴。人才培养的一个重要环节是农民教育教材的编撰，教材质量对农民教育和人才振兴有着重要影响。

第一节　引言

教材是供教与学用的资料，又称课本，它是依据课程标准编制的、系统反映学科内容的教学用书。教材是课程标准的具体化，它主要是由目录、课文、习题、实验、图表、注释和附录等部分构成，课文是教材的主体。除教材以外，还有各类指导书和补充读物；工具书、挂图、图表和其他教学辅助用具，教学程序软件包；幻灯片、电影片、音像磁盘等。

中国是有着悠久文化历史的国家，也是历史上的农业大国、农业强国，其农业教育教材的开发也有数千年之久，如传承耕种方法的有两汉时的《氾胜之书》与《四民月令》，北朝时贾思勰的《齐民要术》以及在民间流传的一些词曲等。这些农书一定程度上承担了教育农民的作用，虽然不是现代意义的教材，但确实为新中国农业发展和农业技术、农业知识的传播做出了巨大贡献。①

近现代特别是20世纪50年代，为解决我国人口中超过80%的人是文盲的问题，全国掀起了轰轰烈烈的扫盲运动，② 其间出版了《北方音注音农民速成识字课本（临时课本）》（人民教育出版社，1952）、《农民文化课本》第1册至第4册（中南人民出版社编印，1950）、《看图识字》（北京出版社，1956）等。扫盲教材是我国历史上第一批由政府出台政策文件并要求各地为提高农民知识素质而编写出版的教材，为中国在特定的历史时期有计划、有步骤地扫除文盲起到了不可替代的作用。③

《北京市中长期教育改革和发展规划纲要（2010～2020）》指出，要加大政府对农民教育培训的统筹指导，不断提升区县、乡镇和村三级办学网络的水平和质量，丰富农民喜闻乐见的教育培训内容，面向广大农民开展更加广泛的教育培训服务。

农村教育培训可以开发乡村人力资源，激活乡村振兴的主体，其作用非同小可。然而长期以来农民教育培训发展滞后于农村社会经济发展的实际需求，原因固然是多方面的，但从农民教育培训效果而言，农民教育培训教材建设落后也有很大的关系，因为教材在农民教育培训过程中处于举足轻重的地位，它既是教育培训目标的内容保证，又是教育教学活动的操作依据，更是各种教育观念的集中体现，同时还是全面影响教育教学质量的关键，故此，教材建设也成了亟待解决的问题。④

自2010年以来，北京市教委、北京教科院每年都组织教材、讲义等竞赛活动，大力提倡乡镇成人学校研发校本教材，鼓励专兼职教师编写培训讲义，截至2015年共收到519份参评教材，我们对以上参评教材进行了分析，并结合在区县20个乡村乡镇成人学校的座谈和与农民的座谈，对北京市农民教育培训教材建设的基本情况和存在的问题进行分析，现提出我们的思考。

---

① 彭世奖：《略论中国古代农书》，《中国农史》1993年第12期。

② 马云：《农民的"文化宝本"：二十世纪五十年代农村扫盲教材解析》，《中央党史研究》2013年第3期。

③ 廖其发：《当代中国扫盲和农村成人教育的回眸与前瞻》，西南大学出版社，2002。

④ 杨育英、徐国庆：《改革开放40年职业教育课程的改革与发展》，《当代职业教育》2017年第6期。

第二节 教材开发和教材建设现状

目前，乡镇培训学校主要承担政府推动的培训项目、乡镇农村成人学校自主培训项目以及其他社会组织开展的项目等。近3年，北京市政府在京郊主要开展了学历提升、阳光工程、文化驻乡、新型职业农民培育等政府推动的项目工程。乡镇成人文化学校主要是围绕乡镇主导产业和当地居民生产生活需求开展自主性培训。

在举办各种培训项目中，基层成人学校最为缺乏的就是具有针对性、系统性、符合当地实际的农村成人培训教材，教材资源的匮乏，严重地影响了培训效果。

（一）教材编撰者情况分析

由于项目不同，匹配的教材不同，导致教材编撰者身份各异。在与近20个乡镇成人学校和市农业广播电视学校教务科同志座谈后统计发现，乡镇成人培训学校中有关农民学历提升的教材主要由高校教师编写，占到95%以上；新型职业农民培训教材主要是中央农业广播电视学校、北京市农委组织高校教师编写，占90%以上。乡镇成人文化技术学校自主培训项目中一部分教材是由乡校教师、区域行业有经验的农民根据区域文化、产业特点而编写的本土教材，占50%以上；另一部分是来源于市场、网络资源的教材，在此基础上编写培训讲义，这部分教材的编撰者很难界定（培训内容多样，由外聘教师选择教材），占40%左右；也有国家行业专家、政府组织或非政府组织，如国际计划、无国际医生、宣明会、儿童救助会等组织编写的教材，这些教材所占的比例不是很大，如国际计划在延庆区培训农村用水、农村常见病防治时，组织专家编写了图文并茂、浅显易懂的教材。

（二）教材内容分析

农民培训教材内容最近几年逐渐多样化，从传统的养殖、种植、食品加工、到涵盖乡村振兴的多主题内容，不仅包括生产技能，也包括养生保健、营销管理、地方文化、环境保护、生产安全等，基本涉及农民生产生活的方方面面。如北京农禾之家组织高校教师、实践工作者编写的一套《农村社工》教材，主要是为了提高农村社会工作者的技能；某区的观念提升工程教材主要是针对城乡接合部失地农民转变生活方式编写，包括了理念转变和理财、创业、物业管理等知识；一家社会公益机构开展的应对气候变化的培训教材则包括了环保、健康、卫生，以及垃圾处理、灾害预防等内容。

（三）教材形式

农民培训教材主要包括纸质版和电子版两种形式，纸质版教材包括国家正式出版物、无出版号的由地方及乡镇成人文化学校自编并印刷成册的教材和简单装订的教师讲义及学员学案等。电子版教材主要包括光盘、云空间等。

（四）教材使用分析

1. 使用公开出版物作为基本教材，由教师在此基础上编写讲义

将公开出版物作为基本教材，在此基础上培训教师编写讲义，这在市区两级政府推动的培训项目和成人学校自行开发的培训项目中较为普遍，在2012～2015年培训项目的教材中占28.6%，农民学历素质提升、残疾人青壮年扫盲、果树管理、乡村旅游服务等内容的培训，60%以上是由教师向学员提供正式出版的教材，并结合当地的实际再编写讲义发放给学员。

2. 自编教材，培训手册，培训彩页

有些区域性强、差异性比较大的培训，选取统一出版教材会造成资源浪费，很多乡镇成人学校（农业广播电视学校的工作站、教学班）在举办中等农业学历教育的时候更多采用自编教材，编制培训手册和培训彩页等。2011年全市启动的“农艺入户”工程，把农艺教学实践搬进农户家里，开办现代农艺专业中专班，开展家庭种植设备开发制作、家庭有机蔬菜种植、家庭花卉养护、家庭果树盆栽系列教育活动，推广家庭现代农艺开发技能，建设家庭小农场，培养家庭“农艺师”，以实现创业致富在农家、家庭美化在农家、健康生活在农家、文明和谐在农家的目标。截至2017年底，全市共开办500个培训班，培训50000人次，这种培训主要是采用彩色的培训手册作为教材。

房山区南窖乡成人学校2014年开展了包括客房布置、农家菜制作、中幡表演、面点制作、果树管理等多个自主培训项目，其中中幡表演和农家菜制作使用的是学校自编教材，其他共性较强的内容则选用了公开出版物作为教材。

3. 无固定规范教材可用，由任课教师临时编写

在近20个乡镇座谈的时候发现，文化驻乡和农村实用人才作为北京市两个持续时间比较长、范围广、人数多的农民教育培训项目尚无固定的培训教材，或者说没有严格意义的教材，上课的时候由市里培训机构或者乡镇培训学校临时编写。2011年北京开始实施的文化驻乡工程，是以培养扎根农村的乡土科技与文化人才为目标，驻乡进村培育文化人才和团队。通过驻乡进村，建设农村文化大院，以喜闻乐见的形式来吸引农民自愿接受系统教育，以文化促科技，以科技带文化，实现科技和文化融合，最终提高农民科技文化综合素质。课程设置以“夯基础、抓模块”为原则，到2016年在11个区共计招生9114人。这个项目影响很大，考虑到文化的地域差异性，只有不到20%的教材是正式出版的教材，其他均是老师自编的讲义或者视频材料。

根据《北京市农村实用人才队伍建设和农村人力资源开发实施意见》精神，开展了高级农村实用人才的认定工作，对参加系统培训并通过技能鉴定达到合格的，由中共北京市委农村工作委员会和北京市农村工作委员会颁发北京市高级实用人才证书，目前已合计颁发证书1507份，但在这个培训中，并没有相对固定的教材。

4. 农民对教材的评价

近几年农民培训已涉及农民生产生活的各个领域，与之相适应的培训教材也受到了农民的关注。为了掌握农民对教材的评价情况，2015年3月，我们对房山、门头沟、昌平等10个郊区县300名参与培训的农民进行了问卷调查和现场座谈，回收有效问卷271份，回收率为90.3%，统计结果如表5－1所示。

表5－1　参与问卷调查者情况

年龄	45岁及以下	46～50岁	50岁以上
	66人(24.4%)	89人(32.8%)	116人(42.8%)
文化程度	初中	高中	大专及以上
	124人(45.8%)	115人(42.4%)	32人(11.8%)

续表

对专著类教材的满意程度	满意	一般	不满意
	64 人(23.6%)	201 人(74.2%)	6 人(2.2%)
对成人学校自编教材的满意程度	满意	一般	不满意
	212 人(78.2%)	58 人(21.4%)	1 人(0.4%)
对培训讲义、教案的满意程度	满意	一般	不满意
	83 人(30.6%)	187 人(69.0%)	1 人(0.4%)

分析表 5－1 可以看出，参加培训的人员，对专著类教材的满意度不高，其满意度仅占被调查者的 23.6%；农民更喜欢具有本土特色的乡镇成人文化学校自编教材，其满意度高达被调查人群的 78.2%；同时对教师编写的培训讲义和教案也不是很满意。

第三节　农民教育培训教材建设的主要问题和原因分析

北京地区农民教育培训使用的教材主要由公开出版物、市高校统编教材和乡镇成人学校自编教材构成，我们分别加以分析。

（一）公开出版物、统编教材的主要问题

1. 理论性过强，影响农民学习兴趣

目前由高教、农业等出版社出版的各类种植、养殖和关系居民生产生活的书籍很多，在内容上追求理论知识的系统性和完整性，所涉及的知识学术性和理论性都很强。如《番茄病虫害防治新技术》一书中对“番茄青枯病”防治的介绍：“番茄青枯病的病原是因青枯假单细胞菌侵染番茄发病。青枯病菌呈短杆状，极生鞭毛 1～3 根……”农民一听细胞等专业术语就发懵，很难接受。因此理论性较强的教材不适合文化水平较低的农民学习使用，一些专业术语农民根本看不懂，一定程度上影响了农民的学习兴趣。

2. 内容针对性不强，影响培训效果

公开出版物和统编教材知识点多，涉及范围广，具有普遍性，但地方特点不鲜明，影响了培训效果。如教材《农家乐管理》一书中，要求农家乐工作人员应由总经理、策划部经理、安全部经理等构成，没有考虑到农村的实

际特点，现在的农家乐多以家庭经营为主，这样的培训教材在一定程度上给农民带来了困惑。农民教育培训更需要针对性强、具有地方特点的教材。

3. 可操作性不强，不适合农民自学

公开出版物系统性强，多为递进式结构，需要系统学习，更适合中职在校生学习和使用，不适合农民在家自学。大部分农民是因为在生产生活中遇到了问题，才想起去教材中找答案，他们的阅读习惯是带着问题看教材、找答案，随时发现问题随时学习解决。因此农民更需要可操作性强的具有本地特色的模块式或问答式教材，而不是强调逻辑体系完整的教材。

4. 形式僵化，不符合农民学习特点

公开出版物和统编教材形式单一，纸质版教材居多，并基本以通篇文字的形式出现，图画少，版面不美观。农民更喜欢色彩艳丽、图文并茂的教材，最好图片多于文字，这样通过看图就可以解决生产生活中遇到的问题。因此，通俗易懂、贴近生活、图文并茂、喜闻乐见的教材更适合农民学习使用。

5. 更新周期较长，不适应一、二、三产业融合发展和乡村振兴的需要

一些统编教材的更新周期比较长，在当前农村产业结构调整、产业优化升级和科技进步速度加快的大背景下，统编教材与实际需求脱节、滞后的弊端凸显，缺乏灵活性、针对性和实用性，难以实现乡村振兴的多元要求和课程发展目标。如目前市场上的蔬菜管理技术类教材大部分是“无公害蔬菜栽培技术”，可是无公害蔬菜正在慢慢地退出市场，取而代之的是有机蔬菜、绿色蔬菜，但无公害蔬菜栽培技术类教材依然列入农民的培训中。①

（二）基层农村成人教育机构自编教材存在的主要问题

北京市教委曾分析参评北京市教委、北京教科院组织的校本教材评选中的519份教材，其中有不少让读者和评委感觉相对满意的教材，但许多教材中存在的问题也是不容忽视的。

1. 内容较为丰富，但总体水平有待提高

从参评教材的整体来看，教材本身内容较为丰富，但总体水平不高。比如延庆县教委职成科选送的自编教材《法随我行》、昌平区教委职成科选送的自编教材《农村里的事》、房山区教委职成科选送的自编教材《蜂群的四

① 李水山主编《中国农民教育研究》，广西教育出版社，2009，第212～216页。

季管理》、顺义区教委职成科选送的自编教材《剪纸艺术》、大兴区教委职成科选送的自编教材《抬起头时的眩晕》等，分别从社会生活的不同角度和层面展开培训，有针对性地提高农民素质。但在教材编写的逻辑顺序、次序排列、案例选取的典型性、示范性和图文吻合程度等方面还存在一定的问题，很难选出具有示范作用的教材，即使是获得一等奖的教材也存在比较多的问题。

2. 地方特色较为鲜明，但适用性有待加强

农民教育培训自编教材的一大特点是地方特色比较鲜明，能紧密结合当地经济发展，贴近农民生产生活实际，能为农民致富提供有价值的帮助。如延庆县教委职成科选送的自编教材《精品农家菜式指导与欣赏》，以当地土特产为基本原料，开发出了几十种民俗农家菜，这是较典型的、结合当地经济发展的农民培训教材；房山区教委职成科选送的自编教材《仁用杏科学管理技术》，为房山区霞云岭乡当地经济作物——仁用杏的种植提供科学管理技术培训，提高了当地农民的致富能力；平谷区教委职成科选送的自编教材《平谷区日光温室黄瓜高产栽培技术》、延庆县教委职成科选送的自编教材《板栗管理口袋书》、通州区教委职成科选送的自编教材《芹菜种植实用技术》等，都与当地经济发展和农民生产生活实际紧密结合，具有鲜明的地方特色。但教材知识量过大，偏重知识的讲解，追求知识的完整性和系统性，比较学科化；站在一个农民生活学习的角度去思考问题不够，语言和内容还不能充分考虑到他们的语言习惯、文化水平和接受能力，因而适用性不强。

3. 自编教材覆盖面有待于进一步增加，内容亟待与乡村振兴更加吻合

依据 2012～2015 年北京教科院参赛教材数据统计分析，参评教材涉及种植、养殖、法律法规、文化娱乐等多个方面，但还不能满足农民教育培训的需求，其中文化传承、家庭教育、社区管理、家庭农场、乡村旅游等方面的自编教材尤为不足，在一定程度上影响了农民教育培训的发展。①

（三）教材问题的成因

1. 缺乏统一的管理和有效的指导

1954 年农业部颁发了农作物等专业教学计划（草案）之后，随即组织

① 徐长发：《新乡村职业教育发展预期》，教育科学出版社，2006，第 269～270 页。

编写各课程的教学大纲，1955 年 8 月在武昌召开审定会议。这批教材于 1957 年起由财政经济出版社出版发行（1959 年改由农业出版社出版），对农业生产方面教学质量的提高起到显著作用。① 但在以后长达几十年中，对农业教材的统一审定和编写并不是很多。在农民培训的各个项目中，主管部门没有严格管理培训教材，更无相关管理制度，部分项目甚至无培训教材，无教学大纲，出现项目培训教材“无法可依、无章可循，百花乱放”的现象，一定程度上影响了培训效果。

2. 缺乏对农民教育培训科学性的把握和研究

农民教育培训的对象是具备一定的文化基础及智力和学习能力，具有一定生活生产经验的成年人，他们的学习特点是带着问题参加培训或自主学习，他们更需要语言通俗易懂、图表图片可以一目了然的教材。一些专业论著知识性、系统性过强，不适合农民使用，一本好的农民教材须认真调研了解农民的生产生活环境和基础，站在农民的角度去编写，去选用，实验室里的数据不能很好地解决农民问题。

3. 教材编写工作量大，编撰者水平参差不齐

一是由于乡镇成人学校教师数量有限，学校没有专门的编写组织，而教材编写工作量大，技术要求高，故学校研发教材不多，一般是为完成上级主管部门交代的任务而被动编写教材。二是乡镇成人学校教师大部分来自普教，其所学专业与居民生产生活适应性差，教材编写工作经验不足，造成所编教材、讲义质量不高，针对性不强，缺乏指导性。

4. 缺乏科学的评价和选用机制

北京市教科院自 2010 年起组织农民自编教材评选活动，都是先由区县推荐，后进行评选，评选要求是已经使用过的教材。在区县选送的教材中仍存在很多问题，甚至是错误的地方，由此看出教材在进入课堂前根本没有进行过科学的评价和选择。这个问题同样存在于乡镇成人文化技术学校政府推动的培训项目中。

5. 教材选取途径存在的问题

目前，教材的选择尚未形成制度，存在着一些问题。一是上级主管部门没有规定教材目录；二是学校没有教材选定制度；三是对任课教师选用教材

---

① 农业部科技教育司：《中国农业教育 50 年回顾与展望》，中国农业出版社，1999，第 142 页。

审查不够。农民教育培训所用教材大部分是被动选择的。

农民参加学习培训带有很强的目的性，一般都是带着生产生活中遇到的问题来参加培训，在参加培训过程中他们更关注自己需要解决的问题。而培训教材都是由授课教师（外聘专家、教师）自行选择，针对某次培训开展调研选取培训教材的教师不多，因此，被动地选取教材造成学员的一些问题不能及时得到妥善解决，满怀希望来上课，却失望回家，导致培训早退现象产生，培训实效性不高。[①]

第四节　教材建设问题解决的途径和对策

由于区域经济结构和产业特点不同，各地区生产生活习惯不同，农民学历水平不同，培训所需的教材也不尽相同，难以统筹兼顾，与培训内容相适应的教材匮乏成为亟待解决的普遍问题。要解决这一问题，需要我们在乡村振兴的背景下，秉承创新、协调、绿色、开放、共享的发展理念，充分调研，从激活乡村活力、提升乡村干部和农民素质的角度进行教材建设，应着力做好以下几方面的工作。

（一）加强管理工作，做好教材建设

1. 市级层面统筹教材建设工作

农民教育主管部门要结合两个特点，针对不同人群，分成三个层次来统筹教材编写工作。

北京具有“大城市小农业”“小农业大功能”“大京郊小城区”的区域经济社会特点，都市农业已经基本脱离传统农业结构，一、二、三产业高度融合发展，涌现出的休闲农业、创意农业等新业态成为新的农业增长点；同时城市化发展速度加快，乡村发展、乡村治理呈现出新特征，京郊农村发展需要大量学历和能力均有提升的高素质人才，这是需要把握的培训特点；北京市现有的农业生产一线从业者80%只有初中及以下学历，无法适应都市农业发展和乡村振兴需要，这是参加培训者的特点。

教材编写的三个层次是：由北京市教委、北京市农业职业学院成立农民

① 李水山主编《中国农民教育研究》，广西教育出版社，2009，第216～219页。

教育培训中心，组织市农业局、市园林绿化局、市教育科学研究院、市农业技术推广总站、市农村经济研究中心等部门和单位的人员统一编写普遍性强、共性特点强，利于培养全市新型职业农民、农村后备干部的教材，这是第一层次；在农民教育培训中心指导下，区县编写具有各区县产业特点、农民教育培训特点的教材，这是第二层次；各乡镇、社区在市里统一指导下编写乡土教材或者是校本教材。

教材编写所需要的资金可以从新型职业农民培育工程中的保障体系建设中列支。

2. 加强区县教材建设的组织工作，突出乡镇成人学校教材编写的基础地位

通过制度机制完善将教材建设工作纳入区县成教管理部门工作考核，促使其加强对成人学校教材建设工作的组织、指导和监督。

调动基层农民成人教育机构开展教材建设的积极性。一是要以当地经济发展和产业结构为导向，以居民培训需求为落脚点，确定教材选题。二是根据农民的知识结构和学习特点，结合培训课程目标或培训项目目标，制定明确而又具体的自编教材目标。三是以关注农民实践性知识的发展为价值取向，确定教材内容。四是发挥团队精神进行教材的设计和编写。五是鼓励区域行业能手和优秀学员参与教材研发工作，并不断在实践中检验教材，完善教材。六是研发电子版教材。

3. 建议充分发挥市教科院、农职院在教材建设中的主导协调作用

市教科院、农职院定期组织乡镇教师参加教材编写培训，培养教材编写骨干，使其成为北京市农民教育培训教材编写工作的中坚力量，成为北京市农民教育培训教材建设的基石。

在此基础上，定期组织教材评审活动、农村成人学校教材讲义比赛，让一部分优秀教材脱颖而出，促进教材建设。

（二）加强农民教育培训教材编写队伍建设

教材编写队伍是影响教材编写质量的关键因素。要采取有力措施建立一支高水平的教材编写队伍。这支队伍应以校内老、中、青教师和校外行业专家、当地乡土专家为主，增加双师型编者比例，增强教材实用性。当然，在确定双师型教材编写者时，要特别注意挑选那些有一定教学经验、懂得教学规律、文字功底深厚的编写者。要充分发挥他们的积极性，鼓励、支持他们深入生产、服务一线，深入田间地头调查研究，与农业、行业等一线专家、技术人员密切合作，编写出具有本地特色的高质量的教材。[①]

（三）构建农民教育培训教材体系

在教材建设中，要构建市负责统编教材、区县负责地方教材、学校自编教材相配套的教材编写体系。

1. 统编教材要深入浅出符合农民特点

要增加以解决实际问题的逻辑顺序为主线的教材，减少以学科知识的逻辑结构为主线来组织内容的教材。

2. 有选择地选用或者引进国外农民培训教材，实现教材的国际化

随着“互联网+”农业的不断推进，为开阔农民视野，提高其科学文化水平，我们应该有选择地引进适合我国农村、农业、农民发展的相关教材，使农民教育培训更好地为乡村振兴服务。前几年，教育部、农业部引进了澳大利亚农业和农民职业教育培训包，翻译了几十种教材并正式出版；北京市在组织农业院校教师培训的时候，也从德国、荷兰等国家引进了部分教材。组织乡镇学校教师培训的时候，应有计划有选择地选用上述教材。[②]

3. 地方教材要有区域特色，服务区域经济社会发展需要

根据实际发展情况拓展教材建设范围，将自编教材拓展到生产技术、生活品质、休闲管理、娱乐知识、社会公益、生态环保、家庭和谐、乡村治理等各个领域，与乡村振兴的需求更加吻合，更加突出区域特点，增加生态教育、人文教育的教材数量。

学校教材乡土气息要浓厚，既要解决农民生产生活中的问题，又要做好农村乡土文化的传承。

4. 丰富教材形式

农村信息化建设带来了农村生产生活方式的变革，越来越多的农民通过网络交流、购物和解决生产生活中遇到的困难，因此需要利用现代化信息技术，在传统纸质教材基础上，开发微课、慕课、视频、音频等多种形式的教

---

① 农业部科技教育司：《绿色证书在中国》，中国农业出版社，2001，第73～77页。

② 李蓉源、罗小平：《英国国家职业课程资格与证书开发量化基准探究与借鉴》，《当代职业教育》2017年第1期。

材是农民教育培训发展的必然要求，增加学习的便利性和快捷性，使农民可以利用碎片化时间开展学习。

（四）加强教材选用管理工作

高质量教材是提高农民教育培训质量的重要保证和前提。市农民教育主管部门需要制定加强教材管理的规定，明确农民教育培训教材的选用原则、编写原则、评估办法等；从教材使用制度和管理机制入手杜绝、防止低水平教材流入农民教育课堂，同时规范教材选择途径，制定编写程序，明确各环节具体要求，提高培训质量，增强教育培训效果。

（五）加大对农民教育培训教材的奖励与推广力度

市成人教育主管部门要在农民教育培训制度建设中，专门制定教材奖励与推广制度。其中应包括：一是出版奖励，设立出版基金，鼓励广大任课教师勤于编写讲义、研究讲义、完善讲义，编写质量高，实用性、应用性强的教材，由市级教育部门推荐给出版社统一出版发行，以使其发挥最大的示范引领作用；二是创新奖励，用于奖励不断吸收新的技术和信息，博采众长，融合提炼，创造有特色的多种活页教材；三是注重知识产权保护，编写教师拥有知识产权和版税奖励；四是学习交流奖励，举办教材编写经验交流学习会，交流编写经验，形成互通有无，共同提高的局面。

第六章

农民培训方法和手段

工欲善其事必先利其器，农民培训效果与培训的方法和手段密切相关，这是农民培训教学原理的重要内容。只有改进培训方法、合理利用培训手段，才能让农民愿意学，学得好，能掌握，有提高。

第一节　农民培训方法演变与创新

农民教育培训是提高农民思想道德素质、科学文化素质和生产技能素质的根本途径。培训方法是培训组织中的重要环节，需要与培训师资、培训人员、培训资料、培训场所等因素综合协调、科学安排，方能收到较好的效果。

一　农民培训的教学特点

1. 教育内容注重实效

发达国家十分重视农民培训的实效，培训内容始终围绕农业生产适应市场需要、适应农民的需要来安排。重视培养农民的综合能力，注重农业科研、教育和推广的有机结合。农民教育培训对象范围广，教育培训内容的针对性和实用性比较强，涉及农业生产及生活实用科技和社会政策教育、实用技能培训和知识更新，受到社会各个阶层的关注。

2. 教育程序强调实践．教学流程基于工作过程

国外农民教育重视实践，有严格的操作程序。农民教育的内容来源于农业生产经营中的实际需要，然后再通过教育推广到农业生产的实践中去，接受实践的检验。若出现新情况、新问题，则再开展新的研究与教学工作，从而形成职业农民教育的良性循环。

3. 教育方法符合实际

国外的农民教育采取灵活的培训方式，更注重实际的教育方法。多种培训机构的相互结合，形成了符合国家农村实际情况的培训教育体系。同时，农民和农场主参与学校教育计划的制订和学生考试成绩的评定，这也是职业农民教育的特点。为提高教学质量，各国均重视师资队伍建设。许多发达国家要求从事农业职业教育或培训活动的教师，必须有较强的经营农场经验和实际动手能力，不仅要懂得教育理论和方法，还要有相应的教学能力。德国甚至规定，只有取得相当于我国硕士学位的农业工程师资格，才能从事农业培训。

二　农民培训方法研究现状

培训方法是培训教师和参训学员为了实现共同的培训目标，完成一定层次的培训任务，在培训过程中运用的方式与手段的总称。

根据刘益曦（2017）等人的调查发现：在对培训方法的需求方面，学员最希望得到的培训方法依次为授课与实践相结合，占 74.76%；课堂讲授，占 49.03%；在师傅指导下顶岗操作，占 45.15% 等。这说明新型职业农民不仅注重理论学习，也对实践操作有较高要求。[①]

为全面了解北京地区的农民教育培训需求，从 2015 年 11 月到 2016 年 3 月，课题组与市农委多方协调后，组织 75 名专业人员，分为 6 个调研组，采用发放调研问卷和镇村两级现场调研访谈的形式，在全市范围内进行农民

① 刘益曦、胡春、于振兴等：《都市农业发展中新型职业农民培训的绩效评估与分析——基于规模示范合作社农户的实地调查》，《江苏农业科学》2017 年第 45（6）期。

培训需求调研。[①] 参与此次调查的北京地区受访者有4758人，从各行政区有效问卷分数来看，抽样有一定的代表性。样本所在区域，平原地区占54.46%，山区占21.27%，半山区占24.27%。

其中，课题组专门对培训方式进行问卷调查，其结果见图6-1。

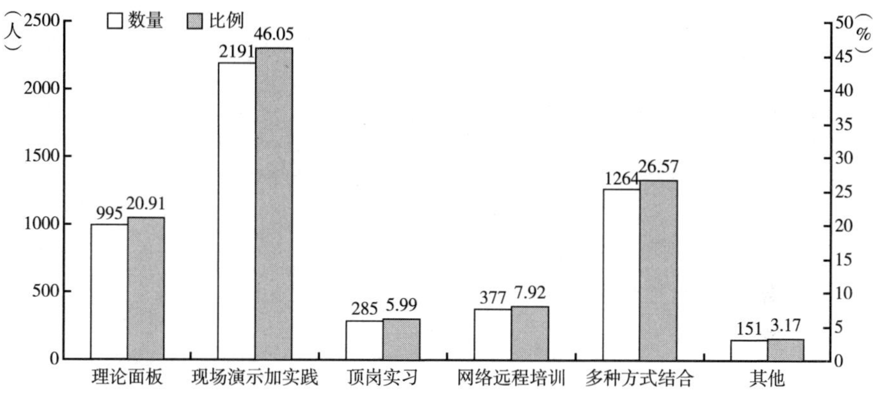

图6-1 培训方式对农民培训的影响

由图6-1不难看出：农民最喜欢的培训方式是可见性强的现场演示加实践，占到46.05%；网络教育这一新型培训方式虽然有很多优势，但没有面对面的互动，同样也不易被农民接受。

三 问题分析

当前的农民培训是以有限的教育资源进行“一对多”的培训，在实际培训中，教师和农民都感觉到教育培训方式和内容与农业发展和农民的需求存在脱节现象，农民认为，培训针对性不强、灵活性不足、实效性差。农民对政府组织的培训信任度低，参培积极性不高，抽样调查满意率不足三成，最终使得农民对技能培训并不满意。[②]

① 王彧、黄彦芳、李凌：《发展-需求视角下的北京市新型职业农民培育研究》，《西北成人教育学》2017年第5期。

② 李坤、殷朝华：《城市化进程中农民工培训体系构建研究——以重庆市为例》，《高等农业教育》2012年第4期。

北京农业职业学院的课题组对北京郊区开展的农民培训情况进行了抽样调查，也验证了相应问题一直存在（见图6－2）。

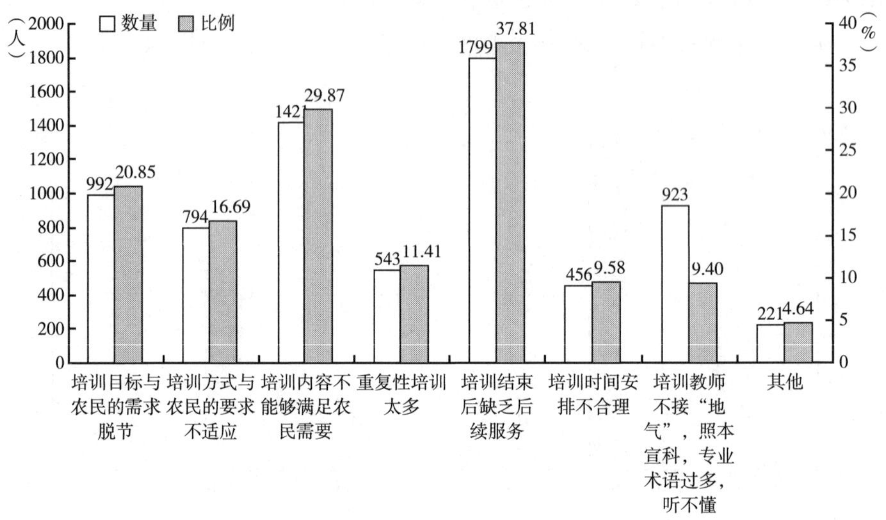

图6－2　培训存在的问题

通过图6－2可看出目前培训中存在的主要问题。

1. 培训内容与农民需求不匹配

通过调研发现，农民的培训主体大多数都是由各级政府主办，院校、培训机构只是其中组成部分。在培训目标、培训内容等方面过多考虑政府主观目的，而未能真正考虑农民的实际需求。通过访谈发现，在培训过程中，培训需求都是由主办方直接策划，没有征求参加培训农民的意见；在做培训方案时提前设定培训规模，采用行政方式对参加培训的人员来源进行指定，农民被动参加，因而在培训过程中表现出不积极，大大影响了培训效果和在实际中的转化。

2. 培训方法与生产需求不匹配

目前培训教师大多来源于院校专业教师、政府官员、科研机构专家等。一是本身没有丰富的农民培训经验，缺乏针对性的方法和技巧，有很多教师也没有掌握新的培训方法，不能满足农民“听得明白，用得放心”的知识需求。二是不接“地气”，对培训内容缺乏相应的调研和了解，在培训过程中不能很好地结合当地实际，不能有效调动参训人员的积极性，不能与农民有效互动，直接影响了培训效果。

3. 培训方式与社会需求不匹配

农民最喜欢和最能接受的培训方式是“现场演示+实践操作”，这种培训方式最适合实用技术培训。但目前采用最多的培训方式是理论讲授，基本上是借助 PPT，系统地向农民传授知识，这种单一的培训方式使参训者失去学习兴趣，直接影响了培训效果。

三 改进农民培训方法的探索和创新

北京市有诸多部门管理和参与农民培训的工作，各区县、乡镇、行政村以及相关企业、社会团体都在农民培训中发挥了一定的作用，各单位结合北京市的具体情况，进行有针对性的技术和业务培训，形成了一些很有价值的培训方法和模式。

（一）田间学校农民培养

农民田间学校起源于 20 世纪 80 年代中期，1989 年，印度尼西亚政府实施的水稻 IPM 农民田间学校是最早的田间学校，该校主要承担为防止本地区水稻稻飞虱爆发而支持的区域性国际培训项目。20 世纪 90 年代末 21 世纪初，这种培训理念和模式逐渐成熟，并逐步扩展到非洲、东欧、美洲、亚洲等地区。我国于 1993 年首次在水稻生产中引进。[①] 这是以农民为中心，以田间地头为教学场所，采用非正式成人教育的方法，采取启发式、参与式、互动式为主要特点的农业实用技术和田间生产管理培训方式，也是国际通行的农民职业教育手段和现代农业技术推广方式，深受农民欢迎。

我国自 1994 年开始举办水稻农民田间学校以来，累计开办水稻农民田间学校辅导员培训班 20 多个、稻农田间学校 3 万多间，为四川、湖北、湖南、河南、安徽、浙江、广东等省培训农民田间学校辅导员 600 多人和稻农 10 万多人。棉花农民田间学校始办于 2000 年，累计开办了农民田间学校辅导员培训班 8 个、棉花田间学校 700 多间，为山东、湖北、安徽、河南和四川省培训农民田间学校辅导员 240 多人、棉农 2 万多人。2003 年开始在云南举办蔬菜农民田间学校辅导员培训班，举办农民田间学校 300 多间，培训

① 赵迪、王德海：《参与式农民培训的理论与实践探索》，《农业考古》2011 年第 1 期。

菜农 1 万多人。

北京最早引入农民田间学校是在 1994 年，当时通州植保站直接联系了世界银行贷款项目开办了 2 所田间学校，主要目标作物是野菜和番茄，由于没有通过正规途径申请经费，项目没有获得持续性资助。[①]

2005 年，北京市植保站打算利用 5 万元开办一个田间学校试点。2006 年，在植保站领导的支持下，中国农业大学的师生，针对水产、畜牧、种植三大产业，在大兴、延庆 26 个村开展了参与式调研评估，通过调研了解到田间学校对农民增收效果明显。[②]

2008 年以来，北京市围绕都市型现代农业的发展目标，针对郊区蔬菜、瓜果、草莓、食用菌、花卉、生猪、奶牛、肉禽、鱼等主导或特色产业发展需求，累计开办农民田间学校 800 余所，培育学员 2 万余人，培育农民乡土专家、科技示范户、技术带头人 5000 余人。[③]

专栏：北京市农广校的“田间学校＋中职”模式[④]

经过不断摸索，北京市把“农民田间学校”与农广校学历教育结合起来。北京市农广校积极与北京市农业局科教处联系，合作开办农民田间学校，并积极探索田间学校与农广校中专班相融合的办学模式。农民农闲时，在教室学习文化课和专业基础课；农忙时，在田间地头以田间学校方式学习专业课，实现理论与实践相结合，专业与生产相结合，取得较好效果。

田间学校与中专学历教育相融合，就是把农广校农民中专学历教育与农民田间学校教学有机结合起来，充分发挥中专学历教育优势和田间学校培训优势，大大增强职业农民培训工作的针对性和实效性，在提高农民实践操作能力，培养农民团队精神，解决农民农业生产中技术问题的同时，扩大农民知识面，丰富农民专业理论，全面提高农民综合素质。

该模式的特点如下。

① 赵迪：《政府主导下的参与式农民培训研究》，中国农业大学出版社，2014，第 111 页。

② 赵迪：《政府主导下的参与式农民培训研究》，中国农业大学出版社，2014，第 112 ~ 113 页。

③ 王东春、杨子江：《关于北京市培育新型职业农民的思考》，《北京农业职业学院学报》2014 年第 1 期。

④ 李凌：《城乡一体化发展中北京农业职业教育研究》，开明出版社，2017。

学制相融合。农民田间学校和农民中专班同为三年制培养形式，在申请开办田间学校的同时将学员注册为农广校农民中专班学员。

班级管理相融合。为保证教学活动的有效开展，将农民中专班与农民田间学校的班级组织机构进行了整合完善，实行中专班的班主任与农民田间学校辅导员一肩挑、中专班的任课教师与农民田间学校资源人一肩挑、中专班的班长与农民田间学校的校长一肩挑的组织管理机制。

教学计划相融合。实施三级教学管理模式（市农广校指导教学计划—区县分校实施教学计划—教学班动态课程管理）。根据市农广校指导性教学计划，针对班级所在村镇区域经济和主导产业发展实际情况，通过调研，形成区县农广校实施教学计划，依据教学班专业不同，结合生物生长规律和农业生产农时需要，各班主任（辅导员）动态地安排课程。做到一村一班一计划，一种作物一个时令一计划。

培训资源相融合。田间学校的班主任、辅导员、资源人与农广校体系的教师、专家融合在一起；将田间学校的试验基地、政策资金与农广校体系的办学设施、设备、技术、条件相融合，整合两校的优势资源，实现学历教育与实用教育相融合、长期教育与短期教育相融合、实时教育与急需教育相融合、技术教育和创业教育相融合，加大职业农民的培养工作力度，推动农民职业化发展。

“田间学校与中专学历教育相融合”培养模式实现了“四个结合”，即学历教育与技能培训有机结合、理论知识与实践操作有机结合、专业技术培训与团队建设有机结合、提高素质和更新观念有机结合，极大地调动了农民学科学、用科学的积极性与创造性，是全面提高农民综合素质的重要形式和有效途径。

（二）双师合作型培训

一般来说，职业教育学科中的双师型教师是指既具有一定的专业理论知识和教学技能，又同时具有丰富的职业知识和较强操作技能的教师。农民教育实践中的优秀双师型人才就是指具有较高综合素质，能将自己的专业实践能力和技术应用能力灵活地与日常教育教学过程相结合，有效提高农民的综合职业素养和职业能力的教师。

在实际中，北京市农业广播电视学校开展了有益的探索，延庆县

2012 年首创了双师合作型的教学模式，收到了很好的效果。所谓双师合作型教学模式即本着以学生为主体、以教师为主导的教学管理理念，由 2 位或 2 位以上教师合作，采取自下而上的参与式、互动式、讨论式教学方法，最大限度地调动农民学员多感官学习，以达到培养学员综合能力的一种教育模式。

其中一位教师负责专业知识传授，另一位教师负责课堂教学组织。教学过程分上期回顾、专题讨论、才艺展示、小组探究和自主评价五个环节。事实证明，这种教学模式既体现了老师与老师之间、老师与学员之间、学员与学员之间一种有效合作，又可以充分调动学员学习的积极性，激发学员学习热情，培养学员发现问题、分析问题、解决问题等综合能力。

专栏　双师合作型培训的课堂教学组织环节与教学方法

一　双师合作型培训的课堂教学组织

➢总结归纳：(1) 将学员讨论结果进行总结归纳；(2) 注重学员各种能力培养。

➢知识补充：根据本次课程的学习目标，对学员讨论结果进行知识的补充及拓展（讨论题目和教学内容一定要紧密相连）。

➢双师职责：辅导员：(1) 以学员的身份参与活动；(2) 观察学员掌握知识程度；

专业教师：将学员总结归纳的知识进行补充及拓展，使其成为当天的授课内容。

二　双师合作型培训法的教学方法

✧情境教学与任务驱动法；

✧现场演示与视频演示法；

✧讲授法与归纳总结法；

✧现场指导与说明书指导法。

三　双师合作型培训法的学习方法

√观看现场演示与练习；

√小组合作探究与学员间互帮；

√查看说明书或视频演示。

（三）参与式培训

参与式培训是一种新的培训方法和理论的创新。其培训过程能使培训学员较好地参与培训活动与知识重构，是与其他个体和培训者共同学习、共同提高的培训方式。① 现代农民需要现代农业知识，对农民开展农业技术推广和知识教育需要更新教育培训理念，也就是强调培训本身是提高农民心理素质和改变其行为的教育方式，这就需要在开展农民培训中尊重和重视每一位参与者的经验和能力，并力求在培训中通过外部“刺激”使受训农民在互动中产生新的思想，从而在行为上发生潜移默化的变化，并诱导这些农民运用已有技能和乡土知识解决现实中存在的问题。参与式培训是一种革命性的教育方式，它不仅意味着介入、浸入，也是主体能动性的彰显过程，更是能力和意向的统一，是受训者对活动的正向态度，是农民在培训活动中自我认知和社会认知的建构和响应过程。如在新型职业农民培训过程中，大兴区创新了“五种课堂”（专家、手把手、反光镜、体验式、信息化）教学培训模式，密云区全面推广“一村一案”教学培训，把电商应用、青年农民创新创业、生态家园、农产品市场营销、乡村导游、芽苗菜家庭种植技术等引入教学计划，吸引了更多农民参加，激发了职业农民创新创业的热情。

早在 1995 ~ 1996 年，北京市农业部门利用澳大利亚援助项目，开展了“项目管理与培训技能”培训，来自 5 个县农业、畜牧、种子三个行业的 13 名学员系统学习了农民参与式培训方法，系统学习了参与式培训的计划制订、培训方法和培训评价等。②

为了让更多的培训教师掌握参与式培训方法，课题组在北京市教委、北京市农业广播电视学校、北京市大兴区农业机械学校、怀柔区职教中心支持下，先后举办“参与式农民培训方法”专题培训 8 场，培训教师近千人次。有的老师在接受培训后说：“以前总以为农民不愿意说话，现在知道是我们没有找到让农民开口的方法。”有的农民说：“以前总是老师讲，我们听，现在的课堂让我们也有了说话的机会，也可以讨论，这样的课堂效果才好，

① 赵迪、王德海：《参与式农民培训的理论与实践探索》，《农业考古》2011 年第 1 期。

② 王德海主编《现代培训的理论和方法——培训者培训操作指南》，中国农业出版社，1997，第257 ~ 264 页。

才可以调动学生的积极性。”

专栏：河南省夏邑县新型职业农民培训的新举措[①]

为了满足新形势下新型职业农民培训的需求，2014 年以来，我们进行了积极的探索实践，创优了培训模式，创新了培训方法，实行“双师配合、参与式、互动式”的教学培训模式和方法。“双师配合”就是一堂课由两位老师完成，一位老师以主持人身份出现，起引导作用，引出课题、抛出问题；另一位老师作为专家和主讲人身份来解决问题，对学员的参与给予总结和点评。“参与式、互动式”的教学是以农民学员为主体，以农民培训需求为内容，让农民学员高度参与、互动，成为课堂的主角，使学员同时运用各种感官进行学习和经验相互分享，体现教师和学员之间的关系是平等的，共同建立民主、和谐、热烈的教学课堂氛围，让不同层次的学员都拥有参与和发展的机会，有效提高了农民学员学习的主动性和积极性，提高了农民学员的记忆程度，顺利达到了学习目的。

（四）新媒体背景下的农民培训新方法学习和推广

2015 年起，北京市农业广播电视学校邀请专家对农民培训教师开展了慕课、翻转课堂和蓝墨云等方法的教学，通过培训，已经有部分教师掌握了这几种方法并开始综合运用。[②]

1. 翻转课堂

利用丰富的信息化资源，让学员逐渐成为学习的主角。评价机制的提升，可以促进翻转课堂更加普及（见表 6 – 1）。

翻转课堂虽然将学习的掌控权给了学员，但是我们应该看清目前国内学员的情况：不善于提问和主动性不强，这两点直接影响了翻转课堂的教学效果。

---

① 司东梅：《夏邑农广校创新农民教育培训模式的探索》，《河南农业》2016 年第 2 期。

② 关于新媒体背景下的新方法的具体内容、特点和具体运用，参见课题组编著的另外一本书《赋权 · 参与 · 互动 · 发展——参与式农民培训的道与术》的相关章节，社会科学文献出版社，2018。

表 6-1　翻转课堂与传统教法的对比

教法	传统教法	翻转课堂	备注
理念	传统理念	现代教学理念	
教学活动	讲授为主	学员活动为主	翻转课堂突出“做中学”“做中教”
教学过程	讲-练-讲	练-讲	翻转课堂教师总结评价学员的活动
课堂中心	教师	学生	在翻转课堂学员是学习的主体,教师是教学的主导
学习地点	课堂	课堂外+课堂内	翻转课堂突破了学习的空间限制
评价	结果性评价	过程性评价	翻转课堂对学员的评价手段丰富
学员兴趣	一般	很高	翻转课堂促进学员的学习积极性
主要内容	教案,讲稿	微课视频等	翻转课堂主要通过线上微课视频学习
学习时间	课上时间	课上+课外	翻转课堂突破了学习的时间限制
总结	翻转课堂教学方法可以有效完成教学目标,达成教学效果,促进学习兴趣提升,在新农民培训中应当被更多应用推广		

资料来源：课题组成员宫谦根据相关资料整理。

2. 蓝墨云班课

蓝墨云班课是一款基于移动网络环境满足教师和学员课堂内外即时反馈教学互动的客户端 APP，以帮助教师提高与学员的互动效率，激发学员在移动设备上学习为目的，实现教师与学员之间教学互动、资源推送和反馈评价。蓝墨云班课是每一位普通教师开展日常教学的必备工具，也是教师开展微课教学、JiTT 教学和翻转课堂教学新模式的好助手。

教师可以使用蓝墨云班课创建一个班课，学员通过班课邀请码加入班课，所有学员的智能手机立即连接成一个可以即时反馈的教学互动网络。利用蓝墨云班课，教师可以提升与学员的沟通和互动效率，开展微课或翻转课堂教学。教师可以发送课程通知，推送课件、微视频、图片、音频、文档等资源到学员的移动设备上，并提醒学员学习，反馈学员的学习记录。在课堂上或课外时间里，教师可以随时开展投票、问卷、头脑风暴、答疑、讨论等教学活动，让教学更加生动有趣。配套蓝墨移动交互式数字教材，教师还可以实现对每位学员学习进度跟踪和学习成效评价。

如果教师单独使用云班课，可以利用云班课对教学资源学习的跟踪功能来实现对学员学习行为的掌握，但不能够保证内容的交互性。如果教师使用云班课同时搭配移动交互式数字教材就可以为真正实现翻转课堂提供有效的支撑和保证。

培训课情境：

［教师］现在开始签到，同学们拿出手机，今天我们的签到手势是大写英文字母 N，好，开始签到！

［学员］啊，教师等会，手机 APP 还没打开呢！

［学员］教师，签到不成功啊……

［教师］好，签到结束，缺勤的同学有陈某某、李某某……

［教师］我们先看一下，同学们完成的课前学习检测活动中，大多数问题回答很好，但是有关“蝗虫的产卵特性”有一部分同学回答错误较多，我认为大家可能是在微课学习时忽略了几点内容……

［教师］下面咱们布置今天的学习任务，这个任务是密云区一个村子的真实需求，他们的果树需要换代，希望能给他们一个方案。大家先看当地的现状……

［教师］好，任务已经布置在云班课里了，大家组队完成。

［学员甲］小李，咱俩离得近，一起做任务吧。

［学员乙］好，先看材料，一会在微信里讨论……

这不是一节普通的课堂教学，是新型农民培训中的一次课，教师、同学都不在一个教室里，但通过移动互联网，利用手机 APP，大家却像身处一室似的，沟通交流没有障碍，交互活动顺利畅通，大家一起学，一起做，在做中学，在做中教，充分实践着新时代新型农民培训的新方式。

四　构建与“培训 - 职业 - 发展”匹配的系统培训方法（TVDS）

农民培训的目的在于更好地提升农民的职业能力和技能水平，这就需要一方面关注农民的培训与职业之间的关系，按照“培训 - 职业匹配”（T - V）理论，将职业技术教育的学生称为“使用者”型学习者，教育培训紧紧围绕工作而进行；而将普通教育的学生称为“非使用者”型学习者，教育培训过程中以理论教育为主。[①] 也就是说，农民培训的核心在于培训使用者的实际需求，这是培训的起点和终点，更是培训的核心。

① 王倩雯、赵丹：《基于“培训 - 职业匹配”理论的农民田间学校模式构建研究》，《成人教育》2016 年第 9 期。

另一方面，我们还需要关注农民的发展是基于两个维度的区分：一是社会发展，指农民作为社会的职业生产者，在社会的各个方面在数量和质量，包括构成（产业、劳动力、生产和技术、收入和消费、收入增长的分配等）向着积极的方向变化；二是人的发展，指的是农民个体蕴含的潜能在社会实践活动中不断被释放并转化为现实个性的过程，农民作为一种职业，是个人发展与社会发展共同进步。[①]为此，需要从以下几个方面开展工作。

（一）构建知识体系，强化系统培训

一是需要建立全流程的农民培训体系，从整个培训环节中开展前期需求调研、培训实施、后续服务等全方位的服务，整合各类教育资源，形成高、中、初“三位一体”互为补充的职业农民教育培训体系；二是贯彻因地制宜的理念，根据当地产业特色设计培训内容，围绕所从事岗位确定培训目标。具体而言，农民培训工作需要划分为理论培训和技能培训两个方面，需要涵盖最新的农业技术、管理技能、相关政策、信息技术等，要求农民能够根据自身的产业特点选择适当的专业培训，才能够提高培训工作的实用性和有效性。

（二）优化学习方式，提升参与程度

一是从提高整体农民素质的角度，建议按区县不同产业特点及人员素质，制定农民短期、中期、长期人才培养方案；充分做好农民培训需求的调研工作，优化培训内容，使内容更贴近农民需要，贴近生产实践需要。二是大力强化“学生本位”的课堂教学观，大力推行启发式、探究式、讨论式、参与式等教学方式；鼓励学员主动参与教学过程，促进学员之间的互动和资源共享，帮助学员学会学习。三是大力创设一种新型教学氛围，从而调动不同学习风格的学员在教学的不同阶段参与教学，使大多数学员的学习主动性得到激发，提高参与性、互动性和实践性，激发学员的好奇心，培养学员的兴趣爱好，营造独立思考、自由探索的良好环境，使培训目标从单一的知识获得转向创新和创业思维的培养，实现学思结合。[②]

---

① 王弢、黄彦芳、李凌：《发展－需求视角下的北京市新型职业农民培育研究》，《西北成人教育学报》2017 年第 5 期。

② 王留标：《新型职业农民教育培训模式创新研究》，《河南农业》2016 年第 12 期。

（三）增加现场学习时间，增加实践机会

为鼓励农民更多地参加培训，培训应采取农闲培训和田间地头现场讲解相结合。对于北方地区来说，冬季是最好的培训时间段，农民有空闲时间，可以静下心来听课，农忙季节可到田间地头进行现场培训，现身说法能够起到很好的效果。一是鼓励采用田间学校、双师合作型参与式培训等多种培训形式，对理论性强的内容可采取小组研讨式教学、案例分析等方法；对技术操作有具体要求的内容可采用现场示范、实践动手等方法；对新技术新品种等内容可采用“专家讲 + 现场看 + 小组动”等方法。二是通过提问、讨论、汇报等鼓励口头参与；通过测验、作业等鼓励书面参与；通过研讨、游戏、角色扮演、案例分析等鼓励团队活动；通过演示、试验、制作等鼓励身体力行。

（四）整合优质资源，打造多样风格

一是针对不同的培训内容，采取本地培训与外出参观学习相结合。多年来，只是进行当地学习，千篇一律，农民渐渐失去了学习的兴趣，组织一些农村种植大户、家庭农场和经营主体等种植骨干外出学习、参观，将外地的好经验、好做法带回来，也不失为一种好方法。二是采取技术培训和典型事例相结合。在实际培训中，宣讲主导品种、主推技术要与介绍具体典型事例结合起来，使农民听起来不觉得枯燥，便于加深记忆和理解，调动农民听课的积极性（详见表 6－2）。

表 6－2　常用农民培训方法汇总

培训类别	代表性培训法	主要做法	培训特点	适用范围
过程导向培训法	四阶段培训法	①准备阶段:以教师行为为主,包括教师在知识内容和教学方面的准备等 ②示范讲解阶段:教师进行示范 ③学生模仿阶段:挑选多个学生按教师的示范进行模仿操作 ④教师评价阶段:评价包括对职业活动的环境分析、过程分析和结果分析及其评价	以示范－模仿为核心,由准备、示范讲解、学生模仿和教师评价四个阶段构成	主要用于操作技能教学

续表

培训类别	代表性培训法	主要做法	培训特点	适用范围
过程导向培训法	项目培训法	①确定项目任务:由教师开发一个与职业工作实践相关的项目主体 ②项目开发动员:教师要做好学生的学习动员工作 ③进行组织分工:成立项目小组,成员进行分工 ④制定项目规划:编写项目开发计划书,明确各项任务展开的具体程序和方式 ⑤组织项目实施:学生分工合作,创造性地独立解决项目问题 ⑥检查评估总结:先进行成果汇报,而后进行项目研讨和项目总结 ⑦成果迁移应用:将项目成果迁移运用到新的同类任务或项目中,学生的迁移运用能力并不能直接反映出来,而是在新任务的完成过程中体现出来	具有实践性、自主性、综合性、发展性、开放性的特点	生产经营类、技术开发类、市场营销类、企业管理类等
	沙盘演练法	教师将浓缩的企业全景图或创业过程展开,立体、直观地模拟创业企业资金流、物流、信息流和事务流的运作过程,由师生共同选择案例中某一关键环节,并编写脚本;组织学生们进行排练与演出	可提供有价值的仿真环境,具有极强的直观性和趣味性	企业经营与市场营销类课程
情景导向培训法	模拟教学法	主要围绕管理四阶段展开,即计划、执行、检查、处理的循环圈 ①计划阶段:制订教学计划,布置模拟任务 ②执行阶段:执行计划,组织小组模拟表演 ③检查阶段:包括自主总结和知识构建两个步骤 ④处理阶段:包括再次扮演和考核评价两个步骤	具有实效性,教学过程与现实的问题解决过程相类似的特征;同时强调互动性	

续表

培训类别	代表性培训法	主要做法	培训特点	适用范围
情境导向培训法	角色扮演法	角色扮演教学法在实施过程中，透过教师的适当引导，让学生在设计的情境中，真实体验具体的工作和服务流程，关注细节，以培养洞察力和工作意识。主要包括布置任务—布置情境—选择参与者—安排观众—角色扮演—讨论评议—再扮演—再评议—分享与讨论等环节	具有很好的参与性，可以充分调动学生参与的积极性；还有一定的灵活性，有利于教学内容做出适于角色的调整	多种角色扮演，类型多层次，参与效果更好，适用于管理类培训
	拓展游戏法	拓展游戏法指借助于精心设计的特殊情境，以户外活动和游戏的形式让参与者进行体验，从中感悟出活动所蕴含的理念，通过反思获得知识改变行为，实现可趋向目标的一种教育模式	有利于学习者解决现实困惑，增加了学生学习的参与性、主动性、互动性与趣味性	创业类、管理类培训
效果导向培训法	头脑风暴法	①准备阶段：教师确定讨论问题 ②实施阶段：举办小型会议，无约束发言和细致记录，由教师进行总结和点评	具有高度充分的自由联想，能够实现自由畅谈、延迟评判、禁止批评、追求数量的特点	应用于培养艺术类高技能性人才的发散思维和追求艺术效果职业特质
	卡片展示法	是在展示板上钉上由学生或教师填写的有关讨论或教学内容的卡通纸片，通过添加、移动、拿掉或更换卡通纸片进行讨论、得出结论的研讨班教学方法。一般包括：开题—收集意见—加工整理—总结等步骤	参与性高，培训效果明确，可以在较短的时间里获得最多的信息	多种颜色卡片混用效果更好
	案例教学法	是指在教师的指导下，根据教学目标和内容的需要，采用案例组织学生进行学习、研究、锻炼能力的方法，一般包含课前准备、课堂实施和课后评价三个步骤	具有启发性、实践性、明确的目的性和较强的综合性，能较快提高学生判断能力、决策能力和综合素质	案例手机需要比对，并及时更新案例信息
	引导资料法	是借助于预先准备的引导性资料，引导农民独立学习和工作的培训方法，一般包括获取信息、制订计划、做出决策、实施计划、检查评估和评价反馈等环节	以教师为主导、学生为主体	准备资料要充分，吸收学员参与资料收集

续表

培训类别	代表性培训法	主要做法	培训特点	适用范围
效果导向培训法	心智图法	是一种图像式思维的工具,利用图像辅助表达思维的培训方法,一般包括绘制准备—绘制(数字编码和颜色区分)—评价等流程	通过手绘和计算机绘制,具有很强的趣味性	所有关联信息都被辐射线性及非线性图解方式连接在一起
	参与式培训法	参与式培训是指学习者和培训者在培训内容决策、实施过程中权力共享、责任分担的培训方式,一般包括发现问题—分析问题—理解原因—制定策略四个环节	农民和教师被看成同等的参与者	流程型培训较为适用

资料来源：课题组成员王弢根据相关资料整理。

第二节　农民培训手段

教育手段是指教育者将教育内容作用于受教育者时所借助的各形式与条件的总和，它包括物质手段、精神手段两个方面。其中物质手段主要是进行教育时所需要的一切物质条件，其核心是教育得以实施的各种媒体。随着时代发展、科技进步，以教育媒体为标志的教育手段也在不断发展进化。

一　农民培训手段的演变发展

我国的农民教育培训，按照教育手段的演化可分为四个阶段。

1. 传统媒体主导阶段

所谓传统媒体主导，即教学信息的传递主要依靠教师口语、板书、挂图、实物展示，以及教师形体语言，学生则依靠听讲、阅读、练习、实训等手段完成学习。传统教育手段的特点可概括为“口传身授、师徒传承”。我们之所以把这种直观的教育手段称为传统教育手段，在于它是千百年来人类教育活动最原始最基本的手段。农民教育培训在一个较长时期内，同样是以传统教育手段为主导的。

新中国的农民教育，传承于抗日时期根据地的“冬学”。冬学的主要内容是学习文化知识，开展“扫盲”运动。从20世纪30年代后期到“文化大革命”前，中国共产党领导的扫盲运动持续了近30年。这一阶段农民教育培训的主要手段是“口传身授、师徒传承”。

“冬学”即利用冬季农闲时间开展大规模的群众识字和文化、政治学习活动。冬学一般以乡村小学或庙宇祠堂为教学场所，聘请小学教员，或驻地机关的“文化人”做兼职教师，有些地方甚至请在校小学生做“识字小先生”。教材一般是由县区教育部门组织编写的“乡土教材”，如识字课本附加“农村常用杂字”“庄稼杂字”。冬学的教学方法丰富多彩，注重讲究实效，教学中根据讲课内容和对象不同，除课堂教学之外，还在田间地头、村边院落分散或集中教学，采用学员互教互学、看图识字、见物识字、卡片识字等生动活泼的方式。“冬学”时代的农民教育，物质条件匮乏，技术手段简陋，沿袭着千百年来口传身授、师徒传承的基本教育方法。但是，由于受教育者是广大农民群众，他们中间蕴藏着无限创造力。因此，各地的“冬学”运动中也创造出许多可贵的教学理念和方法，成为现代“互动式教学”“参与式教学”的先驱。

进入20世纪60年代，政府自觉引导农民教育工作从“扫盲”向“农业技术教育”转变。但是培训手段仍然以传统手段为主。1962年冬至次年春，北京郊区农民有3500人参加技术学习，1963年增至1.2万人，分别学习“种子”“肥料”“蔬菜”“果树”“防治病虫害”“电工”等课程。1962年12月5日，教育部下发了《关于农村业余教育工作的通知》。该通知要求：农村业余教育工作，应该按照党的八届十中全会做出的《关于进一步巩固人民公社集体经济、发展农业生产的决定》的精神，为巩固集体经济、实现农业技术改革发展积极发挥作用。此后，我国农民教育中的业余教育、半农半读等形式迅速发展起来。

20世纪60年代的农民教育培训在“文革”中走向了歧途。在把“实践出真知”推向绝对、引入荒谬的时代，农民科技培训变成了“路线教育、阶级觉悟教育”，教育方法也变成了以“自我教育为主”“大批判开路”。

2. 广播电视主导时期

20世纪80年代，我国农民教育的技术手段发生了质的变化——广播电视成了重要的传播媒介。1980年底，为解决“文化大革命”期间造成的农村人才奇缺、教育水平低下的问题，农业部联合21个部委（或部门）共同开办了“中央农业广播电视学校”，面向全国青年农民、农村干部开展中等职业教育，进行农业技术培训。其教学手段最初只有中央人民广播电台的广播节目及学校制作的课程辅导录音带。学生学习，除借助收音机收听广播外，就是以班为单位播放录音带。条件好的地方增加少量面授辅导。

80 年代后期，电视机普及到乡村，中央农广校、各省农广校在中央及地方电视台开办教学、培训节目，并制作教学录像带供教学班播放。此后，VCD 光盘取代录像带成为主要教学手段。

广播电视主导时期，农民教育的模式为：收看收听广播电视节目—学生自学、实践—录音、录像、光盘教学—教师面授辅导—集中考核。

3. 数字媒体主导时期

进入 21 世纪，卫星通信、互联网技术迅速发展。中央广播电视大学、中央农业广播电视学校、农业部农民科技教育培训中心积极开发新的教育培训手段，形成了天网（卫星网络）、地网（互联网）、人网（教育培训工作者）三网合一的教育培训体系。

我国农民教育培训的手段从简单的口传心授、师徒传承到三网合一，是科学技术发展带动教育技术变革的具体反映，标志我国农民教育已经走进现代化时代。

4. 现阶段，全媒体主导时期

近 10 年，我国农民教育培训是多层次教育手段的综合应用。这就是所谓“全媒体”主导时代。所谓“全媒体”的“全”不仅包括各类传播工具，涵盖视、听、形象、触觉等人们接受资讯的全部感官，而且针对受众的不同需求，选择最适合的数种媒体，有机融合，为教育对象提供具有极强针对性的个性服务。

二　农民教育培训手段的现状

农民教育培训手段的演进过程并不是新事物淘汰旧事物的过程。而是在原有手段基础上不断“扩容”的过程。譬如，“教师课堂口语讲解、实验演示、动手操作”，是从孔老夫子起就已经使用的最古老的教学手段。但在教育现代化的今天，它仍是许多教育活动的基本方法。当今农民教育所采用的手段是古今各类教育手段的综合利用。

具体地说，目前我国农民教育培训的手段是多层次的综合性应用。农民的学习、受训方法也是多样的。

1. 田间地头口传身授

如农业科技体系创新团队的专家学者定期到示范推广基地，对专业户进行现场技术指导；农广校专业教师在田间地头现场教学。这种培训模式，针对性强，操作性强，农民易学易懂，至今仍是最受农民欢迎的培训形式。

2. 音像教材 + 面授

这种教育培训手段，是从广播电视教学演变而来。广播电视教育虽然突破了空间限制，扩大了教育的覆盖面，但是广播、电视教育节目（在广播数字电视技术应用前）受时间限制，学员只能在固定时段内收听收看，且无法交流互动，给学习造成困难。此外，教育机构应用广播电视教学，需要在电台电视台开办教育节目，费用较高，一般省、地级教育机构无力承受。于是，教育者便将教学内容录制成音像教材，发放至教学班，根据学员的时间随时安排音像教学。

为解决音像教学难以交流互动、学员学习中遇到困难无人解惑等问题，各地农民教育组织者聘请本地专业人员配合音像教学进行面授辅导，从而形成音像教材 + 面授模式，这是许多农广校乡镇教学班最主要的教学手段。

3. 集中讲授 + 实操

对于一些普及性的培训，如农产品质量安全培训、政策法规培训等，培训机构一般采取“大讲堂”形式授课，北京郊区各区大都开设了“法律大讲堂”“生态大讲堂”，各类大讲堂的基本培训手段就是由专业技术人员集中面授，学员现场听课。对部分技术性较强的培训内容，辅以实际操作训练。如农村经纪人培训，一般是采取集中讲授 + 实操的形式。

4. 参与、互动 + 实训

这就是以培训对象为主体，根据其技术需求设置培训内容，采取参与式、互动式方法授课。培训过程中鼓励培训对象提出问题，师生共同分析研究问题，找出解决问题的办法，再回到生产现场实际操作。

参与、互动 + 实训是农民田间学校、北京农业广播电视学校的主要培训方式和手段，在北京新型职业农民培育中发挥着主导作用。

5. 网校 + 面授

即各教育培训机构开设的网络教育、在线学习，其主体为学历教育，但也包含部分专业技术培训。其主要教育手段是在线播放教学课件，在线学习、在线考核。有些网校将教学课件发给学员，让学员自主学习，参加统一考试。为保证教育质量和考核通过率，部分网校教学点安排了少量面授辅导，从而形成了网校 + 面授形式的培训方法。

综上，农民教育培训手段具有综合性、多样性的特点。它是传统与现代的交织，众多媒介的综合。仅就教学手段而言，一场培训就可能包含教师讲授、板书演示、PPT、音频、视频、计算机课件、学员互动、现场操作等多种手段的应用。这些令人眼花缭乱的教育培训手段的形成与运用是教育技术进步的必然结果，但是，技术的进步也会带来一些负面的影响。

三　培训手段应用中的问题与原因

1. 广播电视等媒体互动性差，使学员感觉枯燥乏味，引起听觉、视觉疲劳，影响学习热情

农广校曾有较长一个时期以广播电视或音像教材为主要教学手段。人们在收听广播或录音时，只有听觉器官处于兴奋状态，其他感觉器官则处于抑制状态，时间久了，听觉感受性下降，知觉模糊，学习效果必然降低。电视节目或录像、光盘教学，虽然调动了听觉、视觉两个功能，增加了直观性，但是学员仍然处于被动接受的地位。实践证明，单纯的广播电视教学会逐渐销蚀学员的学习热情，除毅力极强者一般人难以坚持学习。

2. 现代媒体搭配不当，扰乱认知

有些教育培训者以为，新媒体在教学中应用多多益善，媒体应用越多，教学效果就越好，越能证明教师“有水平”。其实，教育培训手段过于“花哨”会造成信息纷乱，干扰人们的注意力，降低培训效果。教育心理学研究表明，“注意”具有选择性，当人们面对多种信息刺激时，“注意”首先瞄准较强的、动态的或主体感兴趣的刺激，而不会同时注意所有刺激。当人们选择性地注意某种刺激时，其他刺激则作为背景存在；作为背景的刺激太强，会干扰主体认知。根据这一规律，可以说明为什么许多农民对复杂的多媒体综合运用的培训缺乏耐心。

3. PPT 依赖

在农民教育培训过程中，培训者使用 PPT 已是普遍现象。PPT 教学增大了信息量，也增强了直观性，精彩的图片还可吸引人们的注意，帮助人们记忆培训内容。但是任何事物都有两面性，PPT 也是如此。

PPT 的副作用可从教师和学员两个方面分析。

一是PPT固化了教师的教学思路。师者，传道授业解惑也。解惑是教学过程的重要环节，好的教师在教学中须及时掌握学生的情况，有时根据众人的表情就可以判断出人们是否听懂了所教内容。据此随时调整讲授内容，改变教学方法。这就如同相声表演中的“现挂”，它是优秀演员的看家本领。教学中的“现挂”是优秀教师的“点金之术”。但是PPT的应用，让一些教师成为“惰师”，他们把授课内容做成PPT后，便按部就班地塞给学生。教师的教学思路，被设计好的PPT固化，照本宣科，再难看到生动活泼的“现场发挥”，使教学越来越趋于呆板。

二是PPT教学对学生也有明显的副作用。首先，PPT主要诉诸视觉，而人们的视觉记忆属于瞬时记忆，当人们连续观看几十张片子后，由于“后视干扰”作用，前面的内容已经遗忘。在这一点上，PPT不如板书，教师一节课所写的板书可以形成一个整体，学生在课堂上可随时观察板书，回顾教师前面所讲的内容，体会教学内容的前后联系。而PPT教学，不可能随时回放前面所讲内容，学生容易“听了后头，忘了前头”。其次，应用PPT教学，许多学生听课不再做笔记，甚至不集中精力听讲，而是课后复制老师的课件。但教师所做PPT往往只是提纲挈领的“要点”，学生课后回看，往往不得要领。

4. 实操培训遭遇瓶颈

实际操作是农民培训的有效手段，也是最受农民欢迎的培训形式。但在实践中，农业技术实操培训不能像二、三产业工种那样多次重复进行。

一是能够直接到田间地头对农民口传身授的专业人员不足。目前通过实操方式开展农民培训的主要是农业推广体系的技术人员和职教中心、农广校等农民培训机构的专业教师。农业推广体系历来“人少、事繁”，其专业技术人员很难拿出更多时间与精力培训农民；教育培训机构大多师资不足，专业教师更缺，因此“实操培训”只能小规模开展，难以组织大覆盖的实操培训。

二是实操培训受培训材料制约，难以反复进行。农业技术实操的培训材料往往是种植物或养殖物本身，这些植物或动物不是专用试验对象，而是生产物，是价值载体。在实操培训中，一旦操作失误，就会给生产方造成经济损失。因此农业技术实操训练不能无限制地反复进行。这不同于在实验室里进行制陶培训，陶器器形不好，可以团成泥巴重来，最多就是浪费点时间而已。

四　培训手段的反思与合理运用

（一）技术手段的反思

高端技术进入课堂教学，是时代发展的必然选择，也是教育进步的重要标志。教学材料的更替、教学手段的变化，在某种程度上讲，体现着教学乃至教育的革新甚至革命。现在学校的课堂里会有 60% ~70% 在使用 PPT 类软件，有的学校甚至达到了 100%。

借用课件教学这种灵活方便的交互界面，克服了很多无法解决的问题，加快了信息传递，节约了教学时间，提高了课堂教学密度。能更形象展现内容，从而调动学生学习的积极性，如在传统教学中，一些立体、动态的概念需要通过讲述、画图等多种方式反复解释，而在多媒体教学中，一个 FLASH 或是三维实物造型即可表达清晰。总体来看，多媒体教学可以添加文字、动画、声音，使教学过程更加有趣，使得学习方式更加多样化，有利于学生思维的拓宽。

但是弊端也是明显的。运用 PPT 授课的时候，老师往往会花费大量的时间去制作课件，反而忽略了对教材、教法的研究。

老师们在备课过程中应更多关注课程本身和学生，关注合适的授课方法，减少过于花哨的内容，减少过于烦琐的设计，让教学思路清晰、流畅，以学生为课堂中心，更好地体现以学定教。

板书、示范和多媒体在教学中各有优势。多媒体应用于教学，极大地提高了教学效率，它能够仿真、还原、模拟，能够进入人无法进入的世界，应取长补短，使多媒体技术与传统板书、示范演示有机组合，充分发挥它们各自的优势，营造一个既丰富多彩又切实有效的教学氛围，多媒体仅仅是教学的补充手段，不能因为技术而忽略了教学过程中最本质的问题——学生。最好是 PPT 做框架，板书、示范来填充。

（二）培训手段的合理运用

农民培训也要讲求科学组织，科学组织的核心就是合理运用各种培训手段。

1. 根据培训内容选择培训手段

农民教育培训的内容包括方方面面，从专项技术到系统专业知识，从生产技能到营销业务，从农产品安全到政策法规。教育培训内容不同，培训手段方法亦不相同。譬如，田间学校的“参与式、互动式”培训用于技术技能训练非常有效，但并非放之四海而皆准。如果政策法规类培训也采取“学员研讨、互教互学”的方式，势必拖延培训过程，压缩培训容量，降低培训效果。因此培训手段、方式的选择，必须有针对性，做到有的放矢，不能生搬硬套。

2. 根据培训对象选择培训手段

农民教育培训是个笼统的称谓。其培训对象可以涵盖众多群体。农村干部、全科农技员、农村经纪人、种养业劳动者都是“农民”。但是，不同的农民群体，职业特点不同，受教育程度不同，培训需求也不相同。因而，需要采取不同手段开展培训。对于文化层次较高的管理人员、技术人员宜采用现代化的复杂的培训手段；对年龄偏大、受教育程度较低的一线劳动者宜采用传统面授式的培训手段。

3. 注重培训手段合理组合

在现实培训中，各种培训手段往往是组合应用。如在“田间学校”互动式、参与式教学过程中，既有传统的口传身授，也有挂图、板书演示，分组讨论，还有 PPT、计算机课件、音视频教学；如前所述，培训手段组合不当，对培训效果的影响是直接的，过于繁杂的手段运用，不仅不能提高学习兴趣、增强培训效果，反而会干扰培训对象的认知和记忆。培训手段的合理组合，应遵循三个原则。

一是直观原则，要通过一定手段的演示让培训内容一目了然。

二是互补原则，培训手段的组合要能够使人的听觉、视觉、动觉产生协同作用，从而形成知觉的整体性，以提高学习效率。

三是简约原则，为减少信息相互干扰。培训手段要尽量精简。只要能够保证培训内容足以被理解掌握，就不必把培训过程搞得过于花哨。

教学培训手段，是为教学内容服务的。最重要的是要练内功，尊重农民教育的规律，内外兼修，才不会被“技术”左右，教学培训手段的使用才会游刃有余。

第七章

农民培训绩效评价

推进绩效评价工作，促进农民教育培训的全过程管理，推动评价结果运用，提高农民培育项目资金效益，需要认真研究国内外相关项目的绩效评估体系及绩效指标体系制定的理念和方法，关注培训的相关性、有效性与效率等问题，设计指标对农民教育培训进行评价，促进教育培训的内部效率和外部效率共同提高。

第一节　农民教育培训绩效评价指标设计的国内外经验

一　农业项目绩效评价指标设计的国际经验

世行和亚行作为国际金融组织，对提供贷款所支持的项目更注重社会效益，这与各国政府公共投资项目的目标具有一致性。管理系统的核心在于以结果为导向而贯穿项目始终的全过程管理，并形成绩效评价的理念和指标设计的方法。

（一）指标设计理念

1. 充分体现以结果为导向的管理理念

2003 年，世界银行开始实施“发展结果管理行动计划”（Managing for Development Results Action Plan），并在监测与评价中引入“逻辑框架”，监测评价的重点从产出向成效转变。目前，国际金融组织（以下简称国金组织）的项目绩效管理采用的是发展结果导向管理（Management forDevelopment Results）。

这一管理方法要求有清晰的目标，具备能度量和监测绩效结果的体系，国金组织采用的逻辑框架是设计文件的一个有机组成部分，是项目实施、评估和后评估阶段的主要信息来源。在项目设计阶段就确立逻辑框架，其中体现了投入 - 活动 - 产出 - 成果 - 影响的结果链，据此开发出的指标框架也就支持了发展结果导向管理，体现了以结果为导向的管理理念。

2. 指标体系开发逻辑完整、方法完善

国金组织的指标体系以逻辑框架为基础，在纵向上针对项目产出、成果和影响，从横向上开发出相应的指标，并确定指标来源和信息如何处理，整体上体现了完整的逻辑关系。有四个主要特点。

一是通过原则对所开发的指标进行规范。如亚行采用的是实现优良绩效的“SMART”法，要求指标开发要遵守 5 个原则：（1）指标应是具体的（Specific）、定义清晰的和不会产生歧义的；（2）可衡量的（Measurable），有确定的评价基准（Benchmark）对其进行衡量和分析；(3) 可实现的（Achievable），在现实条件下可以收集到相关证据；（4）相关的（Relevant），指标与对应的关键评价问题要相关，能够为管理提供有用的信息；（5）有时限的（Time - bound），具有确定的时间范围。这些原则有利于判断所开发指标的适用性。

二是通过操作规范明确指标开发的步骤：（1）确定基本的指标，即确定要衡量的内容；（2）决定数量的增加或减少；（3）描述性质，确定变化的类型；（4）添加完成时限，即明确完成任务的截止日期。这种细致的指导性规范保障了方法统一，也可以减少人为差异。

三是明确了指标来源。国金组织对指标来源会给出参考，如亚行的《国别战略与规划》，不少实施机构将其管理信息系统的一部分作为指标；其他项目或援助机构用于衡量类似的产出、成果和影响的指标；全球性实体，如世界经济论坛和透明国际采用的一些指标或某些方面的相关指标；在相应专业领域，如电力、供水和电信部门，将其实体通常采用的指标作为参考指标来源，并指出理想的指标是那些由相关政府部门、私营机构或者非政府组织进行了数据收集工作的指标，或者是能够从其他渠道得到数据的指标。这种具体意见有利于减少指标开发成本，提高指标的可靠性。

四是鼓励利害相关方参与指标开发。国金组织在指标开发过程中鼓励受益方共同参与设计、实施，这种做法可以吸纳各方的认识，形成共识，提高利益相关方的归属感。这不仅有利于开发出切实可行的指标体系，对提高项目绩效也有积极的作用。

3. 构建了开放性和共享性的分类指标体系和数据库

国金组织建立了系统的指标库，供进行项目监测与评价时选用。如亚洲开发银行在《项目绩效指标设计和选用手册》中，建立了包括农业与资源、能源、供水和其他城市基础设施，以及交通通信四大部门的指标库，在每个部门中，又根据行业特点，分出不同的次部门，如农业与自然资源部门包括了农业生产与市场，灌溉、排水与防洪，渔业，林业，畜牧业，土地资源管理，水资源管理，农业与农村区域发展 8 个次部门。

国金组织的指标库列出了每一个次部门期望达到的目标，在每一个目标现有的统计资料和定期发布的行业报告等资料中选出相关的衡量指标，并给出了每一指标的来源。

国金组织的指标库显示出开放性和共享性的特点。指标体系能够不断地根据监测需要和实际情况进行完善和改进，具有开放性；不同的项目实施主体可以根据具体项目参考指标库内容，根据具体项目范围设计相应的衡量指标，具有共享性。

（二）国金组织指标体系的基本框架

国金组织指标体系一般围绕“投入”“产出”“成果”“影响”四个方面进行设计。我们以世界银行贷款扶贫项目为例，探讨指标的基本框架。

首先，投入产出类的指标主要衡量管理效率。从资金传递的总量和时间上来衡量资金、项目和规划管理的效率。

其次，成果类指标主要是对效果的衡量，着重从社会的角度，对扶贫产出的情况进行监测，反映的是扶贫效益，对提高扶贫政策的精准性和防止扶贫利益的渗漏具有重要作用。世界银行贷款的扶贫项目在经济方面，主要选择一些能较好反映当地减贫情况及经济发展水平状况的指标；在社会方面，主要选择一些能较好反映当地教育卫生状况及较为敏感的指标；在政治方面，主要选择一些能较好反映贫困群体话语权、参与权及决策权和社区稳定及村级基层自助组织建设等方面的指标；在环境方面，主要选择一些能较好反映或影响当地自然环境变化的指标。

最后，影响类指标主要是监测扶贫政策措施对受扶持对象的政治、经济、社会、素质和生产生活水平等方面产生的影响，侧重于从政治和社会稳定的角度对扶贫政策措施进行监测，这是政府对扶贫投资的期望回报，也是促使主要扶贫投资者（政府）加大扶贫投入的原动力。世界银行贷款的扶贫项目在经济维度的衡量上，通过“恩格尔系数”“贫困发生率”等指标来测量扶贫影响；在社会维度的衡量上，通过分性别的“贫困户家庭小学辍学率”“贫困户家庭初中辍学率”“贫困户儿童营养不良率”等指标来测量扶贫影响；在政治维度的衡量上，通过“群体事件起数”“农民权益纠纷起数”等指标及中央相关农村整体政策满意度等指标来测量扶贫影响；在环境维度的衡量上，通过“因灾返贫农户比率”“自然灾害发生频率”等指标来测量扶贫项目的影响。

（三）国金组织指标体系的分类

根据不同的评价目的，国金组织对绩效指标给出了不同的分类。按衡量的目标分类，指标体系可以分为影响指标、成果指标和产出指标。按绩效的内容分类，指标包括相关性指标、效率指标、效果指标、可持续性指标和影响指标；按衡量方法可以将指标分为直接指标和代理指标；按照能否量化，可以分为定量指标和定性指标。

（四）指标设计和信息收集

绩效指标为绩效的衡量提供了一个有效的工具。其方法是，通过把各个层面的目标转化为可以定量或定性的指标，并对相应的指标进行监测，再通过对绩效指标监测和数据信息的分析，评估目标是否得以实现或实现的可能性。为了实现目标到绩效指标的转化和指标信息的收集，要经过四个步骤。

第一步是对目标进行分解，就是把各层面的目标分解成一个个清晰而独立的目标单元。每一个层面的目标往往是综合和多方面的。为完整地衡量这一目标，就需要明确所有的内容。第二步是进行指标的设计和选择。就是为分解后的目标单元设计和选择其衡量指标。第三步是考虑指标的数据来源，确认绩效指标。第四步是确认绩效指标的基准数据和目标值。

收集信息的来源可以分为内部来源和外部机构的收集。项目内部监测的信息来源于项目办和/或项目实施机构，通过层层上报的方式最终汇总到最高级别的项目办。信息收集方法包括统计、实地监测、调查、访谈等。独立监测信息由外部机构收集。

二　农民培训评估指标设计的特点及不足

近年来，各级政府实施新型职业农民培育、实用人才培养工程，投资加大，为更好做好绩效评价，需要借鉴国际理念，研究新型职业农民培育的特点，开发适合中国国情和该工程的指标体系。现在可以看到的国内进行的相关绩效评估是农业部 2014 年 4 月研究制定的《农村实用人才带头人示范培训考核管理办法》，我们以此为例，分析中国新型职业农民培育的绩效评估体系。

该办法是为进一步提高农村实用人才带头人示范培训管理的科学化、制度化、规范化水平而制定，是为了规范农村实用人才带头人示范培训管理，进一步明确职责，并调动各有关方面参与农村实用人才带头人示范培训的积极性。

（一）考核

（1）农业部农村实用人才培训基地及经农业部核准备案的省级农村实用人才培训基地（以下简称培训基地）培训服务工作。

（2）培训基地所在省（自治区、直辖市）农业行政主管部门培训组织工作。

（3）各省、自治区、直辖市农业行政主管部门学员培训工作。

（二）考核内容

1. 对培训基地培训服务工作的考核

（1）组织管理。培训基地负责人重视培训工作，建有培训工作办公室，有专人负责协调培训班的工作，有专人按要求落实服务工作。

（2）培训条件。培训场所、教学设备等状况良好并能满足农村实用人才带头人示范培训工作需要。

（3）教学服务。教学准备充分，能按照计划承担教学任务。培训基地每期培训班都有授课且内容符合要求；教学服务规范到位，学习材料发放及时，参观考察组织有序，交流沟通准确顺畅。

（4）后勤保障。为学员和授课教师提供周到的学习、生活条件，确保学员和授课教师人身安全，确保食品安全。

（5）财务管理。严格按照农业财政项目资金管理要求和预算批复内容使用培训经费。单独建立农村实用人才带头人示范培训经费管理账户，资金收支记录清楚规范，报账审批合规，报销及时，相关凭证真实完整。

（6）信息报送。有专人负责信息收集报送，及时整理报送培训测评表，做好“农村实用人才带头人信息管理系统”信息录入工作。

（7）档案管理。有专人负责档案管理工作，制度完备，分类清楚，内容完整，归档及时。

2. 对培训基地所在省（自治区、直辖市）农业行政主管部门培训组织工作的考核

（1）组织管理。明确具体部门负责示范培训工作组织管理，有专人负责示范培训工作的安排与落实。

（2）工作协调。与培训基地联系密切，与农业部培训管理部门沟通顺畅；周密组织培训工作，扎实衔接落实各环节任务，着力提高培训质量和水平。

（3）教学管理。根据年度培训计划设计课程、聘请教师、审定讲义。安排专人全程带班，与农业部培训管理人员一道安排开班、结业、讨论、参观等教学活动。

（4）财务管理。严格按照农业财政项目资金管理要求和预算批复内容管理和使用培训资金，并指导和监督培训基地规范使用专项资金。对应下拨给培训基地的经费不截留、不延误、不挪用。按时上报项目预算和年终决算。

（5）宣传推广。加大示范培训模式推广和培训方式方法宣传力度，努力营造全社会关注和支持农村实用人才培训的良好氛围。

3. 对各省、自治区、直辖市农业行政主管部门学员调训工作的考核

（1）组织协调。重视农村实用人才带头人示范培训工作，明确具体部门负责学员培训，有方案、有安排，与农业部培训管理部门和本省（自治区、直辖市）党委组织部门沟通顺畅。

（2）认真遴选。会同本省（自治区、直辖市）组织部门严格按照培训主题和选调条件遴选学员，不选调无关人员，不重复选调。

（3）学员管理。及时汇总参训学员名单并按要求报送；对学员参训有要求、有组织，能按要求指定人员带队参训。

（三）考核等次

考核结果分为优秀、良好、一般和较差四个等次。考核结果在每年的全国农业农村人才工作会议上通报。

1. 培训基地培训服务工作的考核等次确定

（1）参训学员评分占50%，授课教师评分占20%，中央农业广播电视学校或农业部农村社会事业发展中心评分占30%，加权计算得出培训基地测评得分。培训基地年度测评得分取其平均值。

（2）年度测评得分排在前20%的可确定为优秀等次，排在21%～80%的可确定为良好等次，排在81%及以后的确定为一般等次。

（3）出现下列情况之一，培训基地确定为较差等次：一是培训基地出现严重违纪、安全管理不好以及其他造成不良社会影响的重大事件，培训过程存在严重违规和质量问题，财务管理出现违规问题；二是抽查结果不合格。

2. 培训基地所在省（自治区、直辖市）农业行政主管部门培训组织工作的考核等次确定

（1）培训基地年度测评得分占80%，中央农业广播电视学校或农业部农村社会事业发展中心评分占20%，加权计算得出年度测评得分。

（2）年度测评得分排在前20%的可确定为优秀等次，排在21%～80%的可确定为良好等次，排在81%及以后的可确定为一般等次。

（3）本省（自治区、直辖市）培训基地被评为一般等次的，不能被评为优秀等次。

（4）本省（自治区、直辖市）培训基地被评为较差等次的，确定为较差等次。

3. 各省、自治区、直辖市农业行政主管部门学员调训工作的考核等次确定

（1）参训学员评分、中央农业广播电视学校或农业部农村社会事业发展中心评分各占50%，加权计算得出年度测评得分。

（2）年度测评得分排在前20%的为优秀等次，排在21%～90%的为良好等次，排在91%及以后的为一般等次。

（3）调训学员出现两次以上不合格情况，考核等次确定为较差。

（四）结果应用

1. 培训基地培训服务工作考核结果的应用

（1）考核等次为优秀的，在总培训规模扩大时，优先增加培训任务。连续三年优秀的，以农业部名义对相关人员进行通报表扬。

（2）考核等次为一般的，核减下一年培训任务。

（3）首次被确定为较差等次的，约谈培训基地负责人和省级农业行政主管部门负责人；连续两年考核等次为较差的，暂停培训任务，限期整改。

2. 对培训基地所在省（自治区、直辖市）农业行政主管部门培训组织工作的考核

（1）考核等次连续三年优秀的，以农业部名义对相关单位和个人进行通报表扬。

（2）考核等次连续两年被确定为较差等次的，该单位相关部门及工作人员五年内不得被推荐为全国农业先进集体、先进个人及全国农业劳动模范候选人。

3. 对各省、自治区、直辖市农业行政主管部门学员调训工作的考核

（1）考核等次连续三年优秀的，以农业部名义对相关单位和个人进行通报表扬。

（2）考核等次连续两年被确定为较差等次的，该单位相关部门及工作人员五年内不得被推荐为全国农业先进集体、先进个人及全国农业劳动模范候选人。

（五）考核办法评价

该考核办法对调动培训基地工作、农业行政主管部门学员调训工作，以及农业行政主管部门培训组织工作有一定的促进作用，但总体来看，所有指标都是合规性的指标，与绩效考核关系不大，对提升绩效的帮助不很明显。

第二节　北京新型职业农民培育评估

本节从新型职业农民培训需求的视角，调查了北京地区新型职业农民的培训现状，并分析了存在的问题；以农民职业发展为脉络，从人的发展和社会发展两个方面构建六个维度的发展路径，提出促进新型职业农民培育工作的政策建议。

一　新型职业农民培育的发展学意义

1. 社会动力

自2011年起，中央连续5年发布有关“三农”的一号文件，强调要“大力培育新型职业农民”，《中共中央关于制定国民经济和社会发展第十三个五年规划的建议》明确提出要“培养新型职业农民”。大力培育新型职业农民，是深化农村改革、发展现代农业、破解“谁来种地”问题的重大举措。

2. 发展需要

2014年9月4日，北京市政府印发了《关于调结构转方式发展节水高效农业的意见》，明确提出“建立教育培训、认定管理和政策扶持‘三位一体’的新型职业农民培育制度。强化生产经营型、专业技能型和社会服务型新型职业农民‘三类协同’培训”。

3. 农民需求

北京都市型现代农业发展过程中面临农业从业人员“老龄化”“兼业化”的问题越来越突出；现阶段农民自身素质与新型职业农民的基本素质要求还有差距。培养新型职业农民，解决好北京郊区“谁来种地”“如何种地”的问题，为都市型现代农业持续健康发展提供坚实的人力基础和保障，显得十分紧迫和必要。

二　北京市新型职业农民培育总体情况

北京市相关涉农部门按照城市功能定位和都市型现代农业调结构、转方式的要求，通过大力完善职业农民培训教育体系，优化职业农民培育模式，建立职业农民资格认证体系，完善职业农民扶持政策，加快形成生产经营型、专业技能型、专业服务型职业农民“三类协同”，初、中、高职业农民“三级贯通”，市、区县、乡镇“三级共管”，培育、认定、扶持“三位一体”的培育工作格局，培养一支优秀的新型职业农民队伍，为都市型现代农业发展提供有力的基础支撑。

2015 年，北京市新型职业农民培育任务完成培训 2800 人，其中生产经营型 1420 人，专业技能型和专业服务型 1380 人。10 个区县农业主管部门制定本区县项目实施方案，遴选蔬菜、粮经、水产、畜牧、林果等种养大户、青年农场主、合作社骨干、村级全科农技员、骨干农民等重点培育对象，经本人自愿申请、村委会申报、乡镇审核、区县行业把关后，由区县认定的培训机构进行培养工作。据 8 个区县的不完全统计，累计共完成技能培训 14405 人次。从行业看：蔬菜产业培训占培训总任务完成（下同）的 38.1%，畜禽产业占 19.8%，林果产业占 9.2%，粮经产业占 2.7%，其他服务型人才占 30.2%。从培训模式看：主要采取四种方式，一是农民田间学校培训，共组织开办农民田间学校 100 所，参训学员 5200 人次；二是组织专家集中授课和现场指导，其中集中授课 3656 人次、现场指导 575 人次；三是组织异地观摩教学，全年共开展 1090 人次；四是组织开展网络教学，全年共开展 3884 人次。

三　农民教育培育现状及培训需求调研

为全面了解北京地区的农民教育培训需求，2015 年下半年，课题组组织 75 名专业人员，分为 6 个调研组，采用发放调研问卷和镇村两级现场调研访谈的形式，在全市范围内进行农民培训需求调研。力求通过此次调研，加强精准培训，贴近农民，贴近市场，注重实效，培育出合格的新型职业农民。

（一）调研对象基本情况

北京地区参与此次调查的受访者有 4758 人，从各行政区有效问卷分数来看，抽样有一定的代表性。样本所在区域，平原地区占 54.46%，山区占 21.27%，半山区占 24.27%。

总体来看，调研对象学历水平比较低，初中以下（含初中）文化程度的占 58%，本科及以上不到 5%。家庭收入方面，以 2 万 ~5 万元的年收入为主，2 万元以下年收入家庭占 1/4，5 万 ~10 万元年收入占 1/3，整体上农村家庭年收入还不是很高。

（二）从业情况（见图 7 - 1）

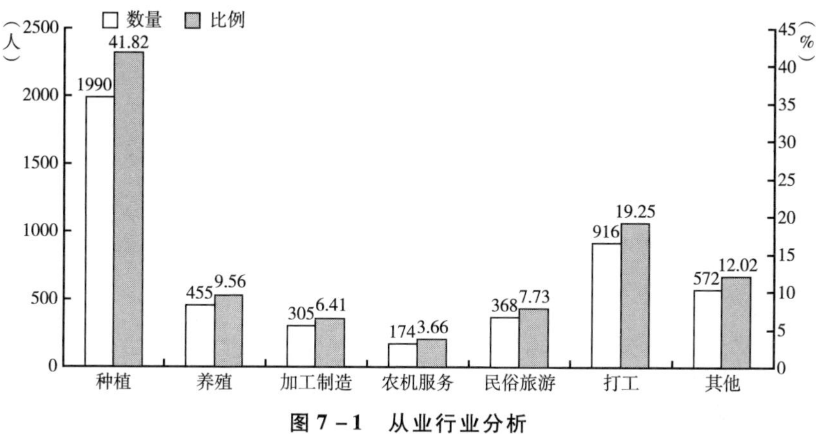

图 7 - 1　从业行业分析

在北京地区的农业从业者中，从事种植业者最多，占 41.82%；外出打工排第二位，占 19.25%；而民俗旅游占 7.73%，说明北京地区农业产业还以一产为主，产业结构不符合北京市都市型农业发展的要求。

（三）从业行业培训需求分析

1. 生产型职业农民培训需求（见图 7 - 2）

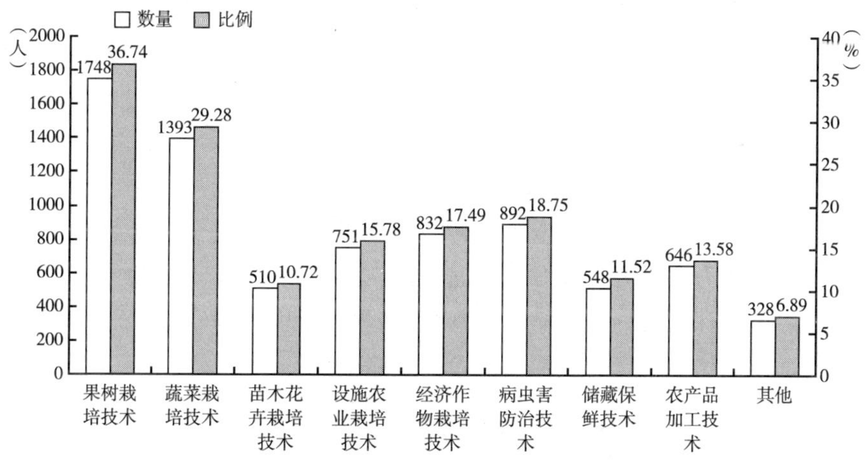

图 7 - 2　种植业培训需求

在种植业中，农民对蔬菜栽培、果树栽培的实用技术需求较高，合起占到66%；而对于苗木花卉栽培技术、设施农业栽培技术、经济作物栽培技术、储藏保鲜技术、农产品加工技术五大方面的技术需求相对不高。从数据看，北京地区种植业还是以传统农业种植为主，各种产业的比例还不是很协调。在以后的产业结构调整中，需要结合北京发展的实际需求加以引导调整。

2. 服务型职业农民培训需求（见图7-3）

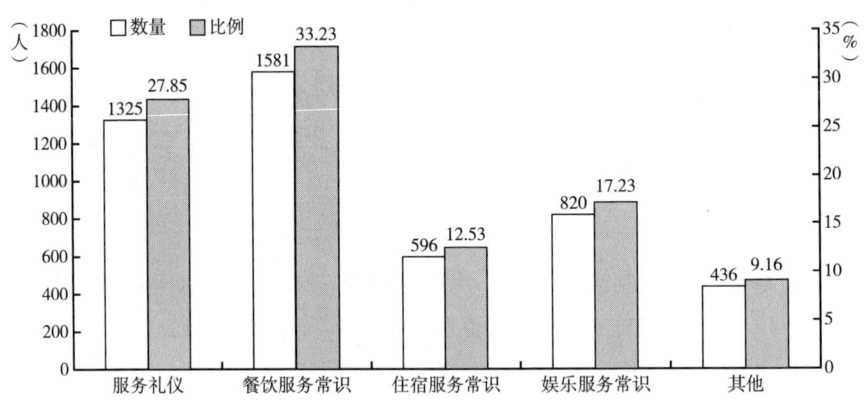

图7-3　民俗旅游服务培训需求

大力发展休闲观光农业是北京地区农业产业结构调整的主要方向之一，符合注重生态建设、促进农民增收的双重目的。经过近些年的发展，北京地区民俗旅游产业已达到一定规模，在对民俗旅游所需培训调研中发现，农民对服务礼仪、餐饮住宿服务等培训大有需求，占73.61%，说明民俗旅游服务类培训有较大空间。

3. 经营型职业农民培训需求

在由传统农民向新型职业农民转型的过程中，“懂经营、会管理”是农民提升管理能力的主要突破方向。通过图7-4可以看出，农民对经营管理能力和组织管理能力的培训需求分别为46.7%和29.34%，说明经营管理和组织管理意识增加，已有较强的能力提升愿望。

（四）影响培训质量的因素分析

1. 培训目的重视实用和眼前利益

农民参加培训的目的非常注重“实用”，尤其关注眼前利益，如增加收入和提高技能的各类培训需求较高，分别占到63.98%和52.48%，远远高出了其他需求。而对学历教育和证书教育，需求都不是很强（见图7-5）。

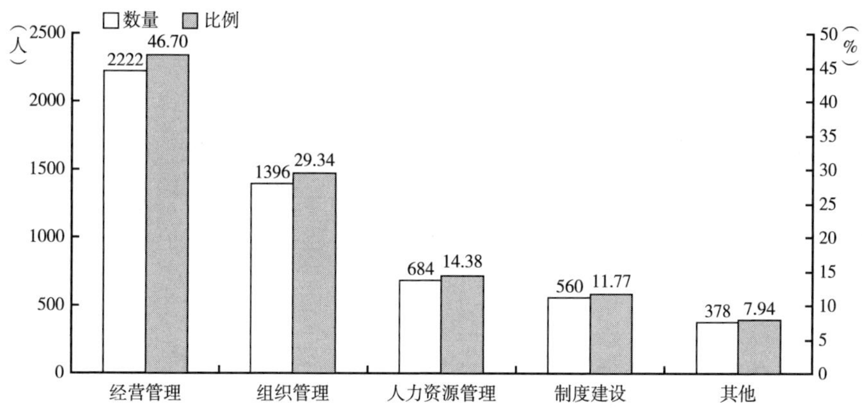

图7-4 管理能力培训需求

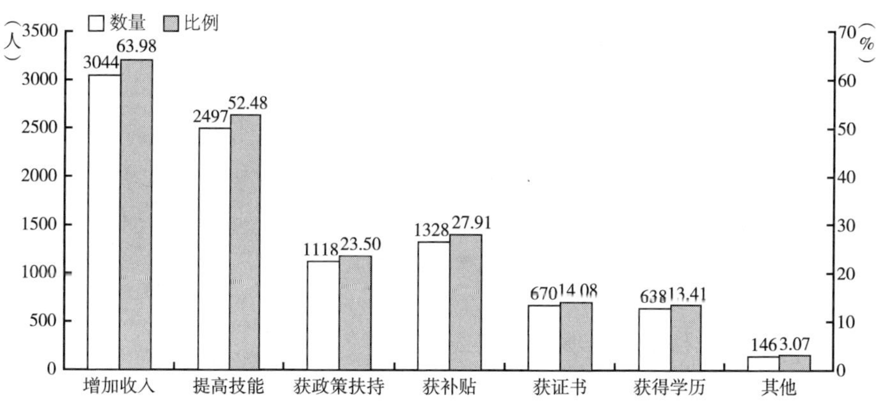

图7-5 培训目的

2. 培训内容重视技术推广（见图7-6）

实用技术和职业能力直接影响农民收入，所以农民关注较大，尤其是实用技术培训需求占到了62.63%；而管理能力、学历教育对农民来说，短期内看不到经济效益，培训需求还不是很高。

3. 培训类型喜欢短期培训（见图7-7）

农民喜欢针对性强的一事一训的培训，最容易接受的是短期培训，占到44.56%；而对于证书、学历类培训积极性不太高。

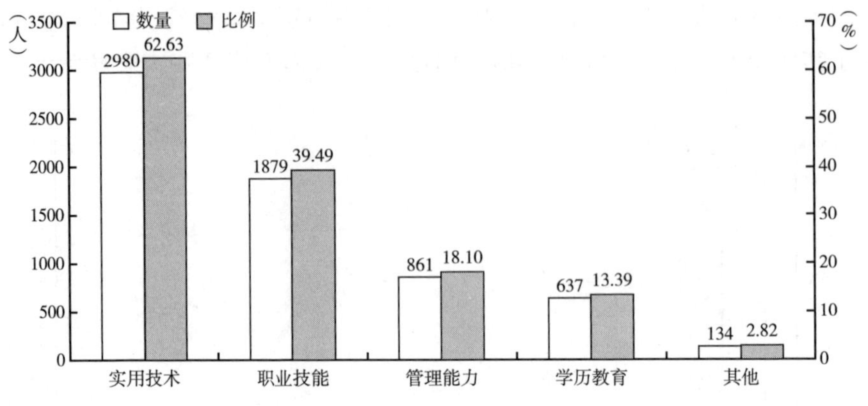

图 7－6　培训内容

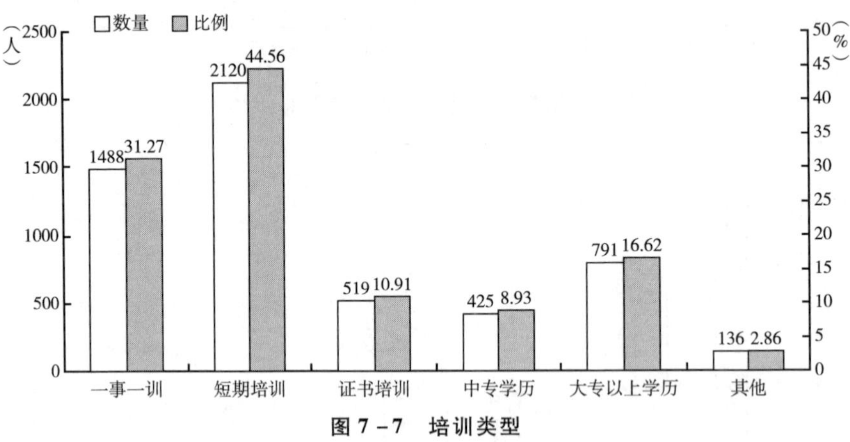

图 7－7　培训类型

4. 培训方式偏向现场演示加实践（见图 7－8）

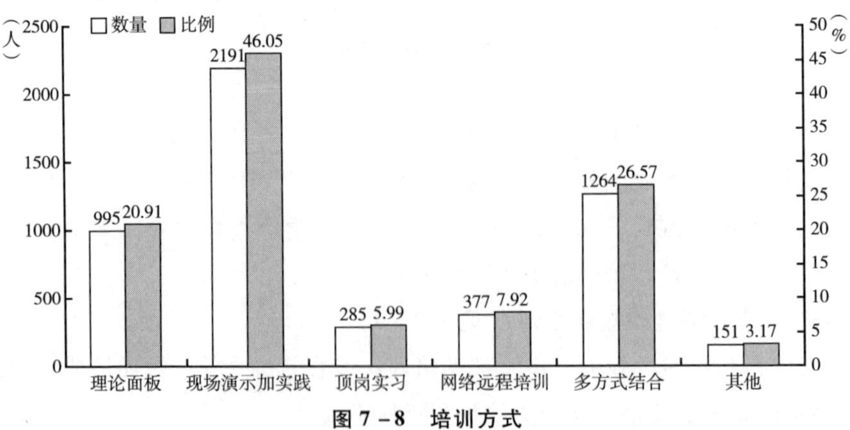

图 7－8　培训方式

农民最喜欢的培训方式就是可见性强的现场演示加实践的培训方式，占到46.05%；网络教育这一新型培训方式虽然有很多优势，但没有面对面的互动，同样也不易被农民接受。

5. 培训时间（见图7-9）

农民是农业生产的直接参与者，他们参与培训的时间不能过长。其中2~3天的培训时长最被农民接受，占比达35.16%；31~90天的培训农民基本不接受，仅为5.49%。

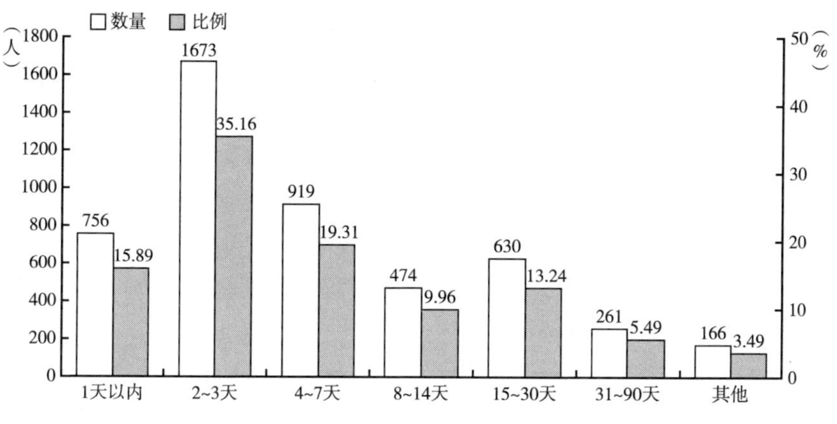

图7-9 培训时间

6. 培训地点（见图7-10）

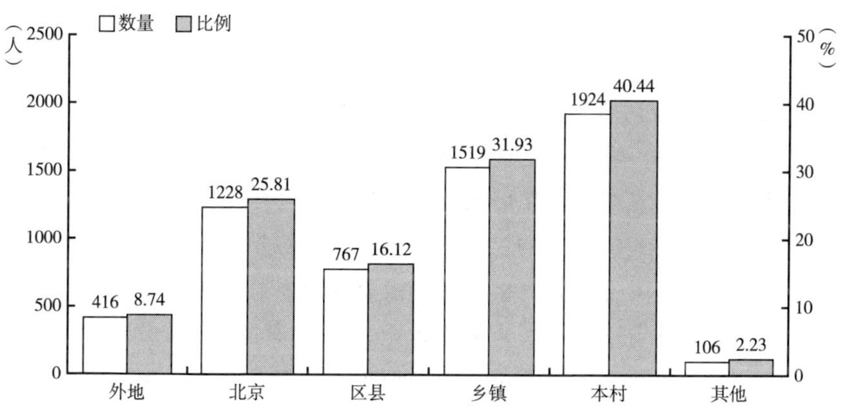

图7-10 培训地点

对生产影响越小的培训地点越被农民接受，比如离家和生产一线最近的本村是农民最喜欢的培训地点，占比达40.44%。乡镇其次，外地最不喜欢，但在本市某个地方进行集中培训还是被农民接受，如在市里、区县或乡镇。

7. 培训教师类型（见图7－11）

农民最喜欢长期在生产一线工作，有丰富专业理论和很强的动手能力，熟悉本行业、本地区情况的农业专家进行培训（54.88%）；对“能人”进行培训的欢迎程度位居第二，占到39.72%；而院校教师排名第三，占32.32%。

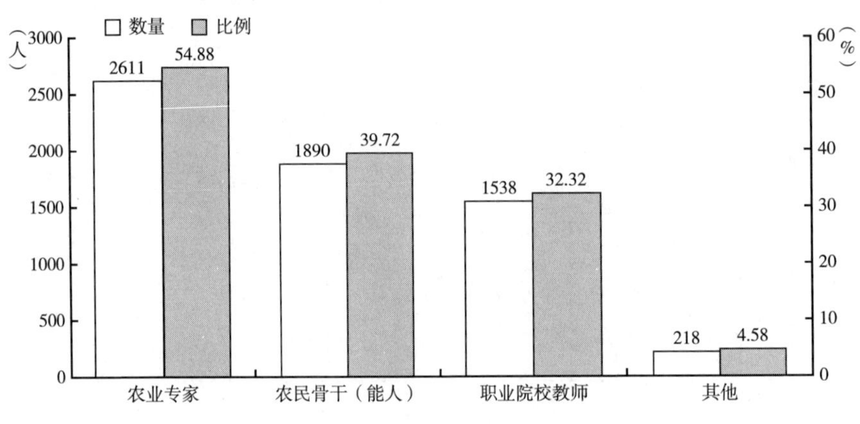

图7－11　培训教师类型

四　存在的问题及原因分析

通过图7－12可以看出目前培训中主要存在四个方面的问题。

1. 培训目标与内容不匹配

通过调研发现，农民的培训主体大多数都是由各级政府主办，院校、培训机构只是其中组成部分。在培训目标、培训内容等方面过多考虑政府主观目的，而未能真正考虑农民的实际培训需求。通过访谈发现，在培训过程中，培训需求都是由主办方直接策划，没有征求参加培训农民的意见；在做培训方案时提前设定培训规模，采用行政方式对参加培训的人员进行指定，造成农民是被动参加，在培训过程中表现出不积极，大大影响了培训成果和在实际中的转化。

2. 培训师资与生产实践不匹配

目前培训教师大多来自院校专业教师、政府官员、科研机构专家等。一

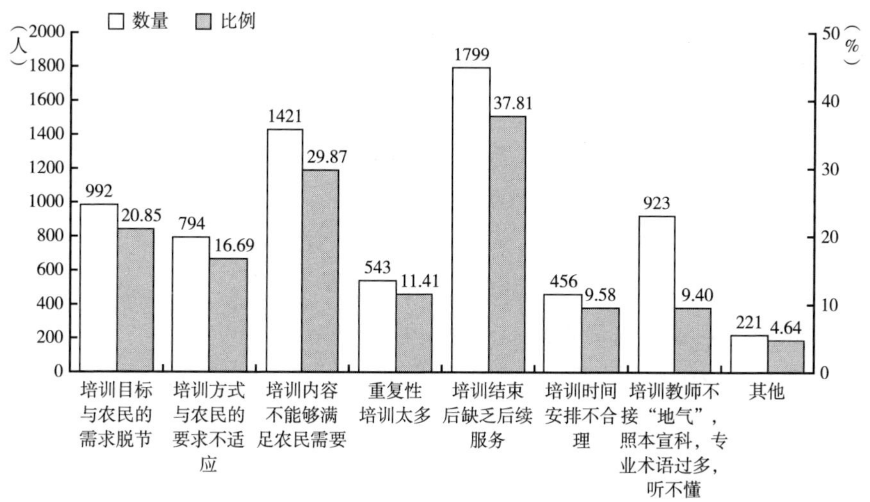

图 7-12 培训存在的问题

是本身没有丰富的农民培训经验，缺乏针对性的方法和技巧；二是不接“地气”，对培训内容缺乏相应的调研和了解，在培训过程中不能很好地结合当地实际，不能有效调动参训人员的积极性，不能与农民有效互动，直接影响了培训效果。

3. 培训方式与能力提升不匹配

农民最喜欢和最能接受的培训方式是“现场演示＋实践操作”，这种培训培训方式最适合实用技术培训。但对于观念理念类的培训，目前采用最多的培训方式是理论讲授，基本上是借助 PPT，系统地向农民传授知识，这种单一的培训方式使参训者失去学习兴趣，直接影响了培训效果。

4. 培训质量管理与后续服务不匹配

绝大部分培训结束后没有后续的跟踪服务。对培训质量的评价大部分只是在培训结束通过一张评价表得出。被培训者如何将培训成果在实践中转化、转化的效果怎样、有没有相应的后续指导等都没有跟踪，其实这些是农民在培训后很期望的服务，是影响农民培训质量最重要的原因。

五 对策与建议

1. 构建多元化的培训体系

新型职业农民培育，需要建立长期稳定的培训服务体系，提供前期需求调研、培训实施、后续服务全方位的服务，这就需要整合各类教育资源，形成高、中、初“三位一体”互为补充的职业农民教育培训体系。初等职业农民培训主要是通过短期辅导、农闲夜校、网络学院等形式提供阶段性的培训课程、技术指导等非学历从业教育；中等职业农民培育主要依靠中专、农广校等对没有接受过农业教育的新农民提供较为系统的农业经营知识；高等职业培育则是依托农业类高校、高职，培养具有一定专业水平的农业经营者、农业技术员及农业科研人员等现代农业人才。

2. 统筹多层次的培训资源

目前开展农民培训的政府部门较多，包括农业、教育、科协、人保部门等，而且包括市、区、乡三级，形成了多部门、多层次管理。建议政府从管理层面上加大对农民培训的统筹管理，由市农委负责统筹全市农民培训项目，区农委负责统筹本区农民培训；观念、理念、新技术示范性培训等项目由市农委统一组织，可根据农学院、农科院、农职院各自的优势适当安排培训项目；而农业基本技术和管理培训则由各区农委组织，由各区农广校、经管站及职教中心承担。其他部门如有农民培训项目，在落实项目时可就培训目标和内容与农委提前沟通，做到资源不浪费。通过编制好的农民培训计划，让各个单位对农民已有培训有清楚的认识，突出农民需要的重点内容，减少重复内容，形成相互配合的系统。

3. 优化多种类的培训内容与方式

从提高整体农民素质的角度，建议按区县不同产业特点及人员素质，制订农民短期、中期、长期人才培养方案；每年制订年度培训计划。建议各级政府或项目实施单位在策划培训方案时应考虑几下几点：一是在制订培训方案之前，充分做好农民培训需求的调研工作，优化培训内容，使内容更贴近农民需要，贴近生产实践需要；二是在组织人员报名时，应把本次培训的具体内容通知到参加人员，尽量不要按区县平均分配，让真正想学习的人有机会参加，而不是为了完成任务而来；三是在培训过程中应采用多种培训形式，对理论性强的内容可采取小组研讨式教学、案例分析等方法，对技术操作有具体要求的内容可采用现场示范、实践动手等方法，对新技术新品种等内容可采用专家讲 + 现场看 + 小组动等方法。

4. 遴选多层次的优质师资

针对不同的培训内容，遴选不同的教师授课。如理论性强的内容，可以聘请院校专家授课；政策性强的内容，可以聘请行业专家或部门领导授课；实践性强的内容，可以聘请能工巧匠和实践能手授课。做到针对不同内容，选择合适的优质师资，达到因人、因地、因需施教，保证培训效果。

5. 聚合多部门的培训经费

北京市农民培训的经费虽然整体不足，但近几年增长幅度不小，除了需要经费的不断增长外，提高其利用效率有着重大意义。有限的经费不宜平均分配，需要有重点安排，保证效果好，农民欢迎，工作急需的培训能够得到较好的组织，有效率的培训经费能得到保证。培训的投入要有相应的产出，让经费发挥更大的作用。另外，可以参照国内外其他地区的经验。将培训经费的使用统筹起来，通过购买服务的方法，选择有效的培训单位和方式，这样也能提高经费的使用效率。

6. 建立多渠道的跟踪服务

积极开展公共服务外包，有利于推动政府公共服务职能的转变，推进服务型政府建设。推进后续跟踪指导和服务制度，采取培育一批、吸引一批、储备一批的方法，整合集成有关政策，加强创业孵化、政策扶持和跟踪指导，加快探索认定管理制度。各级政府向第三方机构购买服务。由专业机构对承担培训任务的各级院校、培训机构进行多层次全方位跟踪评估，强化各培训机构在培训前做好充足的农民培训需求调研，根据需求制订科学合理的培训方案，培训实施过程中做好组织、管理、服务工作，充分发挥这些机构教育、培训资源和优势，提高培训的效果。

第三节　农民教育培训与乡村振兴战略契合关系研究

——以北京市延庆区为案例

一　问题提出

乡村振兴战略是一个系统工程，推进乡村产业兴旺、生态宜居、乡风文明、治理有效、生活富裕，突破农村人才不足的瓶颈，培育乡村振兴的内生力量，人才振兴是关键。

美国经济学家舒尔茨（1970）认为："土地本身并不是导致贫穷的主要因素，而人的能力和素质却是决定贫富的关键。旨在提高人口质量的投资能够极大地有助于经济繁荣和增加穷人的福利。"近现代中国乡村建设在实践和理论上与舒尔茨的思想不谋而合。晏阳初指出，中国民众存在贫、弱、愚、私四大弱点，必须用四大教育来克服；梁漱溟认为，乡村问题的解决一定要靠乡村里的人，必须靠有知识、有眼光、有新技术的人与他人合作，方能解决问题。这些观念的共同点在于认同教育和乡村自治宗旨，认为乡村社区建设必须建立在社区民众内生性自我利益诉求的基础上。

国内关于农民教育培训与经济社会发展契合关系的研究，首先是农业职业教育在实施乡村振兴战略中作用的讨论。有关研究认为必须把农业农村优先发展和农村职业教育改革发展紧密结合起来，主动担责、主动融入、主动升级，为乡村振兴战略的实施提供高素质技术技能人才保障、智力支持和技术支撑（张志增，2017；丁哲学，2018）。在农村的职业培训中，村民的不可观察变量在村民的参与决策和收入获得中发挥了重要的作用，政府应该吸引和动员那些不参加职业培训便难以提高工资收入的村民参加培训（王海港等，2009）。乡村振兴战略迫切要求提高农村人才素质，提出了阐明农民教育培训与乡村振兴人才需求之间因果关系的理论任务。契合度是判明现象因果联系程度的一种方法，如果在被研究现象集中出现的不同场合中，有一个情况是共同的，那么这个共同的情况就是被研究现象的因果联系，契合度越高，这种联系就越紧密。近几年，有学者把契合度纳入教育社会学研究中，有学者尝试分析了高职专业结构与产业结构匹配度，提出两者具有契合度（龚森，2016）；有的学者分析职业教育的专业结构、层次结构与发展规模与产业结构、支柱产业发展与生产经营岗位需求的相匹配情况，提出优化职业教育的层次结构和专业结构（朱新生，2010）；针对农民培训与产业发展需求不匹配的现状，需要以农民职业发展为脉络，从人的发展和社会发展两个方面推进工作（王弢，2017）。

上述研究和实践对于我们重新审视农民教育和乡村振兴的契合关系有十分重要的借鉴意义。本文选择北京市延庆区作为案例解剖分析，主要基于该区在农民教育培训中有创新，绩效比较显著和在乡村战略中有新的发展机遇及举措等。本研究主要采用了半结构访谈、实地踏查、关键人物访谈、知情人访谈等参与式调研，结合文献研究完成。我们在 2015 年 8 月至 2016 年 4 月中，召开包括与农民培训有关的 20 个部门座谈会 4 次，在旧县镇、康庄镇、千家店镇和珍珠泉乡等乡镇召开座谈会 8 次、农民座谈会 20 次；2017 年上半年又针对绿色人才需求开展了补充调研。

二　延庆区乡村振兴人才现状和需求预测

（一）农村现有从业人员现状

延庆区地处北京市西北部，是北京市远郊区之一。《北京农村年鉴》与区统计局数据显示，该区共有农业户籍人口 15.76 万人，农村劳动力 9.63 万人，占农业户籍人口总数的 61.10%。农村劳动力按年龄划分，16～30 周岁的有 2.01 万人，30～40 周岁的有 2.75 万人，40 周岁以上的有 4.87 万人，分别占比 21.05%、28.53% 和 50.42%。按学历划分，初中及以下学历的有 6.68 万人，中专学历（含高中、技校等）的有 2.39 万人，大专及以上学历的有 0.56 万人，分别占比 69.37%、24.82%、5.81%。按技能划分，无技能的有 6.63 万人，初级技能的有 2.54 万人，中高级技能的有 0.46 万人，分别占比 68.85%、26.38% 和 4.77%。综合来看，延庆农村劳动力整体结构年龄偏大、学历素质偏低、技能水平偏低。

（二）人才需求趋势和预测

1. 农村人才现状

2016 年，延庆区农村家庭劳动力从事一产人员 41672 人，从事二产人员 16589 人，从事三产人员 62836 人。从近年农村家庭劳动力从业情况的变化趋势来看，从事第一产业的人员呈现下降趋势，从事第三产业的人员则呈上升趋势，且一产从业人员数量下降速度逐年加快，2016 年比 2011 年下降了约 15.39%。

在一产从业人员中，农、林、牧、渔等行业从业人员数量显现出了不同程度的下降趋势，其中农业和牧业产业相对明显。2016 年从事农业产业的农村家庭劳动力为 29109 人，比 2011 年的 35707 人下降了 18.5%；牧业产业从业人员 2900 人，比 2011 年的 3854 人下降了 24.7%；林业和渔业产业从业人员数量则变化幅度不大[①]。

2. 农村人才需求数量预测

我们与延庆区政府相关部门、乡镇、农业企业、新型经营主体以及冬奥会、世园会等筹办机构，就新型职业农民培育开展了参与式调研分析，对未来人才需求进行了估算与预测。

（1）家庭农场主与种养大户。截至 2016 年，延庆区有种植养殖大户约 100 户，延庆区现有耕地约 42 万亩，在总耕地面积 5% 的基础上，按照平均每 50 亩一个家庭农场来计算，到 2020 年对家庭农场主和种养大户的培训规模应达到 500 人。

（2）合作社理事长。延庆区现有农民专业合作社理事长约 273 人，人口较多且有一定产业的村已经基本成立合作社，因此合作社理事长数量上已基本满足各乡镇的需要，但存在经营能力和带动能力不足的问题。

（3）民俗与乡村旅游户。截至 2016 年，延庆区从事民俗旅游的农村劳动力达 2907 人，按照旅游局和农委提供的现有接待空间、接待能力和民俗旅游发展规划数量估算，未来 5 年，民俗旅游业从业的专业人员（管理人员、厨师和接待人员）的缺口约为 800 人，零星的季节性短期工作人员可以不纳入教育培训范围。

（4）农业园区管理者和工人。截至 2015 年，延庆区有农业园区 44 个，结合农业园区数量基本稳定不再会有大量增长和现有规模、园区功能和机械化程度，按照每个园区拥有 3 个管理人员，20 个左右工人估算，未来 5 年农业园区将有 150 名左右的管理人员、1000 人左右的园区工人就业岗位需求。

（5）其他各类技能人才。与园林绿化局、文化局、人事与劳动保障局等部门座谈得知，综合考虑延庆经济发展规划，结合村庄数量、失地农民的数量和年龄结构等综合因素，未来 5 年各行业新增技能人才数量估算分别为绿化工 700 人、花卉园艺工 200 人、厨师 200 人、农村经纪人 100 人、电子商务人才 200 人，乡村文化人才 1000 人。

（6）冬奥会、世园会储备人才。与冬奥会、世园会筹办机构座谈得知，它们启动冬奥会、世园会百人服务团计划，培养 100 名骨干花卉园艺师和 100 名核心志愿者，作为服务世园会和冬奥会的主要力量，并起示范带头作用，带动周边农户共同为两个盛会的举办提供人力支持。

① 从业人员现状和人才现状的数据来源于《北京农村年鉴》和区统计局提供的资料。

三　延庆区农民教育培训与乡村振兴战略的契合关系分析

契合度一般包括两个维度：一致性契合和互补性契合。由于教育培训与乡村振兴之间的相关性有一定的滞后效应，我们以需要 - 供给和需求 - 能力为切入点，在规模、结构、层次和规格四个方面开展分析农民教育培训与乡村振兴需求的契合关系。

（一）农民教育培训与乡村振兴需要契合关系分析

1. 规模维度的契合关系分析

从规模维度分析，重点是从数量层面分析区域经济社会发展的需求与农业职业教育、农民中等学历教育之间的关系。能够补充到延庆区从事一、二、三产业的人员有少部分来自相关农业职业院校，大部分还是依靠当地职业学校和农业广播电视学校的培养（见表 7 - 1）。

表 7 - 1　延庆区 2011 ~ 2017 年农业广播电视学校注册学员与专业分布

单位：人

年份	果蔬花卉	旅游服务	农业综合	社会文化	现代农艺	休闲体育	园林技术
2011	463	0	1006	0	0	0	0
2012	334	68	70	717	0	0	0
2013	543	199	392	929	372	0	0
2014	641	0	0	237	25	0	581
2015	245	83	28	213	31	0	369
2016	0	77	0	121	0	239	167
2017	37	0	0	81	0	114	379
合计	2263	427	1496	2298	428	353	1496

资料来源：北京市农业广播电视学校学籍科提供。

从表 7 - 1 可以看出，2011 ~ 2017 年延庆区农民中，注册中等学历教育的有 8761 人，其中从事第一产业包括果蔬花卉、农业综合、现代农艺、园林技术有 5683 人，占学员总数的 64.9%，其次是社会文化 2298 人，占学员总数的 26.2%，从事旅游服务和休闲体育 780 人，不到 10%。

从绝对规模分析，农业广播电视学校和职业学校的毕业生数量远远不能满足延庆经济社会发展需要，未来 5 年之内预测按照现有的教育培训能力难以满足实际的人才需求。

从相对规模来看，培养数量与产业发展变化趋势不一致，休闲体育和旅游服务需要的人数在不断增加，但传统的招生依然更多停留在第一产业。

2. 结构维度的契合关系分析

从结构维度分析，延庆区农业职业教育专业与乡村振兴的契合度，主要是考察乡土人才培养是否契合了乡村振兴战略人才结构需求。

调研得知，延庆区在过去近20年的农民教育培训中，有些举措走在了全国的前列，契合了乡村振兴的结构变化要求。（1）农民文化中专班开全国先河，促进了乡村文化建设。2010年8月，延庆区率先开办了第一个农民社会文化艺术中专班，截至2016年，班级总数达66个，学员2656人。农民文化中专班培养出一批扎根基层的科技文化乡土人才、民族民间文化传承人及文化活动积极分子，促进了乡风文明，传承了传统文化。（2）农村社区教育对促进乡风文明、活跃农村文化生活、提升农民健康发挥了积极作用。2012年开始，依托北京东方妇女老年大学的“幸福养老大课堂”开展“老年教育向农村延伸”项目的实践，2014年，在大庄科乡沙塘沟村和井庄镇北地村正式启动了“老年教育向农村延伸项目”。目前已经扩展到4个乡镇，开展活动30次，受益群众达1000人次。（3）一家非营利组织于1995～2005年，在延庆区开展农村改水、改厕以及生计项目，结合项目开展，他们在100多个村开展了培训，提升了农村干部和农民乡村治理、民主参与的能力。

但是大量访谈发现，农民培训与乡村振兴的要求相比，还存在人才结构性不足。（1）教育培训没有很好促进农民就业增收。2011年至今，有5000人以上的农民已正式成为产业工人，农村劳动力转移就业和安置残疾人就业人数也有所增多。但是现有的教育培训并没有对上述转移就业人员开展有效的技能培训。（2）缺乏农业产业复合型人才的培养。延庆区都市型农业发展需要都市型农业科技人才、经营管理人才、农村规划设计人才、农业信息技术人才、农业电子商务人才以及适应一、二、三产业结合和新业态的复合型人才，但以往的教育培训没有很好预测复合型人才的需求数量并开展针对性培训或者学历教育。（3）缺乏乡村治理和绿色发展人才。乡村社区治理，干部观念的转变尤其重要，延庆区现有376个行政村，现在拥有大专学历的主要村干部不到200人，农村管理人才严重不足；在对农民的教育培训中，更多侧重契合了产业发展需要，忽略了保护环境、绿色发展、生态宜居等人才的培养。

3. 层次维度的契合关系分析

从层次维度分析，对农民培训的学历层次、新型职业农民层次与乡村振兴需求结合开展研究和评价。

从契合关系看，延庆区2012年开始首创的“双师合作型”教学模式，有利于提升农民综合素质。该模式是由2位或2位以上教师合作，采取自下而上的参与式、互动式、讨论式教学方法，最大限度调动农民学员多感官学习，以达到培养学员综合能力的一种教育模式。充分调动学员学习的积极性，激发学员学习热情，培养学员发现问题、分析问题、解决问题的综合能力，提升了从初等职业教育到中等教育的层次。

从学历层次来看，延庆区农民学历培养层次包括了初级层次、中等层次（农广校）和高等职业教育三个层次，现在主要集中在中等层次，但乡村振兴需要着力培养一大批有较高收入水平、适应都市型现代生态农业发展需要、热心农村社会事务管理、扎根农村生产创业的新型职业农民和实用人才，需要分层培养，上下贯通。现有的教育体系还不能达到要求。

4 规格维度的契合关系分析

从规格维度分析，主要是从微观层面，即相关产业的需求和人才培养的能力层面，分析从业人员的职业素质与乡村振兴之间的相关关系。（1）延庆区2009年开创的农民田间学校与农民中专学历教育结合的“两校合一”办学模式，提升了农民教育培训成效。在解决田间学校理论短浅，而中专学历农民又缺少实践的同时，实现了知识和能力的结合、理论与实践的结合、农忙与农闲的结合、传统教育方式与现代培养方式的结合、专业技术培训与团队建设的结合，又找准学历教育与农民技能培训的最佳结合点，受到了广大农民的认可，提高了农民教育培训的档次。（2）通过扎实开展农业实用技术培训，提升了从业人员素质。延庆区结合农业产业发展定位的调整，对农民进行有针对性的培训，2015年，种植类和畜牧养殖类农民共培训10100人，培训过程中实现了更具针对性的分类、分级培训。延庆区第一职业学校系统开展民俗餐饮培训，提升农民致富能力，2014年，在珍珠泉村建立了全区第一个“乡村旅游实习培训基地”；为八亩地村量身打造旅游餐饮品牌“南瓜宴”，提升民俗接待水平；在全区各乡镇全面系统开展凉菜、热菜、面点和客房布置等民俗培训，有力地提升了全区民俗旅游接待水平。

随着延庆区生态环境质量的不断提升，景区建设的不断加强，农业多功能性发挥，都需要从业人员改变固有素质，完成从普通农民到农业产业工人的转变；世园会、冬奥会在延庆区的举办在提供就业机会的同时，对人才素质规格也提出了更高要求。遗憾的是面对乡村振兴新机遇提出的高规格人才需求，暂时还没有有效的、有针对性的教育培训方案。

（二）契合关系不够密切的简要分析

1. 资源整合不足

参与农民教育培训的部门，除农业、教育、人力社保、科技等部门外，还有科协、工青妇以及许多社会团体、企业单位等，近 20 家部门参与，“群龙治水”的状态，虽然轰轰烈烈，“观赏性”极强，但造成了资金分散、培训重复、资源浪费、绩效低下等弊端。

2. 培训形式缺乏创新

在长期的农民教育培训过程中，存在培训形式落后、培训与就业严重脱节，难以有效提高就业技能，不能满足产业发展和美丽乡村建设的需要，这与培训缺乏规划、教师不懂农民教学规律、照本宣科，不够专业有关。

3. 资金投入不足与浪费并存

延庆区在农村劳动力教育培训、新型农民培养等方面的投入逐年增长。但与乡村振兴对人才的需求相比，投入仍显不足。农民教育培训经费一般以项目形式投入，然而能够在市财政立项的项目数量有限，除阳光工程、全科农技员、农民田间学校等少数立项项目外，大量培训面临经费短缺的尴尬局面。同时培训中多龙治水下又存在资金严重浪费的弊端。

4. 法律法规不够健全

现在缺乏针对农民教育培训的法律。受长期二元分割体制的影响，在实际生活中并没有将务农当成职业来看，对农民“用而不养”；农民日复一日、年复一年重复低水平劳动，而现代社会对农民的歧视观念根深蒂固，严重影响了依法对农民进行培训工作，进而导致农民教育培训始终没有得到应有的法律支持和政策保障。

四　加强农民教育培训与乡村振兴契合的建议与措施

（一）政府转变理念，统筹规划，为乡村振兴人才培育奠定政策基础

地方政府通过行使行政职能、管理行为和政策调控，实施人才振兴战

略，需要做好四大保障。

第一，组织保障。加强组织领导，形成多部门合作参与的乡村人才培育联动机制。

第二，经费保障。充分整合各部门各渠道现有支农资金，确保农民培训工作经费高效利用。财政部门要确保农民培训等经费优先安排，坚持农民免费培训制度，加强农民教育培训基础设施、实训基地和示范基地建设。

第三，师资保障。要通过加大培养当地教师、聘请高校教授、挖掘农业生产一线的“土专家”“田秀才”三条途径建立丰富的师资队伍。

第四，体系保障。充分发挥政府统筹作用，推动多元力量参与农民教育与培训体系建设，深化产教融合、协同育人，形成完善高效的农村职业教育和培训体系。

（二）完善多主体有效参与、具有活力的动态农民教育培训体系

要统筹各类教育培训资源，基于乡村振兴战略人才需求，构建和完善以区职业教育中心、农业广播电视学校等机构为主，农业科研院所、中高等农业职业院校、农技推广服务机构、农业企业、农业园区和农民合作社等多元主体广泛参与的动态农民教育培训体系，满足农民多层次、多形式、广覆盖、经常性、制度化的人才需求。健全农民教育培训制度，建立新型职业农民教育培训“学分银行”和信息化公共服务平台，搭建新型职业农民培训与学历提升之间的“立交桥”。

（三）实施新型职业农民、基层干部学历能力提升工程，提升乡土人才的学历和能力

1. 改革招生录取方式

实现农业产业从业人员注册参加中等职业教育，具有高中、中专及以上学历的新型职业农民、村干部、返乡下乡创业人员、退役军人通过提前招生参加大专和本科学习的招生制度，并逐步取消学制年限和学龄限制。改革考试内容，以农业职业素质倾向测试代替文化课分数。农业部门、教育部门、人力社保等部门沟通协调，制定政策，积极研究制定新型职业农民的待遇、职务和职称制度，为农村后备干部和全科农技人员的培养和培训开启政策“绿灯”。实施定向培养、提供学费补贴等途径，有计划地培养一批具有专

科、本科学历的新型职业农民及其后继者。

2. 创新人才培养模式

创新“产教融合、校企合作、工学结合”的人才培养机制，制定适合新型职业农民学习特点的人才培养方案，开发更加符合当地农村经济社会特点的课程和教学模式，提升人才培养和乡村振兴的契合度。深化“半农半读、农学交替”教学模式改革，解决新型职业农民学习与生产之间的矛盾冲突问题，提高学习效果。

3. 完善考核评价方法

全面实行学分制，建立学员学分银行，通过学分转换的形式对既往农业生产经营技能、社会学习培训经历、职业资格、表彰奖励等，经认定折合一定学分，与课程学分一起作为学业考核和毕业鉴定依据。建立考教分离、行业为主的外部考试评价认证方式，构建基于工作过程的综合考试模式，注重学习过程考查，加大实践能力考核的比重。

（四）加强农民教育实训基地建设工程，完善教学资源

1. 推进校企合作，深化产教融合

国家按照优化布局、扶持特色的原则，重点支持农业发达地区以及高等农业职业教育优势专业、特色专业、紧缺专业等，建设一批符合农业产业政策和区域经济发展方向的示范性、开放式公共实训基地，构建结构合理、功能齐全的高等农业教育实训基地体系。地方政府围绕地方农业特色，以高等农业职业院校为依托，建设一批省级农业生产性实训基地。逐步建立实训示范基地认定和管理办法，充分发挥已有实训示范基地在农民教育培训工作中的重要作用。

2. 建设创业基地，对接产业发展

县级政府结合当地农业产业特点，选择农民合作社、农业龙头企业、家庭农场，建设一批功能齐全、设备完善、示范带动能力强的实训示范和创业孵化基地，为农业高校、农业职业院校、农民专业培训机构搭建送教下乡的教育教学平台，为广大农技人员、各级各类教育培训教师提供科研、实践和为农服务的平台，为农民就地就近、半农半读接受系统农业教育提供参观学习和实践操作平台，为科研院所、科技推广提供成果转化、试验示范的平台。鼓励农业职业院校与农业部门、农业企业、新型经营主体、种植养殖大户、农民创业园、乡村旅游集聚地等建立对接机制，探索建立新型职业农民

培育实训与就业创业扶贫一体化基地，形成校内技能实操基地与校外就业实习基地相互衔接的实训基地发展模式。

（五）教育培训分类细化，抓住重点，解决乡村振兴人才总量供给不足、高端人才欠缺的问题

一是开展农业实用技术培训的知识和技能培训，提高生产水平和产业发展能力，推动农业生产经营专业化、标准化、规模化、集约化发展，挖掘产业特色，推动一、二、三产业融合健康发展。

二是开展创业知识与技能教育。对有一定产业基础、文化水平较高、有创业愿望的农民，以及城镇化过程中离开农村需要转移就业的农民，开展创业培训，增强其创业意识、掌握创业方法、提高创业能力，鼓励创办农业企业以实现就业、创业。

三是开展农业文化与绿色发展理念教育。绿色发展，生态宜居。需要从事种植业、养殖业、乡村旅游服务业，还是从事农产品加工业，都必须遵守生态保护的理念，在农民教育中应注重绿色发展、循环农业、有机农业等理念的传授与技能培养。

四是针对预测的人才需求，需要把握各类人才职业素养要求和能力指标，开展有针对性的培训培育新型农业企业家队伍、职业农民队伍、新型农技服务队伍、农村管理人才和乡土文化人才等人才队伍，提升乡土专家层次。如对家庭农场主与种养大户、合作社理事，通过培训提升他们服务“三农”、服务地区的意识，促进地区经济发展的责任感；提升民俗与乡村旅游户的服务观念，提高接待服务能力；对园区工人开展新技术、新品种示范推广、休闲观光、农业社会实践教育等。

第四节　农民教育培训工作绩效指标设计原则和建议

（一）原则

绩效指标体系的开发应遵循“基本准则为前提，关键问题定方向，基本指标重特点，个性指标选择用”的思路，同时强调提出“基本指标”和“个性指标”的易表述性和可计量性。

1. 相关性原则

即选定的绩效指标与项目的绩效密切相关，能够满足改进管理的需求。指标体系的设置应符合客观认识对象本身的性质、特点、关系和运动过程。指标体系中每一项指标的设计都应建立在充分的论证和调研并对收集的数据进行周密、细致的统计分析的基础上。设计评价指标体系时，首先要有科学的理论做指导，使绩效评价指标体系能够在基本概念和逻辑结构上严谨、合理，能够抓住评价对象的本质，并具有针对性。

2. 重要性和系统性相结合的原则

根据各项指标的特点进行筛选，即选择最具代表性、最能反映绩效评价要求的指标。绩效评价指标体系无论采用定性、定量方法，还是建立模型，都必须是客观的抽象描述，抓住最重要的、最本质的和最具有代表性的东西，对客观实际现象描述得越清楚、越简练、越符合实际，科学性就越强。

指标的选择不仅要抓住重要的指标，还要注重指标的系统性。评价对象必须用若干指标进行衡量，系统性原则要求这些指标必须是互相联系和互相制约的。有的指标之间有横向联系，反映不同侧面的相互制约关系；有的指标之间有纵向关系，反映不同层次之间的包含关系。在指标体系设置和个体指标选取上，要以构建科学、完整的绩效评价系统为出发点，根据各指标对实现评价目标的重要程度，同时考虑各类指标在评价指标体系中的合理构成以及指标间的关联度，通过指标的合理取舍和指标权重的设置，达到评价指标既能突出重点，又能保持相对的均衡统一，实现系统的最优化。

指标数量的多少及其体系的结构形式以系统优化为原则，即以较少的指标（数量较少，层次较少）较全面系统地反映评价对象的内容，既要避免指标体系过于庞杂，又要避免单因素选择，追求的是评价指标体系的总体最优或满意。

设计评价指标体系的方法应采用系统的方法，例如系统分解和层次结构分析法，由总指标分解成次级指标，再由次级指标分解成再次级指标（通常人们把这三个层次称为目标层、准则层和指标层），并组成树状结构的指标体系，使体系的各个要素及其结构都能满足系统优化要求。也就是说，通过各项指标之间的有机联系方式和合理的数量关系，体现出对上述各种关系的统筹兼顾，达到评价指标体系的整体功能最优。

3. 共性与特性相结合的原则

即各类项目的绩效指标在采用统一评价参考框架的基础上，根据不同领域的特点设置特性评价指标。共性可比性指的是评价指标体系各项指标要量化，指标值采用相对值，以利于不同时期和不同对象间的比较，即纵向比较和横向比较。纵向比较即同一对象不同时期的比较。横向比较即指不同对象之间同一时期的比较，这就要找出共同点，按共同点设计绩效评价指标体系。对于各种具体情况，采取调整权重的办法，综合评价各对象的状况再加以比较，对于相同性质的部门或个体，往往很容易取得可比较的指标。

4. 科学规范和有效实用相结合的原则

在保证科学性的基础上，充分考虑绩效评价指标的数据可获得性和可操作性，并以合理的经济成本开展项目的绩效评价。

实用性原则要求所建立的指标体系及评价方法具有可行性和可操作性，指在构建的指标体系中要充分考虑指标体系实施时的可行性与经济性。在满足评价目的需要的前提下，从实际情况出发，指标概念要清晰，表达方式简单易懂，数据易于采集，计算公式科学合理、评价过程简单、评价方法便于实际操作。

指标要简化，方法要简单。评价指标体系要繁简适中，计算评价方法简便易行，即评价指标体系不可设计得太烦琐，在能基本保证评价结果客观性、全面性的条件下，指标体系尽可能简化，减少或去掉一些对评价结果影响甚微的指标。

数据要易于获取。评价指标所需的数据易于采集，无论是定性评价指标还是定量评价指标，其信息来源渠道必须可靠，并且容易取得。否则，评价工作难以进行或代价太大。

整体操作要规范。各项评价指标及其相应的计算方法，各项数据都要标准化、规范化。

要保证数据的准确性。能够实行评价过程中的质量控制，即对数据的准确性和可靠性加以控制。

5. 定性与定量相结合的原则

对于能够量化的内容要尽量采用定量指标进行评价，在设计指标体系时，要注重设计可量化的指标，坚持定量与定性相结合，以定量指标为主的思路，确保评价结果的客观性。对于无法量化的内容可采用定性指标进行评价。

（二）绩效评价指标框架的开发建议

绩效评价指标的设计应从项目预期实现的目标出发，关注项目直接产生的、可以确定的结果，以及由于项目实施带来的可测量的变化。

项目绩效评价框架应与财政支出绩效评价指标框架保持一致，围绕培训、认定和政策扶持三方面的内容，设定项目决策、项目管理和项目绩效三个一级指标，围绕一级指标，设计和体现结果链的二级、三级关键指标。

指标体系建议采用100分制，可由评价专家组和实施主体共同研究，在分析农业行业和具体农业项目特点的基础上确定各级指标的分值。

首先，由评价专家组确定评价指标框架以及个性指标。

其次，由专家组按照项目特点和重要性，给出各级指标的分值。

再次，评价小组根据评价依据对每一个个性指标（或基本指标）打分。

最后，逐级汇总合计可得到项目绩效评价的综合分值。

科学性指导性的绩效指标的设计不可能一蹴而就，在实际绩效评价过程中，需要积极探索在财政支出绩效评价指标框架的基础上，按照能反映项目结果链的思路进行指标开发，逐步形成具有完整逻辑的指标体系，在基本指标和个性指标所反映共性的基础上，进一步开发新型职业农民培育的指标库，开展绩效评价的试点工作，完善指标体系开发的方法，提高指标的适用性。

第八章

农民职业资格认定与培育政策

农民从身份到职业的转变，需要资格认定，在这方面，欧美等发达国家有成熟的做法，并建立了具有自身特色的培训模式；我们国家也曾摸索进行职业农民资格认定和职称评审办法，借鉴国外经验，回溯总结我们以往做法的经验、教训，对于当下开展的新型职业农民培育工作有十分重要的借鉴意义。

第一节　国外职业资格农民认定做法

职业农民资格的认定，既是对有文化、懂技术、会经营的新型职业农民能力的认可，也是“农民”从身份到职业转化的开端。[①]

一　德国[②]

德国是世界上职业教育最发达的国家之一，尽管如此，在德国，农民的

① 李瑶、蒋昕臻：《欧洲职业农民资格证书制度的经验及启示》，《农民科技培训》2015 年第 2 期。

② 褚成伟、张波、徐迪楼：《双元制和资格证书制度：德国农民职业教育的制度驱动》，《世界农业》2013 年第 3 期。

职业资格认定要晚于其他行业，农民资格认定中借鉴了大量工业和服务业资格认定的做法。

1. 认定标准

德国职业农民认定标准以资格证书的形式体现，分为代表不同水平的5个等级。各等级证书均需要经过培训学习、考试合格后才能获得。各等级名称及功能如表8-1所示。

表8-1 德国职业农民资格证书名称及功能

等级	名称	认定标准	证书功能
1	学徒工证书	通过规定的结业考试	初级证书,非合格职业农民
2	专业工证书	经过3年的农业职业教育,通过规定的结业考试	农业专业工人,合格职业农民
3	师傅证书	经过1年制的专科学习,或通过农业师傅考试	有独立经营农场和招收学徒工的资格
4	技术员证书	通过2年制的农业专科学校学习	可担任技术员或领导
5	工程师证书	经过考试,到农业院校深造并毕业	可担任农业工程师(欧盟颁发)

资料来源：课题组查阅资料整理绘制。

2. 认定程序

德国职业农民资格认定与该国“双元制”职业教育培训密不可分，在认定中，行业协会发挥着主导作用。在“双元制”职业教育过程中，考生在行业协会监督下进行两次考试。第一次是在学习时间达到2年左右时进行的“中间考试”，第二次是学习结束时进行的“结业考试”。两次考试均由培训毕业考试和职业资格证书考试组成，通过者将获得培训毕业证书和职业资格证书。其中，职业资格考试为全国统考，行业协会安排相应的考评小组执行具体的考试过程监督和考试结果评分。为保证职业资格认证考核的质量，行业协会在命题、考核程序以及考评技术等方面，均执行一整套严谨的程序。

3. 保障措施

德国是法律体系完善的国家之一。完善的法律体系为德国职业农民资格认定提供了基础保障。德国《联邦职业教育法》《培训条例总纲》规定，公民获得农业企业或农场的经营权，必须获得“农业师傅”证书。《联邦教育法》规定，德国青年经过9年或10年的基础教育后，必须再接受3年的农业职业教育，才能成为职业农民。为确保农业职业教育有效实施，德国政府每年向农业技术学校提供1000万欧元以上经费，各州政府每年也都拨付必要的经费，以保证农业学校与实习基地建设的需要。

二 法国①

法国是欧洲农业发达的国家之一，法国的教育制度和农业基础与德国不同，职业农民认定标准也有自己的特点。

1. 认定标准。

法国职业农民认定标准也以职业资格证书的形式体现，但只分为四个级别，由低到高分别为农业职业教育证书、农业专业证书、农业技术员证书和高级技术员证书。农民拥有前一级资格证书后，才能参加更高级别证书的培训。认定标准如表8－2所示。

表8－2 法国职业农民资格证书名称及功能

等级	证书类别	认定标准	证书功能
1	职业教育证书	3～5年实践经验，如经营农场需要200小时以上的培训	可得到国家补助
2	农业专业证书	经过680～920小时某一专业的培训	拥有独立经验农场资格
3	农业技术员证书	成年农民经过2年培训	可进行技术服务
4	高级技术员证书	技术员经过2～3年的培训，达到专科水平	可指导农场经营

资料来源：课题组查阅资料整理绘制。

2. 认定程序

职业农民资格认定由政府劳工部指定的考试委员会负责。考试委员会由雇主（农场主）、雇员（农业工人）和教师三方代表组成，制定资格认定的基本标准。职业农民（或准职业农民）分等级培训，经考试、考核获得不同等级的职业资格证书。培训教材全国统一，由教育部组织专业技术人员编写，培训质量由各大区教育机构负责监督检查。但对私人机构培训质量的监

① 张雅光：《法国农民培训与证书制度》，《中国职业技术教育》2008年第3期；郭徽：《法国农民培训教育状况及对我国农民教育的启示》，《河北大学成人教育学院学报》2007年第3期。

督，则由相关行业工会负责。

3. 保障措施

法国相关法律规定，公民只有在接受职业教育并取得相关证书后，才能够享受国家农业政策补贴和优惠贷款，取得经营农场的资格。全国有350所农业技术学校所需经费主要通过中央和地方政府拨款解决。农民在培训期间，还将获得企业团体支付的报酬，并获得政府或农业专业协会、培训基金会发放的差旅费、食宿费等各种补助。

三　英国①

英国是工业革命的发源地，在一个时期曾经轻视农业，导致农业出现一些问题，但其农业历史悠久，人口素质高，且英国职业教育历史悠久，经验丰富。二战后随着国家政策的转变，农业得到振兴，英国的职业农民认定具有后来者居上的特点。

1. 认定标准。

英国职业农民资格证书有技术教育证书和职业培训证书两大系列，技术教育证书有农业工程技术员证书、食品技术员证书、养禽技术员证书和农业技术员证书四种；农业职业培训证书有农业机械证书、农业工程证书、奶牛证书、农业证书、林业证书、农场管理证书、农场秘书证书、园艺证书、庭院证书、养禽证书和畜牧证书十一种。无论何种证书，均分为五个级别，认定标准及对应职务如表8－3所示。

表8－3　英国职业农民资格证书名称及功能

等级	认定标准	对应职务
1	具有在一定范围内，从事常规的、可预测的工作活动的能力	半熟练工
2	具有在较大范围和变化条件下从事一些复杂的、非常规的工作活动的能力	熟练工
3	具有在广泛领域从事各种复杂多变的、非常规的工作活动的能力，对他人的工作进行监督和指导	技术员，技工初级管理人员

① 苏娜、牛静：《英国农业职业资格证书制度现状》，《世界农业》2012年第10期。

续表

等级	认定标准	对应职务
4	具有在广泛领域从事技术复杂、专业性强、条件多变的工作活动的能力，能对他人的工作和资源的分配负责	工程师，高级技术员，高级技工，中级管理人员
5	具有在广泛的通常是不可预见的条件下，独立运用基本原理和复杂技术的能力，具有个人独立分析决断、设计规划实施和评估工作结果的能力	工程师，高级工程师，高级技工，中高级管理人员

资料来源：课题组查阅资料整理绘制。

2. 认定程序

英国职业农民资格认证由 14 家社会认证机构负责，认定过程与职业培训过程紧密结合。培训结束后，认证机构采取日常考核、理论考试、实践评价、理论 + 实践等方式进行评价鉴定。评价形式多种多样，有小课题、现场笔试和面试等。为避免认证机构滥发资格证书，政府批准设立了由教师、农场主和农场工人代表组成的职业资格考试委员会，专门负责监督检查工作。

3. 保障措施

英国专门颁布了《农业培训法》，从培训机构管理、资格认证流程管理，到认证质量管理，均建立起一套完整的制度体系，确保农业教育机构和职业培训机构从事农民培训的质量和效率。对考评、督导人员，政府每年进行一次审核，每 3 年重新进行考试。在英国，农民教育培训是唯一能够得到政府资助的培训项目，农业培训局从政府设立的专门基金中支付农场工人上课期间的工资。

四　加拿大①

加拿大农业资源条件好，工农业发达，政府十分重视农业，对农业采取了大力扶植的政策，由于人少地多，农业规模大，农民文化程度和职业素质较高，资格认定制度完善。

① 陈园园：《加拿大绿色证书计划的特点》，《中国职业技术教育》2009 年第 10 期；周海鸥、赵邦宏：《加拿大农民培训模式分析与经验借鉴》，《河北经贸大学学报》2012 年第 33 期。

1. 认定标准

加拿大职业农民资格认定实行“绿色证书”制度，其培训专业根据行业需要设定，现有农作物生产以及各种牲畜养殖等八个专业。每个专业职业农民的认证从低到高分为生产技术员、生产指导员和生产管理员三个层级，具体标准如表 8－4 所示。

表 8－4　加拿大职业农民资格证书名称及功能

等级	证书级别	认定标准
1	生产技术员	掌握农作物生产或牲畜养殖过程中，各种作业程序和规范，独立完成常规工作
2	生产指导员	具有更多的技能、知识和更强的综合判断能力，能够对其他工作人员进行指导，评估工作中的问题和需要，确保生产经营计划和协议的实施等
3	生产管理员	具有管理农业生产和市场营销等方面的能力，能够管理日常财务工作，协调和管理各部门

资料来源：课题组查阅资料整理绘制。

2. 认定程序

加拿大绿色证书考试分为评估考试和证书资格考试两种类型。评估考试由培训教师在农场实施，主要对学员技能进行测试。资格考试在联邦政府绿色证书管理部门指定的考试中心进行，由有经验的培训教师或农场主担任考官，考试内容分为口试和实际动手操作两个部分。绿证培训管理工作由地方政府农业管理部门、教育部门和农场协会联合实施。

3. 保障措施

加拿大政府规定，未获得绿色证书的公民不能成为职业农民，也不能继承或购买农场。政府设立专项基金鼓励农场主培训雇员（联邦政府对每培训一个员工给予 5000～7000 加元的支持）。自 1985 年起，国会将绿色证书培训经费列入财政预算，将绿色证书培训扩展到高中教育阶段。绿色证书培训的课程内容随时代发展及时变动。

五　发达国家职业农民认定对我们的启示

翻阅各国历史可知，发达国家都经历了农村人口向城市、农业劳动力向非农产业的转移过程，不少国家也有对农业从忽视到重视的转变，目前不少国家存在农业劳动力不足等问题，可以说，现阶段我国农业发展中的大部分问题，在发达国家的发展过程中都不同程度地存在。发达国家农业劳动者的资格认定无论是提出，还是具体的做法，对我国新型职业农民培育都有一定的启示，是非常值得借鉴的经验。

一是农业职业认定是农业发展到一定阶段的产物，是一个国家工业化的结果，是农业现代化、规模化、专业化的结果，对农业资源的科学合理利用有重要的意义。对于任何国家来说，农业资源都是有限的，要使有限的资源发挥应有的作用，需要有专业能力的人员来使用这一资源。资格认定使从业人员的能力得到一定程度的保证，让有职业资格和能力较强的劳动力经营农业，保证了农业的发达和多种功能的发挥。

二是农业资格认定要根据本国的具体情况实施。从发达国家的情况看，各国农业职业资格认定采用了不同的做法。有的国家由行业协会认定，有的国家由政府部门认定，有的国家由行业工会组织认定，同时，由于各国教育制度和体系不同，认定的内容和方法也有一定的区别。我国地大物博，人口众多，各地条件差别很大，我国农业资格认定似需要根据各地的情况和条件采用不同的方法。

三是农民能力和素质不是天生的，无论哪个国家，认定前的培训和教育都是基本的必要条件，培训是认定的前提，只有培训工作搞好了，培训的质量上去了，认定才能够发挥作用。没有培训，认定是无源之水。而由于农业的特点，农业培训需要政府在财政上的支持，并需要具体进行安排。

四是认定的程序要严谨，考核要公正，要有保障体系，有监督机制，要有一套完整的制度，要对认定进行监督，检查，不能使认定流于形式，有些国家对认定有严格的法律要求，特别值得我们借鉴。

五是各国的农业资格认定都有一定的层次，培训和认定从初级到高级循序渐进，以此保证学习成效的巩固和提高。在已有材料中，发达国家农民资格的认定标准主要是对技术的掌握和能力的提高，只要能力达到一定的标准，其能力水平就能够得到认定，并不与实际经营的业绩和情况挂钩。

同时也需要看到，在当前，农业职业资格认定在发达国家并非普及的做法，如美国十分重视农业教育和培训，同时也强调利用市场机制的作用。美国是通过市场选择农业经营者，这也在一定程度上保证了经营者的能力和水平。

第二节 我国农民职业资格鉴定的回顾和反思

忘记历史就等于背叛，我们今天在研究新型职业农民资格鉴定的时候，需要回顾和反思农民资格认定在我国开展的历史和做法，特别是绿色证书的实施和农村实用人才的培养与鉴定工作，以前做法的经验和教训都能为今天开展新型职业农民资格鉴定提供借鉴。

一 “绿色证书”制度

“绿色证书”是农民从事某项农业技术工作所必须具备的知识、技能及其他条件的资格证明，因其封面为绿色而得名。取得“绿色证书”的农民，必须达到岗位规定的标准。农民技术资格岗位包括政治思想和职业道德、岗位专业知识、生产技能、工作经历、文化程度等方面的要求。“绿色证书”制度在世界上已有 100 多年的历史，世界上较早推行“绿色证书”的国家有丹麦、法国、英国、瑞士等。1989 年以前，我国将世界发达国家职业农民资格认定制度统称为“绿色证书”制度。

借鉴国外经验和当时北京大兴区的探索，1990 年农业部开始在全国推行“绿色证书”制度，1990 年 4 月，农业部正式印发《关于开展农民技术资格证书制度试点工作的意见》，标志着我国农民技术教育和资格认定开始进入实施阶段。1993 年 11 月，中共中央《关于建立社会主义市场经济体制若干问题的决定》指出：“要制定各种职业的资格标准和录用标准，实行学历文凭和职业资格两种证书制度。”随之，全国开始实行各种职业资格证书，其中也有农业职业资格证书。

由于实施“绿色证书”制度涉及面广，需要在各级政府的领导下，组织各方面的力量共同实施，因此，1994 年 3 月国务院办公厅转发农业部《关于实施“绿色证书工程”的意见》，提出将“绿色证书”作为一项工程在全国实施。

1995 年 1 月，国家开始实施《劳动法》，规定：“国家确定职业分类，对规定的职业制定职业技能标准，实行职业资格证书制度。”1996 年 9 月，国家开始实施《职业教育法》，规定“实行学历证书、培训证书和职业资格

证书制度”。以上法律为推行农业资格证书制度奠定了坚实的法律基础，

与学历文凭证书不同，农业职业资格证书是劳动者具备某种职业所需要的专门知识和技能的证明，反映了特定职业的实际工作标准和规范以及劳动者从事这种职业所达到的实际能力水平。我国农业技术性职业（工种）的职业资格证书，分为“初级技能”“中级技能”“高级技能”以及“技师”“高级技师”五种，由劳动保障部统一印制，由农业部授权农业部职业技能鉴定指导中心按规定办理和核发。职业资格证书是劳动者求职、任职、开业和用人单位录用劳动者的主要依据，也是境外就业、对外劳务合作人员输出技能水平公证的有效证件。不仅在全国有法律效力，而且为国际所承认。

1997 年 4 月，农业部印发《“绿色证书”制度管理办法》，使“绿色证书”逐步走向规范。该办法明确指出，“绿色证书”是指农民达到从事某项农业技术工作应具备的基本知识和技能要求，经当地政府或行业管理部门认可的从业资格凭证，是农民从业的岗位合格证书。

自 20 世纪 80 年代末开始在全国实施推广“绿色证书”农民教育以来，已历经 15 年，目前全国有 2000 多个县开展了此项工作，覆盖率达到 70%以上。根据 2004 年 5 月最新统计，培训农民 1600 万名，887 多万人获得“绿色证书”。进入 21 世纪，继“绿色证书”农民教育后，各级政府农业、教育部门又先后开展了青年农民、农民工和农村初中“绿色证书”教育，逐步建立了较为系统、开放的农民教育培训体系和机制，取得了更大的社会、经济效益。据 2000 年不完全统计，各级政府投入 2.5 亿元，农民自筹 1.8 亿元；全国共建教学基地 7.2 万个，实习基地 3.4 万个；各省、地（市）统编教材 1410 万册，各县乡自编乡土教材 1160 万册，全国各地编制音像教材 38 万套；累计推广 2.6 万项科技开发项目，推广面积达 4.9 亿亩；有 89 万人被乡村政府、农村社会化服务组织和专业协会录（聘）用或接纳为会员，“绿色证书”制度取得了令人瞩目的成就，已成为家喻户晓的利国利民工程。

1999 年在修订我国《农业法》《农业技术推广法》时，把农民“绿色证书”教育写进相关条款，从此组织实施“绿色证书”教育具备了国家法律依据。具有法律、科学和群众实践基础的这些成果对“绿色证书”教育中的组织实施、教学管理、岗位规范、考核与发证、评估和管理、师资与教材等常规工作做了比较详细、科学的规范，这在组织实施和全面推广工作中发挥了至关重要的作用。在 1998 ~2000 年研究并完成的《“绿色证书”教

育在中国——焦点问题研究报告》中，对实施对象、分层次培训、培训基地建设、计算机管理、效益定量分析、运行机制、发达和欠发达地区的研究取得了突破性进展，为进一步建立和完善“绿色证书”教育制度奠定了政策性理论基础。

经过农业科技教育工作者的长期努力和探索，初步建立了具有我国特色的基本农民教育“绿色证书”制度，确立了从选拔录取、设置岗位规范、所学专业与课程、教学方法与内容、考试考核、师资与教材、培训与实习基地、评价体系、分层次和扩展培训对象等科学理论体系框架与运行机制，更重要的是其深受广大农民和农业教育工作者的认可、支持和积极参与。“绿色证书”制度具有历史验证、实践证实依据和广泛的社会、群众基础，确立了其科学性、实效性和在我国农民教育中的历史地位。长期的实践证明，到目前尚没有比“绿色证书”教育更为科学、系统、有效的农民教育模式和途径。“绿色证书”制度的科学性、先进性、实效性和历史地位及作用决定着我们必须牢牢抓住社会与事物发展中的主要矛盾，建立和完善科学分析、科学决策、科学反馈和矫正的系统和制度。

申请取得“绿色证书”也有规范的做法。即农民须参加统一规定的考试和考核。考试、考核合格的，经过本岗位规定期限的实践锻炼，在生产中起到示范带头作用，经本人申请、村民委员会推荐、乡政府审查、县行业考评小组评审、县“绿色证书”制度领导小组批准，由县人民政府或其授权机关发给“绿色证书”。我国的“绿色证书”由农业部统一印制，各省“绿色证书”制度领导小组办公室统一负责本省证书的发放和管理工作。分行业成立领导小组的省，由省行业主管部门负责全省本行业“绿色证书”的发放和管理工作。

虽然“绿色证书”得到国家和农业部的重视，工作取得一定成效，但从总体上看“绿色证书”教育的实施滞后于当前我国农业和农村经济的持续、快速发展，在“绿色证书”教育的实施过程中存在着对“绿色证书”教育的意义认识不深，对“绿色证书”教育的投入不足，培训方法单一落后，各地区间发展不平衡。此外“绿色证书”教育还多少存在着过于注重培训形式和要求，与当地农业结构调整、发展效益农业、提高农民收入结合不够紧密等问题。“绿色证书”的应有效能尚未能得以充分发挥，农民对获取证书缺乏明显的积极性，进入2010年后，农民“绿色证书”工作有下降的趋势。

二　农村实用人才工作

农村实用人才是指在社会主义新农村建设中具有一定影响力，为农村三个文明建设和实现农村全面、协调、可持续发展做出一定贡献，在服务农民、发展农业、振兴农村社会经济等方面发挥出不可替代作用的各类人才，主要包括有一定代表性的农村致富能手、科技带头人、能工巧匠和带领群众致富的乡土人才。

1. 农村实用人才概念认识的阶段划分

从农村实用人才概念的提出到今天的发展，大致可以分为四个时期，即提出时期、起步时期、深化时期、发展时期，由于时代不同，对农村实用人才的理解不同，表现出了不同的基本特征。

（1）提出时期（20 世纪 80 年代中期至末期）。

20 世纪 80 年代中期，“农村职业教育”和“农村基础教育”受到学者普遍关注。学者们一致认为，农村职业教育和农村基础教育改革应以为农村培养出一批能长期服务农村，满足农业和农村社会经济发展需求，既拥有一定文化基础知识又能熟练掌握一至两门实用技术的农村实用人才为目的。此时期，农村实用人才应具备以下三个方面的特征。

一是实用性，能够满足农村社会经济发展的实际需要。许庆远等学者指出，农村职业教育要在“用”字上下功夫。

二是带动性，能服务农村发展，推广农村实用技术，带动农民致富。南屏、曹安明等学者指出，农村职业教育应以“培养一人、致富一家、带动一片”为办学方针。

三是爱农性，表现为热爱农村，在农村留得住，能长期服务农村建设的人才。

（2）形成时期（1998 ~ 2003 年）。

形成时期的重要标志就是 1998 年党的十五届三中全会上强调了农村人才队伍建设的重要作用，1999 年，农业部和人事部颁布《关于加强农村人才资源开发，加强农业和农村人才队伍建设有关问题的通知》指出：“县乡实用人才是农业和农村人才队伍的组成部分，在农村经济发展中发挥着重要作用。要实施县乡实用人才工程，积极开发乡土人才，把县乡实用人才纳入人事工作的管理和服务对象。”这期间，学者们用乡土人才表示农村实用人才，指出乡土人才是土生土长在农村，不具有正规的学历、职称，但拥有一定技术专长的新型农民，具有以下特征。

一是乡土性，即成长、生活、工作在农村，主体为农民。

二是非正规性，即多为自学成才，学历不高，没有专业技术职称，未被纳入正规人事人才管理。

三是技能性，即拥有一定的专业技能或技巧。

（3）深化时期（2003～2007年）。

此时期重要标志就是2003年全国人才工作会议首次把农村实用人才队伍纳入人才队伍的组成部分，明确指出要采取切实可行的措施加强农村实用人才队伍建设。党的十七大提出要实现城乡统筹，培育“有文化、懂技术、会经营”的新型农民，发挥亿万农民在新农村建设中的主体作用。此时期农村实用人才被定义为具有一定的知识和技能，能够起到示范带动作用，为当地农业和农村经济发展做出积极贡献，并得到群众认可的农村劳动者。具有以下基本特征。

一是知识性，即拥有一定的科学文化知识，能依靠科技致富。

二是贡献性，即能为当地农业、农村社会经济发展、精神文明建设做出积极贡献。

三是群众认可，即其行为、成果、价值等得到当地农民认可，受到尊重和效仿。

（4）发展时期（2007年至今）。

中共中央办公厅、国务院办公厅颁布的《关于加强农村实用人才队伍建设和农村人力资源开发的意见》中对农村实用人才进行了定义，强调：“农村实用人才是具有一定的知识或技能，为农村经济和科技、教育、卫生、文化等各项社会事业发展提供服务、做出贡献，起到示范或带动作用的农村劳动者，是广大农民的优秀代表，是新农村建设的生力军，是中国人才队伍的重要组成部分。”这是中国人才观念的重大突破，第一次在国家的正式文件中将农村实用人才认定为我们国家六大类人才中的一类，具有重大的里程碑意义。

2010年6月，备受瞩目的《国家中长期人才发展规划纲要（2010～2020）》正式颁布。纲要指出，在未来10年，要围绕社会主义新农村建设，以提高科技素质、职业技能和经营能力为核心，以农村实用人才带头人和农村生产经营型人才为重点，着力打造服务农村经济社会发展的、数量充足的农村实用人才队伍。到2015年，农村实用人才总量达到1300万人。到2020

年，农村实用人才总量达到1800万人，平均受教育年限达到10.2年，每个行政村主要特色产业至少有1～2名示范带动能力强的带头人。

现阶段农村实用人才应具有如下基本特征。

一是知识性，即拥有一定的现代农业生产、经营与管理知识，能够依靠自身的知识和技能科技致富。

二是贡献性，即能为农村经济和科技、教育、卫生、文化等各项社会事业发展提供服务、做出贡献。

三是示范性，即其行为、成果、价值等得到当地农民认可，具有示范作用，将其掌握的一技之长传授给农民，以进行技术推广、技术复制。

四是带动性，即在自己致富的同时，能够辐射带动乡亲共同致富。

五是创造性，即具有高于本区域一般水平的生产规模和经济效益。

2. 农村实用人才分类

随着城乡一体化的加速发展，农民已经不是传统意义上的农民，而成为有资产的市民，我们认为不能简单地把“农村”“实用”“人才”三个词组合在一起来理解农村实用人才，农村实用人才是人才的一种，是一个整体概念，既包括具有农村户口的农民，也应该包括生活或工作在农村，积极为农业、农村、农民服务并做出一定贡献的城镇居民；既包括带领农民群众脱贫致富取得突出成绩或做出突出贡献的乡村干部，也包括具有较高文化水平回乡就业、创业的知识青年，并为农村经济社会发展做出突出贡献的人员。

目前，农村实用人才分类一般与当地产业发展和产业结构调整紧密结合，依据当地产业发展来划分不同的类型，如北京怀柔区将当地农村实用人才分为技能型人才、专业型人才、创业型人才、管理经营型人才、公益服务型人才、乡风文明型人才六类。吉林省将本区域农村实用人才概括为种植养殖能手、农村经纪人、能工巧匠、领办创办经济实体者四大类。近几年，中组部、中宣部、人力资源和社会保障部、农业部为激励和引导农村人才队伍建设工作，每年联合开展“全国农村优秀人才”表彰活动，根据2008年全国农业优秀人才材料分析显示，目前，中国农村实用人才可主要概括为种养殖业型人才、经营创业型人才、技术推广型人才、行政管理型人才，主要指村干部、市场营销型人才、转移输出型人才等。

为充分反映北京农村各类人才的数量、结构和类型，结合实际情况，对农村实用人才进行如下分类。

（1）生产类农村实用人才。

这类人才积极适应农业规模化、专业化发展趋势和产业结构调整的需要，以提高土地产出率、资源利用率和劳动生产率为核心，包括种植能手、养殖能手和加工能手。

其一，种植能手。一是种植规模是当地劳动力平均种植规模的10倍以上；或在同等自然条件和物质投入条件下，单产超过当地平均水平的30%；或在同等条件下，单位面积收益高于其他农户平均水平3倍以上。二是年人均纯收入是当地农民人均年收入的3倍以上。

其二，养殖能手。一是养殖规模是当地劳动力平均养殖规模的10倍以上；或在同等自然条件和物质投入条件下，单产超过当地平均水平的30%；或在同等条件下，单位面积收益高于其他农户平均水平3倍以上。二是年人均纯收入是当地农民人均年收入的3倍以上。

其三，加工能手。一是专门从事农产品加工。二是加工能力可以辐射当地绝大多数农村。三是年人均纯收入是当地农民人均年收入的3倍以上。

（2）技术类农村实用人才。

这类人才积极适应农业产业逐步升级、农产品质量安全的新形势。

一是注重提高自身职业技能，掌握一门以上特长或技能，并以此为自己的职业。

二是积极向其他农民传授专业技能，或带动10人以上进入该行业。

三是其年均纯收入是当地农民年均纯收入的5倍以上。

这类人才除了具有以上条件外，还包括常年奔走在农村一线的农业种植技术、畜牧养殖诊治技术、水产养殖技术、农机技术推广人员，也包括各类种养殖大户、农业科技示范户、农民技术职称获得者、“绿色证书”获得者等。这类人才是提高农业效率、提高农业种养业水平，建设现代农业的重要技术支撑。

（3）营销类农村实用人才。

这类人才积极适应农业产业化和市场化发展需求，具备经营管理和市场开拓能力。包括以下几类。

其一，企业经营人才。一是经营业主或主要投资者，而非一般参与者。二是能解决5个以上农村剩余劳动力的就业。三是从事企业经营5年以上或已开业3年以上。四是其年人均纯收入是当地农民人均年收入的10倍以上。这类人才主要包括一些围绕农业兴办的大中型种养殖场、种业公司、现代农业科技示范园区、农产品加工厂等实体的中小业主和企业家，其中包括农村专、兼职的农产品经销大户、专业协会带头人、运输大户等。农村经营创业人才是搞活农村、农业，活跃市场，连接农村与城市，连接生产与市场的核心力量，是目前农村最急需的人才，是我们今后农村实用人才开发的重中之重。

其二，农村经纪人。一是某活动的经营业主或主要负责人，而非一般参与者。二是其年人均纯收入是当地农民人均纯收入的 5 倍以上。

其三，农民专业合作经济组织带头人。在各类农民专业技术组织中担任主要负责人或从事技术交流、技术指导等工作。

（4）管理类农村实用人才。

这类人才积极适应社会主义新农村建设和农村基层民主政治的需要，具备较高的政治理论素质和管理水平，包括村党组织书记、村委会主任和农村集体经济管理人员。这类人才是农村实用人才队伍中最基本的骨干力量，他们认真贯彻党和国家各项方针政策、直面农民、熟悉农村，其素质好坏和水平高低直接关系到农民的人心向背。农村俗语说：“村看村，户看户，群众看干部。”群众到底看干部什么呢？就是看干部是否有致富能力，是否有示范带动能力，是否能起“主心骨”的作用。

（5）社会类农村实用人才。

这类人才积极适应城乡一体化进程中农村广大群众对社会服务的多元化需求，具备较高能力素质，乐于为群众服务，包括农村文化活动组织者、农村文艺骨干和农村文化产业带头人，也包括传承民间文化的民间文化人才，如剪纸、泥塑、根雕、书画、说唱、表演、民间绝活方面的传承者，也包括作家、诗人等，还有那些通过接受非农技能培训，掌握了一定的职业技能的人员，如具有较高水平的木匠、石匠、泥水工、拖拉机手（联合收割机手）、农村理发师、农村厨师、农村医师等能工巧匠。

3. 农村实用人才的分级

为了充分发挥农村实用人才队伍的作用并有针对性地对其进行培训提高，北京市对各类农村实用人才进行了分级，有效地促进了农村实用人才队伍的建设。按照《北京市农村实用人才评定范围和标准》，对各类农村实用人才可以分为初级、中级和高级三个层次。

（1）生产类。

其一，初级农村实用人才。种养大户收入比本乡镇农户平均收入高 2 倍，且种养规模高于本镇平均水平的 2 倍以上；乡村旅游大户具有一定的接待能力和带动能力，收入要比本乡镇农户平均收入高2倍。

其二，中级农村实用人才。种养大户收入比本乡镇农户平均收入高5倍，且种养规模高于本镇平均水平的5倍以上；乡村旅游大户具有一定的接待能力和带动能力，收入要比本乡镇农户平均收入高5倍。

其三，高级农村实用人才。种养大户收入比本区县农户平均收入高10倍，且种养规模高于本镇平均水平的10倍以上；乡村旅游大户具有一定的接待能力和带动能力，收入要比本镇农户平均收入高10倍。

（2）技术类。

其一，初级农村实用人才。应用新技术在同等土地和物质投入条件下单位收益高于其他农户平均水平20%；或获得农民技术员、农民助理技师等技术职称的人员。

其二，中级农村实用人才。应用新技术在同等土地和物质投入条件下单位收益高于其他农户平均水平40%；或获得农民技师等技术职称的人员。

其三，高级农村实用人才。应用新技术在同等土地和物质投入条件下单位收益高于其他农户平均水平60%；或获得农民高级技师等技术职称的人员。

（3）营销（流通）类。

其一，初级农村实用人才。取得初级农产品经纪人职业资格证书的人员；农民专业合作经济组织（合作社）会员超过30户的管理者。

其二，中级农村实用人才。取得中级农产品经纪人职业资格证书的人员；农民专业合作经济组织（合作社）会员超过80户的管理者；农产品生产、加工、流通企业年利税10万元以上或吸纳超过20个当地劳动力就业的企业经营管理者。

其三，高级农村实用人才。取得高级农产品经纪人职业资格证书的人员；农民专业合作经济组织（合作社）会员超过150户的管理者；农产品生产、加工、流通企业年利税30万元以上或吸纳超过40个当地劳动力就业的企业经营管理者。

（4）管理类。

其一，初级农村实用人才：使本村农民的人均年收入每年增加10%以上。

其二，中级农村实用人才：使本村农民的人均年收入比本乡镇农民人均年收入高出20%。

其三，高级农村实用人才：使本村农民的人均年收入比本区县农民人均年收入高出 30%。

（5）社会（文化）类。

其一，初级农村实用人才：了解掌握文艺、手工技艺、体育等方面技能，并在本村有一定影响力和带动作用的人员。

其二，中级农村实用人才：熟练掌握文艺、手工技艺、体育等方面技能，能够创造或展演相关作品，在本乡镇有较强影响力和组织带动作用的人员。

其三，高级农村实用人才：精通文艺、手工技艺、体育等方面技能，能够创造或展演相关作品，在本区县有较大影响力和组织带动作用的人员；以及非物质文化遗产的传承人。

三　山西晋城、甘肃泾川等地开展农民技术人员职称评定与晋升

（一）国家政策出台

1991 年 11 月 12 日，农业部为了加强农村基层农民技术人员队伍建设，做好农民技术人员职称评定与晋升工作，根据国务院《关于依靠科技进步振兴农业加强农业科技成果推广工作的决定》和人事部《关于农民技术人员职称评定问题的通知》的有关规定及精神，特制定《农民技术人员职称评定与晋升暂行规定》。

农民技术人员职称是表示专业技术水平和业务技能的称号。凡在农村生产第一线从事种植业、畜牧业、渔业、其他养殖业、农副产品加工业、农业机械化、农业财会与经营管理、农村能源、农业环境保护等行业的农民技术人员，符合本暂行规定的，均可报名参加考评。国家正式职工不得参加农民技术人员职称的考评。

农民技术人员技术职称的等级定为：农民技术员、农民助理技师、农民技师、农民高级技师。根据农民技术人员所从事技术工作的性质，在职称后注明专业类别。

在该规定中明确了各级职称的业务标准。

1. 具备下列条件者，可评定为农民技术员

（1）具有中等专业技术学校以上毕业学历者；获得农民技术资格证书（又称“绿色证书”）者；初、高中毕业生，参加 300 学时以上系统初等农业技术教育并取得结业证书，初中生须再经 2 年以上、高中毕业生须再经 1

年以上农业生产实践，在基层农业技术推广岗位上工作，初步掌握本专业的基础知识和基本技能。

（2）在科技人员指导下能进行群众性的试验、示范、推广和进行生产第一线的技术操作工作，能解决试验、示范、推广和生产中的一般技术问题，正确记载和整理技术资料，并能进行分析和小结。

（3）在本专业岗位的技术工作实践中成绩明显。

2. 具备下列条件者，可评定或晋升为农民助理技师

（1）能一般掌握运用本专业的基础理论知识、技术知识及基本技能，结合当地的农业生产情况，承担本专业的技术工作。

（2）能参与制订试验、示范和技术工作的小型计划，解决试验、示范、推广和农业生产中的一些技术问题，能撰写工作小结。

（3）能向群众传授农业科学技术知识，进行技术示范、指导或胜任一般的技术咨询。

（4）取得农民技术员职称 4 年以上，在本专业岗位的技术工作实践中成绩良好。

3. 具备下列条件者，可评定或晋升为农民技师

（1）具有中等专业技术学校以上毕业的学历，能运用本专业的基础理论知识和专业技能，结合当地农业生产情况，承担并胜任本专业工作，有一定的生产技术和经营管理工作经验。

（2）能解决试验、示范、推广和农业生产中某些技术难题，并能撰写技术工作总结，可以指导农民助理技师开展技术工作。

（3）能配合农业科技人员因地制宜地推广先进技术和科研成果，制定实施方案，并能对实施工作进行总结分析。

（4）取得农民助理技师 5 年以上，在本专业岗位的技术工作实践中成绩显著。

4. 具备下列条件者，可评定或晋升为农民高级技师

（1）具有中等专业技术学校以上毕业的学历，能较熟练掌握和运用本专业基础理论知识和技术知识，独立承担本专业的技术工作。

（2）在生产实践中具有开拓性，获得过地区（市）级以上科技或推广成果奖励或表彰。

（3）了解本专业的科技动态，能倡导开展科学实验，及时引进推广先进技术，在提高农业生产水平、增加经济效益等方面成绩优异。

（4）能结合生产的实际情况制订推广、示范的计划，分析和解决技术工作中的某些重要问题，撰写试验、示范报告和技术工作总结。能指导农民技师开展技术工作。

（5）取得农民技师职称5年以上。

还规定，开展农民技术资格证书（“绿色证书”）制度试点工作的地区，凡不具有国家承认的中等专业技术学校及以上毕业学历的农民（含农民技术人员），应首先取得已设专业的“绿色证书”，之后方能申请评定和晋升农民技术人员职称。

（二）山西晋城和甘肃平凉的实践

遗憾的是，该规定出台后全国各地并没有很好落实，究其原因在于该办法是农业部出台，但职称评审属于人社部的职责，在顶层设计上部门之间没有很好衔接，导致各省市难以执行。可喜的是，也有一些地方的农业部门与人社部门积极沟通。结合农业部的文件出台了当地的农民职称评审办法，其中山西晋城就大胆创新，坚持为农民评定职称。①

甘肃平凉市也出台了《平凉市农民技术人员职称评审办法》。辖区内的各县结合实际又出台本地办法，如泾川县把农民技术人员职称评定的对象界定为从事种植、养殖、林果、园艺、农业机械、农村能源、农副产品加工和营销、经营管理等行业，其身份为农民的接受过技术培训的农村党员、专业大户、科技示范户、农村科技带头人。

农民技术人员职称评定的等级分为农民技术员、助理技师、技师和高级技师四个等级。专业分为种植、养殖、林果、园艺、农机、农村能源、农产品加工和销售等专业。

农村实用文化人才职称评定的等级分为正高级、副高级、中级、初级四个等级，统称为艺术师。涉及具体专业时，在职称级别后冠以专业名称（如正高级刺绣艺术师、副高级刺绣艺术师、中级刺绣艺术师、初级刺绣艺术师）。专业分为民间戏剧、曲艺、音乐、舞蹈、美术、工艺技艺六大类型。

该县力争为每一个贫困村评定1名农民技术员，以进一步做好精准扶贫工作。

---

① 根据2016年12月16日笔者与晋城市蜂业联合会理事长田志勤访谈整理。

《平凉市深化职称制度改革的实施意见》再次强调：建立与产业发展需求和经济结构相适应的农村实用人才评价机制，积极开展农民技术人才职称评定工作，不断优化支柱产业人才结构。农村“土专家”“田秀才”等可参加农村实用技术人才职称评审，民间文体艺术类人才可参加农村实用文化艺术人才职称评审。[①]

四　职业资格农民鉴定的其他做法

除了以上两种做法外，在北京还有其他的一些做法，如科技协调员、乡土专家、骨干农民等。

1. 全科农技员认定

北京市村级全科农技员建设始于2010年。村级全科农技员是从事村级公益性农业技术的专门人员，承担与农村生产公益性推广服务有关的任务，主要负责本村种养业产前、产中、产后技术指导，负责建立服务农户台账，将农户的技术需求上报有关部门，传播农业科技信息，是活跃在农村田间地头的乡土专家。

村级全科农技员由各区县行政村村委会推荐，并逐级审核测试产生，原则上要在本村开展相关服务工作。担任村级全科农技员需要常住本市农村，身体健康，热爱农村农业工作，具有高中以上文化水平，有丰富的农业生产实践经验，较高的农业生产技能，享受公共服务性补贴或工资性收入的人员不得选聘。

村级全科农技员人员补贴标准为平均每月1500元，分为基本补贴1000元（含人身意外伤害险）和绩效补贴500元两部分。基本补贴由区县财政负担，绩效补贴由市级财政负担。具体发放方式由区县农业主管部门商财政部门确定。

经过2年试点，成效显著，根据试点经验，北京市决定从2013年起，在远郊区县全面推进村级全科农技员队伍建设工作，以提升本市基层农业技术推广综合服务能力，切实解决科技入户“最后一公里”问题。经过几年的探索，北京市村级全科农技员的培训考核体系不断完善，全科农技员自身素质得到明显提高。经过4年的选拔和培育。到2015年，在10个远郊区县

① 参见《平凉市农民技术人员职称评审办法》、《平凉市深化职称制度改革的实施意见》。

共计选聘村级全科农技员 2837 人，基本实现了农业行政村全科农技员全覆盖。

目前，村级全科农技员职业技能鉴定考试由北京市农业局宣教中心总负责，各区县全科农技员主管部门负责本区县的鉴定组织工作。鉴定由理论知识考试和技能操作考核两部分组成，分别采用闭卷理论考试和现场实际操作方式，考试考核均实行百分制，成绩皆达 60 分以上者为合格。到 2015 年已经举行了农艺工、植保工、果树园艺工、蔬菜园艺工、家畜饲养工及农业技术指导员六个工种的理论考试。通过组织国家职业技能鉴定，检验培训效果，提升了全科农技员技术水平。北京市农业局宣传教育中心还组织全科农技员职业技能鉴定实操考试，合格者获得农业部颁发的国家职业资格证书。

2. 科技协调员

为解决农业技术供求脱节、农村科技推广资源分散、农技推广渠道不畅的问题，北京市科委经过几年"育新人、接新线、织新网"的实践，以农村科技协调员为科技服务骨干，以市场化、信息化、乡土化、社会化为特征构建了新型农村科技服务体系的基本框架，并于 2007 年在京郊 13 个区县全面启动了农村科技协调员建设工程，培养并建立起了 8000 余人的协调员队伍。他们在市科委、各区县政府及市相关委办局的协同支持下，在面向"三农"开展信息传输、技术推广、产业营销、需求调研、政策宣传等工作中发挥了积极的作用，逐渐成长为北京农村科技服务体系中的一支重要力量。

各资源站以成果推广、培训服务、信息服务、检测服务、需求调研为基本职能，开展了多方面工作，取得一定成效。仅仅在 2008 年，北京市农林科学院通过实施 6 个农村科技协调员专项课题的实施，在 80 余个基地展示了 62 个品种、25 项技术，服务农村科技协调员 499 名，通过协调员带动的农民 2657 人（户）；北京市农业技术推广站成立了 20 名专家组成的咨询组和百名科技人员组成的技术服务组，建成了百项技术资源库，全年共组织市级培训 12 次，参加者共 13000 人，区县级各类培训 310 次，培训工 26000 人次；北京市林业科技推广站组织专家进村指导 105 次，指导果农 1 万人次，并利用信息技术手段在互联网上开辟"北京市林果科技协调员工作站"专题网页，及时发布林果栽培技术指导资料和相关信息，开通"咨询热线"，解答各类咨询 80 多人次；北京市奶业协会在全市范围推广奶牛养殖管理新技术4项，组织技术培训61次，培训农民近2000人次。2009年资源站做的工作还要更多一些。

到2008年，分布在农民专业合作组织、农业企业及乡镇农业服务中心的各郊区的爱农信息驿站已发展到1500多个站点，其中，爱农信息驿站504个，爱农信息驿站二级服务点1000个。目前，依托爱农信息驿站培养了以驿站信息员为主的信息型农村科技协调员1500人，编写并发放了《爱农驿站信息收集培训》《爱农驿站缴费终端操作培训手册》等培训材料。

据统计，基层工作站涉及产业大致分布如下：果树134个、蔬菜76个、畜牧养殖88个、农产品加工11个、食用菌21个、花卉15个、蜂业7个、西甜瓜6个、草莓2个、观赏鱼2个、甘薯2个。

第三节　新型职业农民资格认定办法

资格认定是新型职业农民培育不可或缺的环节，有利于促进农民从“身份”到“职业”转化。2012年后，农业部、试点省、试点县根据情况，分别提出了各自的新型职业农民认定方法。这些试点地区的做法经过大量的实践检验，取得了一定的成效。

一　农业部提出的新型职业农民认定方案

2012年，“新型职业农民”首次写入中央一号文件，同年农业部在全国启动了100个新型职业农民培育试点，试点的主要任务是建立教育培训、认定管理、政策扶持三项制度，认定的标准、考核方式、证书发放等由各试点单位根据自身的情况确定。

2014年，农业部把新型职业农民认定和农村实用人才认定统一起来，对生产经营型职业农民认定后颁发新型职业农民证书，以进一步完善教育培养、认定管理、政策扶持“三位一体”的工作制度。为了统筹推进认定工作，农村实用人才简化为三类：生产经营型、技能带动型、社会服务型。同时，农业部要求，新型职业农民和农村实用人才认定要把出台扶持政策作为前置条件；要将财政补贴资金、示范推广项目、土地流传政策、金融信贷支持等与新型职业农民和农村实用人才挂钩；新型职业农民和农村实用人才认定要兼顾好几个类别之间的关系，农村实用人才认定的重点是新型职业农民，新型职业农民认定的重点是生产经营型农民。2014 年开展认定的地区是新型职业农民培育示范县和农村实用人才试点县。新型职业农民和农村实用人才认定要建立科学的认定标准，要凝聚各方面的力量。

2015 年，农业部下发了《新型职业农民认定工作的通知》，通知提出新型职业农民认定的实施主体标准。

（1）认定方法原则上由县级以上（含）人民政府发布，办法要对认定条件、认定标准、认定程序、认定主体、承办机构、相关责任等进行明确。县级认定管理办法按层级报市级和省级农业行政主管部门备案。

（2）对于认定标准，各地要在充分调研论证的基础上，根据当地产业发展水平和生产要求，以职业素养、教育培训情况、知识技能水平、生产经营规模和生产经营效益等为参考要素，提出生产经营型职业农民认定条件，并根据实际逐步建立初、中、高三个等级的认定标准。

（3）新型职业农民的认定程序要规范，主要是农民自愿提出认定申请，并填写认定信息采集表。县级农业主管部门按照认定管理办法要求组织开展认定工作。对符合条件和标准的农民要进行公示，公示无异议后，认定为新型职业农民。

（4）农业广播电视学校（农民科技教育培训中心）等公共服务机构作为承办机构，具体负责受理审核、建档立册、证书发放、信息库管理及相关组织服务等认定事务，确保认定工作规范开展。

（5）在证书发放环节，要按照既尊重历史又创新发展的原则，完善“绿色证书”制度，对认定的生产经营型职业农民颁发新型职业农民证书（简称“新绿证”），作为享受扶持政策的有效凭证。新型职业农民证书由农业部统一证书式样，原则上由县级以上（含）人民政府或授权农业行政主管部门颁发和管理。

二 试点省——陕西省的做法

陕西是我国新型职业农民培育工作全面推进的试点省份。自 2011 年以来，陕西省农业厅经过调研、试点，先后制定了《新型职业农民培育整省推进工作方案》《新型职业农民认定管理暂行办法》《新型职业农民培育绩效考评试行办法》等规范性文件，职业农民教育培训、认定管理、政策扶持等“顶层设计”日渐清晰。

1. 新型职业农民标准

《职业农民培育认定管理暂行办法》首先划定了新型职业农民的标准，即新型职业农民年龄在 16～55 岁，分为初级、中级和高级三个级别。初级职业农民应具备初中以上文化程度，中级要求高中或农科中专以上文化程度，高级则应具备农科大专以上文化程度。新型职业农民的收入主要来源于农业，初级职业农民收入应达到当地农民人均纯收入的 5～10 倍，中级达到 10～20 倍，高级达到 20 倍以上。同时，新型职业农民要有较强的经营管理能力，具备现代农业理念知识和专业技能，应对市场变化能力强，实践经验丰富，能够合理配置农业资源，掌握先进生产经营模式，具有示范带动效应，带动当地农民致富。

2. 认定工作的领导

为搞好新型职业农民认定，陕西省成立了领导小组，以省农业广播电视学校为教育主体，制定培训课程、设置考核体系。职业农民资格证书由陕西省农业厅监制，省职业农民培育工作领导小组办公室统一印制、编号，实行备案制管理。初级职业农民在市级备案，中级在省级备案。初级、中级职业农民资格分别由县、市农业行政部门进行复审，每年复审一次。不符合条件的取消资格，证书作废。高级职业农民资格证 2 年复审一次，证书复审由市农业行政部门复核后，报省职业农民培育工作领导小组审验。不符合条件的取消资格，证书作废。

3. 认定的程序

职业农民资格认定实行逐级推荐，获得初级职业农民资格证书的方可考核认定中级证书，获得中级的方可考核认定高级。对获得省部级以上部门表彰奖励且在生产中有重大贡献的，经本人申请可直接参加中级以上职业农民资格认定。

4. 新型职业农民的类型

陕西省职业农民分为生产经营型、专业技能型、社会服务型和新生代型四类。

（1）生产经营型职业农民，是指以农业为职业、占有一定的资源、具有一定的专业技能、有一定的资金投入能力、收入主要来自农业的农业劳动者，主要包括种养大户、家庭农场主、农民专业合作社骨干等。

（2）专业技能型职业农民，是指在农民专业合作社、家庭农场、专业大户、农业企业等新型生产经营主体中较为稳定地从事农业劳动，并以此为主要收入来源，具有一定专业技能的农业劳动者，主要包括农业工人、农业雇员等。

（3）社会服务型职业农民，是指在社会化服务组织中或个体直接从事农业产前、产中、产后服务，并以此为主要收入来源，具有相应服务能力的农业社会化服务人员，主要包括农村信息员、农产品经纪人、农机手、代耕手、机防手、动物防疫员等。

（4）新生代型职业农民，是指经过农科专业教育和实训培育的具备一定农业生产经营管理能力的年轻化、专业化、知识化的新生代群体，主要包括农科大中专毕业生、返乡青年农民工、复转军人等。

5. 资格认定做法

（1）职业农民资格认定工作实行“政府引导、农民自愿、严格标准、动态管理”机制，按照高、中、初级分别由省、市、县认定的原则，每年认定一次。

（2）评价指标新型职业农民资格主要评价指标包括综合素质、专业技能、经营规模、生产效益、职业道德五个指标，实行百分制评价。其中综合素质占 20 分，专业技能占 20 分，经营规模占 20 分，生产效益占 30 分，职业道德占 10 分。

综合素质评价指对培育对象理论学习和实习操作的考核活动，凡取得相应级别结业证书的评价为 20 分。

专业技能评价指对培育对象专业技能水平的考核活动，凡取得相应级别结业证书的评价为 20 分。

经营规模评价指对培育对象生产经营规模的考核活动，凡经营规模达到本级最低标准的评价为 16 分，根据经营规模增加量相应加分，最高 20 分。

生产效益评价指对培育对象生产取得的经济、社会、生态效益的考核活动。初级职业农民收入达到当地农民人均纯收入的 5 ~ 10 倍，中级达到10 ~ 20 倍，高级达到 20 倍以上的，评价为 20 分。带动 2 个以上农民就业或发家致富的评价为 3 分，根据带动农民就业量或发家致富情况进行相应加分，但不超过 5 分。生产经营严重影响生态环境的评价为 0 分，虽然对生态有影响但积极采取措施治理的评价为 3 分，对生态无影响且促进环境改善的评价为 4 分，对生态环境改善效果显著的评价为 5 分。

职业道德评价指对培育对象生产经营中产品质量安全、行业诚信及对热爱农业行业行为的考核活动。凡经营中出现产品质量安全问题、欺骗行为以及消极发展农业生产服务的，评价为 0 分，且不得参与资格认定。经营中无产品质量安全问题和欺骗行为，并积极发展农业生产服务的，评价为 5 分。可根据经营中产品质量信得过、无欺骗行为以及积极发展农业生产服务的实际情况，相应加分，最高不超过 10 分。

（3）高级职业农民资格认定标准由省职业农民培育工作领导小组按照四种类型分类制定。初级、中级职业农民资格认定标准分别由县、市农业行政部门结合当地实际按照四种类型具体制定。

申请高级资格证的培育对象应连续 4 年参加系统培训，持中级职业农民资格证书 1 年以上。对于具有农科大中专以上学历，专业技能考核通过，生产经营形成规模，生产效益十分显著，职业道德水平得到群众认可的，可破格进行资格认定。高级职业农民收入应达到 20 倍以上，单位面积产量或效益同比周边农户增幅 10% 以上。

（4）职业农民资格认定实行逐级推荐，获得初级职业农民资格证书的方可考核认定中级证书，获得中级的方可考核认定高级。对获得省部级以上部门表彰奖励且在生产中有重大贡献的，经本人申请可直接参加中级以上职业农民资格认定。

职业农民资格认定按照本人自愿申请、主管部门审核、层层推荐、专家评审、领导小组确认等程序进行。

6. 评审与资格取消

职业农民资格认定实行评审制，由职业农民资格认定委员会评审，对评审合格的职业农民进行公示，公示无异议，颁发职业农民资格证书，证书有效期 2 年。

有下列情况者将被取消职业农民资格，不再享受相关扶持政策。

（1）有违法行为和不诚信行为的。

（2）套取项目资金的。

（3）不接受新型职业农民培育各项管理服务的。

（4）不按要求参加培训学习的。

（5）经营连续亏损 3 年的。

三　其他省和试点县的做法

（一）湖南省扶持政策

湖南省各地区要制定促进新型职业农民发展的优惠政策措施，通过规模种植补贴、基础设施投入、扶持社会化服务等引导农民提高职业化水平，加大对新型职业农民创业扶持力度，构建新型职业农民队伍。各有关部门要积极制定相应的扶持政策，支持新型职业农民发展农业产业。税务部门要落实相关税收减免优惠政策。国土资源部门要按照国家有关规定，对直接用于或服务于农业生产的生产设施和附属设施用地，按农用地进行管理，用地单位不得擅自或变相改变其土地用途和性质；对新型职业农民发展产业确实需要使用非农建设用地的，应在符合土地利用总体规划和集约节约用地要求的前提下，纳入所在市、县年度用地计划并依法给予保障。发展改革、物价、交通运输、水利、电力部门要针对新型职业农民发展生产制定优惠的用水价格政策，并优先保证水、电、路三通。鼓励金融机构创新金融产品，加大对新型职业农民的信贷支持力度，发放小额贷款及创业扶持资金要向新型职业农民倾斜。鼓励保险机构积极开展服务新型职业农民生产的保险业务，创新保险品种，提高保障水平。农业部门要推进农村产权制度改革，鼓励和引导农村土地承包经营权向新型职业农民流转，发展多种形式的适度规模经营。

（二）四川成都

2014 年 9 月 4 日，四川省成都市人民政府办公厅出台了《关于加强农业职业经理人队伍建设的意见》，该意见明确了对新型职业农民的扶持政策。

1. 产业扶持政策

（1）中级以上农业职业经理人开展的粮食规模化生产，按《成都市粮食烘干中心建设规划（2014～2016 年）》优先享受烘干设施项目立项和补贴，符合粮食规模种植补贴政策的，享受提高 10% 的补贴政策。牵头单位为市农委，责任单位为市财政局、市粮食局、区（市）县政府。

（2）农业职业经理人在常年蔬菜基地内从事蔬菜生产的，同等条件下优先享受相关扶持政策。牵头单位为市农委；责任单位为市财政局、区

（市）县政府。

（3）中级以上农业职业经理人领办或新办的农民合作社、家庭农场和农业企业，符合设施农业建设标准和有关条件的，按当年设施农业补贴政策，享受提高10%的补贴政策。牵头单位为市农委；责任单位为市财政局、区（市）县政府。

（4）农业职业经理人领办或新办的农民合作社、家庭农场，符合农机购置补贴政策的，在享受国家农机购置补贴政策的基础上，优先享受市级累加补贴。牵头单位为市农委；责任单位为市财政局、区（市）县政府。

（5）农业职业经理人领办或新办的农民合作社和家庭农场，符合相关扶持政策的，优先享受市级农民合作社和家庭农场专项资金扶持。将农民合作社和家庭农场主要由农业职业经理人负责生产经营，作为推荐申报评定市级以上示范农民合作社和家庭农场的必备条件。牵头单位为市农委；责任单位为市财政局、区（市）县政府。

2. 科技扶持政策

（1）对农业职业经理人自办或经营的龙头企业与大专院校、科研院所建立的联合实验室，优先予以资助。牵头单位为市科技局；责任单位为市财政局、区（市）县政府。

（2）农业职业经理人领办或新办并经营的农民合作社或企业进行农业科技成果的研发、推广、应用和转化的，优先给予立项支持。牵头单位为市科技局；责任单位为市财政局、区（市）县政府。

（3）农业职业经理人经市校企联合培养战略性新兴产业领域在职博（硕）士计划的高校考试录取，攻读农业推广博（硕）士，与所在企业签订有培养服务协议，并承诺取得农业推广博（硕）士学位后在企业的服务年限不低于3年，所读专业符合资助的专业领域及研究方向的，按50%给予学费资助。牵头单位为市科技局；责任单位为市财政局、区（市）县政府。

3. 社保补贴政策

鼓励符合城镇职工养老保险条件的农业职业经理人以个体身份参加城镇职工养老保险，以上一年度全省在岗职工月平均工资的60%为缴费基数，缴费费率为20%，其中个人缴费8%，财政补贴12%。若缴费地在二圈层区县，其财政补贴资金由二圈层各区县财政承担；若缴费地在三圈层县（市），其财政补贴资金由市、县两级财政承担，其中市级财政承担60%，三圈层各县（市）财政承担40%，市级财政承担资金从农业支农资金中安排，并纳入市级财政预算。社会保险补贴实行“先缴后补”方式给予补贴。牵头单位为市农委；责任单位为市人社局、市财政局、区（市）县政府。

4. 创业补贴政策

毕业 5 年内的高校毕业生取得农业职业经理人证书，首次受聘或领办和新办农民合作社、农业企业、家庭农场 6 个月以上，给予 1 万元的一次性奖励。牵头单位为市人社局；责任单位为市财政局、区（市）县政府。

5. 金融支持政策

市、县两级农业政策性平台公司根据农业职业经理人经营规模，给予一定委托贷款支持。对评定为初级、中级的农业职业经理人，由县级农业政策性平台公司分别给予 10 万元和 20 万元信用担保贷款支持；对评定为高级、优秀、“十佳”农业职业经理人，由市准公益性农业项目资金分别给予 30 万元、50 万元、100 万元信用贷款支持。农业职业经理人从事规模种养生产，且参加长沙市政策性农业生产保险的，对其应由农户自交保费部分给予 20% 的减免补助，减免补助资金在市级政策性农业保险补助专项资金中安排。

（三）云南省

1. 优先落实惠农政策

既有的惠农政策，特别是中央和省委、省政府相关文件明确规定的扶持专业大户、家庭农场主、合作社带头人、社会化服务人员、农村实用人才的政策措施，要优先细化落实到经过认定的新型职业农民身上。在土地流转、农业基础设施建设、金融信贷、农业补贴、农业保险、社会保障等方面，优先支持新型职业农民加快发展。县（市、区）政府要整合涉农项目资金，加大对新型职业农民发展生产的扶持力度，扶持现代农业发展的资金要在同等条件下优先向新型职业农民倾斜。

2. 制定出台扶持优惠政策

各有关部门要积极制定出台扶持政策，特别是新增的强农惠农富农政策要向新型职业农民倾斜，尽快形成清晰完整的扶持政策体系。税务部门要落实相关税收减免优惠政策。国土资源部门要对直接用于或服务于农业生产的设施用地按农用地管理，对农业生产急需的建设用地应纳入所在县（市、区）用地计划并给予倾斜。教育部门要支持中高等农林职业院校办好涉农专业，鼓励农林院校特别是中高等农林职业院校毕业生回乡务农创业。农业部门要鼓励和引导农村土地承包经营权向新型职业农民流转，发展多种形式的适度规模经营。鼓励金融机构创新金融产品，加大对新型职业农民的信贷支持力度，发放小额贷款及创业扶持资金向新型职业农民倾斜。鼓励保险机构创新产品、创新服务，积极开展新型职业农民人身保险和生产保险，扩大保险范围，提高保险保障水平。

（四）福建龙岩市

1. 资金支持

2014～2020年，市财政一般预算每年安排600万元以上新型职业农民培育专项资金。

2. 支持新型职业农民技术升级

依托阳光工程和雨露计划培训，每年组织5000名从事农业生产的劳动者进行农业实用技术培训，为新型职业农民储备农业生产技术工人；举办高端研修班，聘请省级以上专家免费对新型职业农民进行提质培训，每年计划在市职业农民培训中心举办4期培训班，培训200人（市农业局、林业局各承办2期100人）；将符合条件的新型职业农民，优先作为“省万名新型职业农民素质提升工程”对象，免费参加福建农林大学等大中专院校大中专学历教育；符合条件的新型职业农民，可优先申报、晋级农民专业技术职称。

3. 支持大中专毕业生回乡从事农业创业

按照“积极性高、有一定创业基础、发展前景好”的要求，每县每年选择15名大中专毕业生作为新型职业农民培育重点对象加以培养。属创业初期的，无条件列为该村或邻村新型职业农民示范户的联系户；达到一定规模的，优先认定为新型职业农民；同时指定农业技术专家对其开展“一对一”技术帮扶。年终考评合格的，分别给予每人每年补助5000元。

4. 扶持新型职业农民示范户

按照好中选优的原则和“技术新、能示范、可学习”要求，每县每年选择30名新型职业农民作为示范户加以扶持。示范户被优先列为市农科所科研共建基地或新品种、新技术的推广对象。对通过“一户带十户”开展农业五新“传帮带”活动（有活动记录），年终考评合格的，分别给予每人每年5000元补助。

5. 支持培训中心和实训基地建设

加强市、县两级新型职业农民培训中心的建设与管理，切实提升服务水平。对培训任务重、考察活动多、作用发挥好的培训中心和实训基地给予一定资金补助。

6. 继续扩大农业规模经营担保基金

引导各县（市、区）在现有担保基金规模基础上，每年新增基金投入50万元以上，对完成新增规模并向回乡从事农业创业的大中专毕业生和新型职业农民开展担保贷款和贷款贴息的，各奖励贷款贴息资金10万元，力争到2020年各县（市、区）担保基金规模都超过500万元。

7. 努力破解新型职业农民贷款难题

农业银行、农商银行、邮政储蓄银行等金融机构，要积极开发适合农业发展新形势的金融产品，开展土地（耕地、林地）承包经营权、林木所有权、农民住房、农业设施等抵押贷款试点，创新担保形式，降低门槛，简化程序，以更低利率、更大额度、更长期限的贷款支持新型职业农民。

8. 推动新型职业农民设施农业保险

保险公司要在开展“三农综合保险”的基础上，加大力度推动设施农业的保险，调整完善现有农业保险产品，开发新的农业保险产品，满足不同产业投保不同投保额度的需求。

9. 推动现有支农政策向新型职业农民倾斜

取得证书的新型职业农民，优先被列为“三农综合保险”承保对象，优先享受政府已出台现代农业发展行动计划、土地流转、农机具购置补贴等优惠扶持政策；其创办或领办的农村经济实体，达到市级农业产业化龙头企业、农业示范基地、农民专业合作社扶持标准的，在同等条件下优先予以安排；实行连片规模经营的，其农田水利等基础设施建设，优先列入农业综合开发、高标准农田建设或中低产田改造项目。

10. 扶持新型职业农民认定管理

各县（市、区）要积极探索建立完善教育培训制度、认定管理制度和扶持政策体系，按照《认定管理办法》，每年至少认定150名以上新型职业农民（完成农业部下达的国家试点认定指标），并进行管理。对完成任务的县（市、区），各补助认定管理费10万元。

（五）河北巨鹿县

第一，县政府保证新型职业农民培育经费，并监督经费专款专用；对被认定为新型职业农民的，县政府连续 2 年每年给予 500 元补贴。

第二，新型职业农民新建金银花等中药材标准化种植基地成方连片 100 亩以上的，享受种植项目上级相关产业优惠政策。

第三，新型职业农民从 2013 年 1 月 1 日起承租土地 200 亩以上从事大棚蔬菜生产的，列入争创省级蔬菜标准园建设项目库，按规定申报省、市农业主管部门给予补助。

第四，对新型职业农民创建中药材或大棚蔬菜知名品牌建设进行奖励扶持。当年被认定为国家级名牌产品、驰名商标的，一次性奖励新型职业农民 10 万元；被认定为省级名牌产品、著名商标的，一次性奖励新型职业农民 5 万元；对获得“河北省诚信合法企业”荣誉称号的，一次性奖励新型职业农民 1 万元。

第五，当年获得国家级中药材新品种或大棚蔬菜新品种地理标志的，每个新品种一次性奖励 5 万元；当年由省级及以上农业主管部门认证为有机农产品的，每个产品一次性奖励 2 万元；当年被认证为省级及以上绿色农产品的，每个产品一次性奖励 1 万元；当年被认证为省级及以上无公害农产品的，每个产品一次性奖励 0.5 万元。同一产品同一年度取得 2 个以上认证的，对最高等次的认证给予奖励。同一家拥有 2 个以上认证的，对最高等次的认证给予奖励。每年 11 月底，由县农业局对取得认证的产品及证书进行核准，并报县政府认定，以兑现奖励。

第六，新型职业农民从事农业机耕、排灌、病虫害防治、植保、农牧保险以及相关技术培训业务，家禽、牲畜、水生动物的配种和疾病防治免征营业税。新型职业农民从事养殖业取得的所得（含养猪、牛、鸡专业户等），暂免征收个人所得税；新型职业农民创建的个人独资企业和合伙企业从事种植业、养殖业，投资者取得的所得暂不征收个人所得税。

第七，新型职业农民新发展蔬菜大棚，每亩可申请 0.4 万元的小额担保贴息贷款。其中属扶贫开发工作重点村的新型职业农民贷款贴息由县扶贫办按扶贫贴息贷款有关规定解决；属非扶贫开发工作重点村的，由县财政参照扶贫贴息贷款有关规定解决。

第八，发展中药材、果蔬大棚等其他规模产业的新型职业农民，县农行等金融部门优先提供农户小额贷款，贷款额度一般在 5 万元以内，担保方式为保证担保、房地产抵押等。

第九，开展农业生产保险。新发展的蔬菜大棚，每亩大棚投保金 200

元。扶贫开发工作重点村的新型职业农民的保金补助由县扶贫办按现行大棚蔬菜参保做法解决；非扶贫开发工作重点村的，由县财政局参照《河北省人民政府关于印发河北省政策性农业保险试点工作实施方案的通知》精神解决。

其他各地市也结合当地实际，出台了认定办法。各试点县均提出对新型职业农民资格认定实行动态管理。每年农业行政部门对持证者进行考核年检，合格者可享受政府新型职业农民相关扶持政策；不合格者可参加次年的考核年检，合格者恢复各种待遇，不合格者暂停职业农民各种待遇。连续 2 年不合格者撤销新型职业农民资格。对违反国家法律法规，造成一定经济损失或较大社会影响的直接撤销新型职业农民资格，并终身不得申请。

四　新型职业农民认定的成效与问题

培训、认定与扶持“三位一体”，改变了对农民实施培训的做法，为农业、农村发展储备人才奠定了基础，但是由于新型职业农民认定工作起步较晚，认定工作涉及的内容多，影响大，在认定工作上还有一些不完善的地方。

1. 认证主体缺乏权威性

按照农业部的文件，农民认证机构是县级农民工作领导小组，缺乏权威性。多数“农业职业资格证书”效能尚未体现，对新型职业农民的吸引力较低

2. 认定流程不够科学

各地市的认定流程多是农民自主提出个人申请，逐级申报，逐级审核。国家没有明确的新型职业农民认定机构，也没有统一的认定标准、时间与程序。我国的行业协会和社会认证机构发展缓慢，可信程度低，还不能在新型职业农民认定中发挥应有的作用。虽然“农业职业资格证书”考试考核过程较为规范，但其吸引力亟待加强，考试考核内容尚须完善，证书效应尚待发挥。

3. 认定标准弹性大，杂乱没有延续性

目前我国职业农民资格认定处于“绿色证书”“职业资格证书”和“新型职业农民证书”共存的局面。尽管国家制定了“农业职业资格证书”考试考核的统一标准，但其内容仅限于技术层面，未将新型职业农民的经营能

力等纳入。近期试点的新型职业农民的认定标准带有浓郁的地方特征，其分类依据、标准内容也存在较大差异，尚未形成统一的全国标准，也没有在行业内实现基本的共识。

4. 认定资格缺乏政策保障

我国实施的《劳动法》《职业教育法》等就实行职业资格证书制度做出了规定，但在农业领域，相应的激励、制约和保障机制不足。对职业农民培育约束力明显不够。职业农民培育管理体系不健全，培训投入不足，师资力量薄弱，经验欠缺，同时基础设施落后。虽然农民参加职业培训多为免费，但仍未达到政府给予误工补贴的程度。国家对持证农民政策扶持力度还很不够，农民参训积极性不高。

需要尽快形成适合中国现代农业的认定体系，建立新型职业农民认定标准体系，规范新型职业农民资格认定程序，进一步明确新型职业农民认定保障体系，还要提供配套的保障措施和必要的条件，保障新型职业农民认定工作全过程的顺利进行和认定工作的可持续性。

五　北京职业农民资格认定的建议①

北京需要借鉴世界发达国家的经验，结合十几年来在认定工作上的实践，科学制定新型职业农民的认定标准、程序及保障措施，促使高素质农民留在农村发展现代农业，促进农业科技创新和农业生产经营体制机制创新。在这一工作中，应遵循传承历史与时代创新相结合的原则，构建适合北京特点的新型职业农民认定制度体系。

（一）北京应尽快形成适合都市型现代农业的认定体系

作为首都的新型职业农民培养工作，在参照试点地区成功经验的基础上，起点和标准更要符合京郊农村农民的实际情况。可以将农业实用技术培训、农村劳动力职业技能培训和农民成人学历教育作为新型职业农民培育的主要形式，针对不同产业分类培育。农业实用技术培训主要由区县农广校、农机校、农业推广机构承担；农村劳动力职业技能培训主要由职业院校、技工学校、职业培训学校、企业培训中心、劳动就业训练中心承担；农民成人

① 王福海：《北京新型职业农民培育研究》，中国农业出版社，2016。

中高等学历教育主要由涉农院校、电大、高自考以及远程网络教育承担，可以通过与高校合作设立校外教学点等形式在区县、乡镇的成校等机构组织实施。中专学历教育以北京市农广校牵头，与区县农广校合作开办农业中专形式组织实施。同时，北京应以提高农民素质和农业技能为核心，尽快出台新型职业农民培育的原则和标准，可以根据农业部有关文件精神，借鉴试点地区的经验，本着政府主导、农民自愿、动态管理和与政策挂钩的原则，按照生产经营型、专业技能型、社会服务型的分类和初、中、高分级培育标准组织农民职业资格的认定工作，对达到规定学时或符合标准要求的，经过考核鉴定，颁发由农业部或劳动和社会保障部监制、北京市政府盖章认可的不同类型和不同级别的新型职业农民资格证书，并对证书建档立册实行在线统一管理。

（二）构建北京市的新型职业农民认定标准体系

当前我国实施的农业职业资格证书制度与世界发达国家职业农民认证制度（或称为“绿色证书”制度）相近，只是在考试考核内容方面存在一定的差异。同时，目前我国试点的新型职业农民认定标准也存在着内容不一、认证依据差异较大等问题。建议考虑在完善国家认定标准的基础上，由北京市农委牵头，由农业局、农广校、农科院及有关专家，根据北京市的具体情况，广泛参考试点地区和农业部提出的标准，结合北京历史上和当前的职业农民认定方法，研究制定符合北京市农村实际情况的新型职业农民认定地方标准，北京市的标准应充分考虑北京市现有的条件、农业特点、生产水平、实际收入等因素，根据北京市未来农业发展方向和发展条件的要求设定，认定标准可先试行，在试行中不断完善。

（三）规范新型职业农民资格认定程序

借鉴国外经验，建议北京市政府设立专门的新型职业农民资格认定机构，明确认定时间、认定程序、考核考试方法等具体事宜。在新型职业农民认定过程中，建议采取多元化测评形式，实现考试与考评结合、理论与实践结合、面试与笔试结合、访谈与调查结合，尽力让农民实际能力得以全面展示。部分知识考核内容可在农民课堂教育培训过程中完成，部分操作考核内容需要在实践中完成。认定过程应严格审核，公开透明。对认定的新型职业农民应及时通过一定的载体公示，接受社会各界的广泛监督。实行新型职业农民证书动态管理制度，通过构建严格的准入机制和退出机制，保持新型职业农民队伍的生机和活力。新型职业农民如有违法行为，或者因其他原因不适合继续做新型职业农民的应及时收回资格证书，不再享受相关的优惠扶持政策。

（四）进一步明确新型职业农民认定保障体系

总体来看，当前北京市农民学历、科技文化素质偏低。让更多的农民转变为新型职业农民，必须通过健全培训网络、优化培训模式等措施，不断加大新型职业农民培养力度。建议北京市设立专门财政资助基金，对参加教育培训的农民给予适当补贴，以提高农民参与教育培训的积极性。与此同时，北京市政府有关部门应进一步加大对新型职业农民培育的监管力度，力求从培训机构到培训设施、培训师资、培训教材具体内容，均能在高质量下运行，以取得预期效果。

为增加新型职业农民的吸引力，北京市政府应加大政策扶持力度，使获得认证的新型职业农民在资金、信贷、技术推广等方面均能获得特别扶持，农民通过认定后，不仅能获得政府的扶持，而且还能得到有针对性的培训和量身定做的各项服务，从而得到明确的实惠。这样，既可调动新型职业农民参与认证的积极性，又能创新农业补贴方式。使通过认证的新型职业农民能够改善生产经营条件，使土地等生产资料向通过认证的农民手中集中，实现农业规模化经营和现代化生产，更好地利用北京的农业资源。

另外，新型职业农民认定制度还要提供配套的保障措施和必要的条件，保障新型职业农民认定工作全过程的顺利进行和认定工作的可持续性。

第九章

农民教育培训政策演变与评述

实现乡村振兴，人才振兴是关键，教育农民、激活乡村振兴的内生力量是需要认真研究的不可忽视的重大课题。农民教育是指对农村劳动者（一般意义上的农民）进行文化科学技术教育和思想道德教育的总称。农民教育担负着提高农民思想道德水平和科学文化素质，促进农村社会经济发展的重要任务。农民教育培训包括了农民成人教育、农村职业教育和农业技术培训等。

第一节　北京市农民教育培训政策轨迹

农民教育与农村教育、成人教育、农村成人教育存在错综复杂的包含关系或交叉关系，因此，在讨论农民教育政策时不得不涉及相邻或相关教育领域的政策问题。特别需要说明的是，新中国成立后的很长一段时间，党和政府颁布的有关农民教育的政策往往是与其他工作融合在一起的，所以，我们只能对新中国成立后近 70 年北京市委市政府颁布的农民教育政策梳理出一个大概的轮廓。

(一)新中国成立后前17年(1949~1966):农民教育培训政策的初始阶段

1. 农民教育的起步

从1949年到1966年,是我国农民教育的初创阶段或奠基阶段。北京市与全国同步,农民教育从“扫盲”开始。新中国成立之初,全国有3.2亿人为文盲,占人口总数的80%。这就是所谓“一穷二白”的白。国民文化素质低,成为国家经济社会发展的主要制约因素。中国共产党执政伊始,便抓住了这个主要矛盾。党和政府将农村扫盲教育及其他层次的业余教育作为当时农村工作的重点。

北京市人民政府把扫除文盲工作列为工农教育的重要任务。为了提高工作效果,市教育部门先后提出了一些行之有效的原则与办法,如在组织领导上实行“政府领导,依靠群众组织,各方面配合”“乡领导、社安排、队保证”的体制;在发动群众参加学习上,贯彻“自愿”“业余”“经常”的要求;在师资问题上,提倡“以民教民”“能者为师”的办法;在时间安排上,要求“农闲多学、农忙少学、大忙放学、忙后复学”;在经费上,确定“民办公助”“义务为主”“勤俭办学”的原则。这些政策目标明确、方法具体、措施有力,保证了全市扫盲教育深入扎实开展并取得切实效果。也为北京市的农民教育搭建了一个较高的起点。①

2. 实施农民农业技术教育

北京市是较早面向农民开展农业技术教育的地区。20世纪50年代末期,北京市开始举办业余小学、业余初中,开展初等技术教育。市委多次要求在“冬学”活动中组织农民学习农业技术。进入20世纪60年代,北京市委市政府自觉引导北京市农民教育工作从“扫盲”向“农业技术教育”转变。1960年,丰台区卢沟桥公社自编了《蔬菜栽培管理技术课本》,长辛店公社组织了养殖、蔬菜技术学习小组。1962年冬至次年春,郊区农民有3500人参加了技术学习,1963年增至1.2万人,分别学习“种子”“肥料”“蔬菜”“果树”“防治病虫害”“电工”等课程。1962年12月5日,教育部下发了《关于农村业余教育工作的通知》。该通知指出:农村业余教育工

① 北京市地方志编撰委员会:《北京志-农村经济综合志》,北京出版社,2008,第354~355页。

作，应该按照党的八届十中全会提出的《关于进一步巩固人民公社集体经济、发展农业生产的决定》的精神，为巩固集体经济、实现农业技术改革发展发挥积极作用。北京市在引发有关通知的同时对北京市农民科技教育进行了具体部署。此后，北京郊区学科学、用科学，倡导科学种田蔚然成风，形成了农民职业技术教育的第一波浪潮。[①]

3. 探索农民教育常态化

1963 年 1 月，中共北京市委《批发市教育局党组关于充实农村业余教育干部的请示》提出：开展农村业余教育，特别要组织好回乡知识青年的学习和提高农村干部的文化水平，这是搞好农村人民公社集体经济的经营管理、发展农业生产逐步实现农业技术进步的重要条件。区委、县委及农村人民公社生产大队的党组织，必须把这项工作放在党委的议事日程上，切实管起来，定期部署。教育部门、农业部门、文化部门、共青团和妇联的各级组织也应在各级党委的领导下密切配合，从各个方面创造条件，积极地办好农村业余教育。这个文件，在一定意义上明确了农民教育工作是各级党政部门的常规工作。

1963 年暑假后，北京农业技术学校根据刘少奇同志提出的“两种教育制度，两种劳动制度”的精神，开始招收部分“社来社去”的学生。当时任国家主席的刘少奇同志还把自己的儿子刘允真送到农校来学习。[②]

4. 试行“半农半读”制度，培养新型农民

1964 年，北京市教育部门试行“半农半读”或“半耕半读”制度，为培养有文化的新一代农民探寻路径。中共北京市教育局党组连续发出举办半农半读小学、半农半读中学的政策文件。推动“半农半读”制度的发展。到 1964 年 8 月，全市 9 个试点县建起半农半读小学 688 所，共 15000 名学生入学。到 1965 年，半农半读小学达到 2000 多所，学生 5 万人。

1965 年，北京市农林局、北京市教育局颁布《关于在郊区农村中学实行半农半读举办中等农业技术学校的意见（修改稿）》，文件要求：郊区中学除县城中学和完全中学保留全日制以外，其余的在三五年内要有计划有步骤地分批改为半农半读学校，培养既能从事脑力劳动又能从事体力劳动的新型农民。1965 年，北京郊区有 246 所农村初中，其中有 40 所为半农半读中

① 北京市地方志编撰委员会：《北京志 - 农村经济综合志》，北京出版社，2008，第 356 页。
② 《北京专业职业学院发展历程（1958 ~ 2008 年）》（内部资料）。

学，另有社队办的农业中学37所，计划1966～1967年各再改五六十所，到1968年该改的全部改完。

半农半读，是发展新型农村教育的一种改革性尝试，到“文革”期间被当作“资产阶级教育路线”加以批判，改革尝试遂告终结。[①]

新中国成立到“文革”的17年，农民教育开始起步，农民技术培训常态化，探索了半农半读的教育方法，接受教育培训的农民大部分到了北京农业第一线工作，促进了农业的发展，为改革开放后的农民教育政策制定奠定了基础。

（二）“文革”时期（1966～1976）：农民教育培训政策的扭曲与停滞

“文革”是我国社会主义事业的一场灾难，教育则是这场灾难的“重灾区”。农民教育作为教育事业的重要组成部分，受到殃及在所难免。此间，17年的教育路线、教育思想、教育成果均被否定，农民教育培训的成功经验也被彻底抛弃。1966年7月18日，《人民日报》发表了《打倒修正主义教育路线的总后台》的署名文章，文章将“半工半读”比喻为“资产阶级的职业学校”，把“两种教育制度”说成是资本主义国家“人才教育”和“劳动者教育”双轨制的翻版。文章从根本上否定了新中国成立以来包括农民教育在内的教育制度、教育理论和实践。1971年7月发表的《全国教育工作会议纪要》提出“两个估计”：一是新中国成立17年来，“毛主席的无产阶级教育路线基本上没有得到贯彻执行”，在教育战线上“资产阶级专了无产阶级的政”；二是原有教师队伍的“世界观基本上是资产阶级的”。对新中国成立后17年我国各项教育事业成就予以全盘否定。

此间，极“左”思想成为许多政策文件的指导，关于农民教育的政策、思想、理论同样浸透了极“左”的幽灵。

第一，从理论上根本否定农民教育的必要性。“文革”期间片面强调“群众自己教育自己，自己解放自己”“群众是真正的英雄”“卑贱者最聪明，高贵者最愚蠢”等教条化的理论，从而否定农民教育乃至一切成人教育。

1966年8月《中共中央关于无产阶级文化大革命的决定》要求：“改革旧的教育制度，改革旧的教育方针和方法，是这场无产阶级文化大革命的一

① 周金华：《“文化大革命”中的“教育革命”》，广东教育出版社，1997，第163页。

个极其重要的任务。在这场文化大革命中，必须彻底改变资产阶级知识分子统治我们学校的现象。”

“文革”期间，教育工作者、科技工作者都被当作“臭老九”，成为被批判被改造的对象，而大批文盲半文盲的劳动者（工人农民）则成了教育者、改造者。“文革”中期，以“无产阶级占领上层建筑”为号召，城市里的大中小学进驻了“工人宣传队”，农村中小学成立了“贫下中农管理委员会”。由此，在广大农村出现了“文盲改造扫盲”的滑稽现象。

第二，把“提高政治觉悟”抬到了荒谬的高度。“文革”期间，如果说还有“农民教育”，那就只剩下“思想路线教育”了，尤其是“文革”前期，农村教育完全被摧毁，农民业校停办，农业中学解散，连农村中小学也都“停课闹革命”了。取而代之的是五花八门的“毛泽东思想学习班”“毛泽东思想宣传队”。这些“学习班”“宣传队”的宗旨只有一个，就是向农民灌输造反、夺权、占领上层建筑的极“左”思想。并把这叫作贫下中农的思想路线觉悟。

一直到“文革”后期的1974年，“四人帮”精心炮制了所谓的“小靳庄政治夜校”经验。组织干部、社员进夜校学阶级斗争，学唱革命样板戏和革命歌曲，编写文艺节目，开赛诗会，将政治夜校变为推行“文化大革命”极“左”思想的场所。①

第三，畸形的“改革”——“社来社去”。农村学生毕业后回农村参加生产劳动，简称“社来社去”，并不是“文革”的创造，早在五六十年代就有许多农业中学和半耕半读学校实行社来社去。1965年1月，毛泽东批示“同意照办”的卫生部党组的报告中指出：“这样的学生，可以从城市来，也可以从公社来，回公社去，拿公社工分，不由国家发薪。”

“社来社去”作为农村教育的一种尝试本无可厚非。但是，“文革”期间被抬到了“路线斗争”“教育革命”“限制资产阶级法权”的高度。1968年国发文第48号《关于社来社去农校学生要求国家统配问题的批复》指出：“中等农校从公社招生，毕业后回原社、队当社员（即‘社来社去’），或统一招生，规定毕业后到农村当社员的办法是正确的，是符合我们伟大领袖毛主席的无产阶级教育路线的……农业学校毕业生到农村当社员，同贫下中农结合，建设社会主义新农村，是关系到培养无产阶级革命事业接班人和

① 《打倒修正主义教育路线的总后台》，《人民日报》1966年7月18日。

灭资兴无、移风易俗的大事。”

1970 年 6 月，中共中央批转《北京大学、清华大学关于招生（试点）的请示报告》。该报告提出废除招生考试制度，实行“群众推荐，领导批准和学校复审相结合的办法”招收工农兵学员。从 1972 年到 1976 年全国共招收工农兵学员 82 万人。在各大院校招收工农兵学员的同时，一些学校以短期培训形式招收了大批社来社去学员，在工农兵学员中也有部分院校实行了社来社去。

需要指出，尽管“文革”中把社来社去染上了极“左”的色彩，但客观上也为农村输送了一批受到专业教育的农民，虽然这种专业教育是扭曲的畸形的。①

（三）新时期（1976～2000）：农民教育培训的重生与改革

“文革”结束到 20 世纪末的 25 年，我国经历了拨乱反正、改革开放、稳步发展的历史阶段。北京市的农民教育培训事业，也从“左”的泥潭中跳出来，走上健康发展的轨道，呈现出新的发展浪潮。

1. 改变观念，积极开展补偿教育

“文革”时期，教育成了重灾区，农业教育更是遭遇了灭顶之灾。北京农大搬出北京，北京劳大、北京农校相继解散，郊区农中无一幸存。在极“左”思潮的蛊惑下，人们普遍认为：农业知识与技术，只存在于生产实践中，因此农村是学农的“大学校”，农民的实践经验才是“真知”，贫下中农才是真正的老师。这样，北京地区的农业职业教育在 1967～1974 年完全是一个断层。

“文革”结束后，市委市政府为将“被耽误的一代”培养成有知识有文化的社会主义建设者，在全市青壮年职工中开展了“双补”（即初中文化补课、初级技术补课）活动。根据中共中央、国务院 1981 年 2 月发布的《关于加强职工教育工作的决定》及北京市人民政府办公厅转发国务院办公厅《关于加强职工培训提高职工队伍素质的意见》的通知精神，北京市政府及其成人教育行政部门和各区县、各部门、各企事业单位，从实际情况出发，于 1981 年开始在全市范围内开展青壮年职工的“双补”活动。双补教育使首都数十万城乡青年提高了文化科技素质，许多人还考入成人高校甚至是普

① 1968 年国发文第 48 号《关于社来社去农校学生要求国家统配问题的批复》。

通高校深造，成为新时期的建设骨干。

2. 组建农业广播电视学校，成立办学实体，加快农民教育体系建设

农民教育需要依托完善的教育体系。新中国成立初期各地先后办起的农村冬学、半农半读学校、农业中学到“文革”后全都不复存在。“文革”期间盛行的学习班、宣传队也不能承担新的职能。新的历史时期，党和政府先后发布了一系列文件推动新型农民教育机构的建立与发展。

1980 年 12 月 20 日，国家农委、中国科协、教育部、团中央、全国妇联、广播事业局、中央人民广播电台、农业部、农垦部、中国农学会十个单位联合发出通知，宣布联合举办中央农业广播学校，它标志着我国最大规模的、开放式的农民教育体系诞生，并开创了农业职业教育的新模式——农业广播电视教育。

自 20 世纪 80 年代后，我国在全国范围内形成了中央、省、地、县、乡五级办学的“农业广播电视学校”体系，以及县级农民科技学校、乡镇成人学校、村办农民文化科技学校的三级农民教育培训体系。

与全国同步，北京市农民教育体系建设也迎来了一轮发展高潮。

一是农民教育有了市级办学机构——北京市农业广播学校并建立了市县乡三级教育培训体系。1983 年 9 月，中共北京市委农村工作部、北京市人民政府农林办公室、北京市工农教育委员会办公室、北京市财政局、共青团北京市委五家单位联合签发《关于加强郊区县农业广播学校工作的通知》。

该通知指出农业广播学校是培养农村科技人才的一条重要途径，要长期地、正规地办下去。成立北京市农业广播学校，由市工农教育办公室主管，每年由财政拨给专项经费。郊区各县（区）委、政府及有关部门要重视农业广播学校的工作，纳入县（区）农村发展的总体规划，成立农业广播学校工作站，农业广播学校工作站所需的办学经费，由县（区）财政解决。

农广校自建立伊始就把面向农民的中等职业教育和农业生产技术培训作为办学的两块基石。

二是加强区县与乡镇两级办学实体建设。将 13 个区县办的 13 所农村科学技术学校（原“农民五七大学”）建设成为国家承认学历的成人中专学校。1984～1986 年，分三批通过验收。全市 200 多个乡镇，80% 举办了成人文化技术学校，成为对农民进行教育培训的主阵地。

北京市人民政府于 1982 年 11 月转发了《国务院批转教育部〈关于举

办职工中等专业学校的试行办法通知〉的通知》，北京市成人教育局1986年3月转发了国家教委《关于成人高等学校有关备案问题的通知》以后，在80年代中期，各种各样的成人中、高等专业学校纷纷成立，全市举办的职工大学、管理干部学院、广播电视大学、函授大学、夜大学和成人教育学院达151所，年招生数达7万人，毕业6.7万人，在校生达20.9万人；举办的干部、职工、农民中等专业学校和广播电视中专学校、农业广播学校以及其他成人中专学校160所，面向全市城乡年招生约2.5万人，毕业2万人，在校生7.5万人。

在建立健全教育教学体系的同时，农民教育的领导组织体系也得到了加强。1979年9月，北京市工农教育办公室成立（1984年4月改名为成人教育局）；1980年上半年，区县也相继建立相应机构，市、区县在工农教育办公室内设有农民教育处、科；1980年末，全市郊区263个公社中已有80%配备了农民教育专职干部200人左右，使工作开展得到了组织上的保证。

3. 首创“绿色证书”教育，改革农民教育的内容

在改革开放的新时期，农民教育的内容也发生了根本性的变化。以往的农民教育以扫盲为重心。随着我国教育事业的发展，新生文盲迅速减少，原有文盲逐渐脱盲，农民教育中的扫盲任务已经接近完成，职业技术教育成了农民教育的重心。这样的转变自20世纪80年代就开始了。

为了提高广大农民的科技文化素质，加快农业科技进步，促进农村经济发展，北京市借鉴美国、丹麦等国外经验首创了“绿色证书”教育。1988年4月，北京市大兴县印发了《大兴县人民政府关于承包果树必须取得技术资格的几项暂行规定（试行）》，这是我国“绿色证书”教育的雏形或萌芽。此后“绿色证书”教育在北京郊区以至全国展开，成为20世纪90年代农民教育的基本内容。[①] 到2001年，全国已有1994个县（市）开展了“绿色证书”培训，覆盖面达69.8%。培训人数达1300多万，有600万人获得了“绿色证书”。为了加强“绿色证书”制度建设，1997年，农业部以部令的形式印发了《“绿色证书”制度管理办法》，并先后颁发了21个“绿色证书”岗位规范。“绿色证书”工程得到了各级教育、科技、财政、

① 农业部科技教育司编《中国农业教育50年回顾与展望》，中国农业出版社，1999，第354页。

计划、科协、妇联、团委等部门和团体的大力支持。农业部先后与教育部、总政治部、总后勤部联合下发了《关于在农村普通中学试行“绿色证书”教育的指导意见》和《关于在全军和武警部队副食品生产基地及从事农副业生产人员中开展“绿色证书”培训的通知》，将“绿色证书”培训扩展到农村普教和军队后勤系统。①

4. 开展农民学历教育，提升农民素质，充实农村基层干部队伍

教育与经济社会发展密切结合，农民教育培训与京郊农村发展的变迁息息相关。北京农业职业学院的前身之一北京市农业学校 1996 年曾经提出“一体两翼”发展战略，其中一翼就是开展多功能办学，包括成人教育和各类实用技术培训，并开展了多种尝试。如 1987 年对 37 个贫困乡单独招生，学生毕业后回乡工作；1992 年又把扶贫班的招生范围扩大到 60 个边远山乡，1987～1998 年的 12 年中累计单独招生 689 名，为京郊山区培养了人才。

1993 年，招收村干部专修班。1997 年，针对乡镇农业技术推广机构中有经验但没有经过专业培训的技术人员，先是进行定性、定编、定员，再单独考试招生、单独录取，进行学历教育，这些学生被称为“三定班”学员，到 2001 年，共培养三定班学员 1000 多名，这些学员大部分成为北京郊区各乡镇农业技术部门的骨干或者领导人。

1984 年，北京市成人教育局 10 月 31 日正式通过建立“北京市农业管理干部学院”验收，批准学院 1985 年参加全国统一招生考试，招收大专学历班的学生，12 月 17 日，学院正式挂牌。自此，学院中的全日制学生、短期培训学生和半脱产学生并存。1990 年，为了提升农村干部素质和学习积极性，北京市农业管理干部学院向市政府申请每年给学院“农转非”指标 150 人，1991 年 9 月 1 日，该申请正式获得批准，学院继续招收新生。此后几年，一直从事农村干部的学历教育，到 2000 年前后，开始向高等学历教育转型（见表 9－1），到 2001 年，合计招生 16603 人，为郊区乡镇培养了“下得去、用得上”的人才。②

① 农业部科技教育司编《中国农业教育 50 年回顾与展望》，中国农业出版社，1999，第 354 页。

② 《北京市农业管理干部学院发展纪实（北京农业职业学院北校区）》（1974～2002）。

表 9－1　学院在校生统计（1984～2001 年）

年份	脱产生	半脱产生	年招生	学历在校生	短期培训	折合在校生	在校生合计
1984	87		87	87	324	108	195
1985	55		55	142	421	140	282
1986	90		90	145	1420	473	618
1987	141		141	231	1973	657	888
1988	174	367	541	682	1625	542	1224
1989	198	166	364	538	1634	544	1082
1990	144	263	407	604	1945	648	1252
1991	161		161	304	1388	463	767
1992	189		189	350	1065	355	705
1993	201		201	390	1019	340	730
1994	189	45	234	435	722	241	676
1995	166	187	353	587	894	298	885
1996	172	162	334	687	1312	437	1124
1997	152	169	321	655	1262	421	1076
1998	147	157	304	625	973	324	949
1999	95	262	357	661	1197	396	1057
2000	286	170	456	813	1197	399	1212
2001	352	157	509	965	2748	916	1881
合计	2999	2105	5104	8901	23119	7702	16603

资料来源：《北京市农业管理干部学院发展纪实（北京农业职业学院北校区）》（1974～2002）（内部资料）。

5. 整合教育资源

20 世纪 90 年代，是我国教育体制改革的深化阶段。北京市在成人教育、农村教育改革方面的重大举措就是大张旗鼓地进行了教育资源整合。应该说，教育资源整合有其必要性，它对不同类别的教育发展都起到了积极促进作用。但是，毋庸讳言，在成人教育与农民教育方面却产生了副作用。

在 20 世纪 80 年代，北京市的成人中、高等学校如雨后春笋般涌现。全市举办的职工大学、管理干部学院、广播电视大学、函授大学、夜大学和成人教育学院达 151 所，年招生数达 7 万人，毕业生 6.7 万人，在校生达 20.9 万人；举办的干部、职工、农民中等专业学校和广播电视中专学校、农业广播学校以及其他成人中专学校 160 所，面向全市城乡年招生约 2.5 万人，毕业生 2 万人，在校生 7.5 万人。

但是，从 1989 年开始，北京成人教育尤其是农村成人教育出现了下滑的现象。到 90 年代中期，教育理论界“替代论”（以职业教育替代成人教育）、“合并论”（成人学校与职业学校合并）、“淡化论”（淡化普通教育与成人教育的界限）、“分解论”（将成人教育的任务、功能等分解到其他各类教育中）几掀波澜。终于，在 1998 年付诸行动。教育部在机构改革中，将成人教育司与职业教育司“合并”为“职业教育与成人教育司”，而原成人教育司的大部分职能被“分解”到发展规划、基础教育、高等教育、高校学生四个司中去了。教育部成人教育与职业教育部门的调整，引发了自上而下的省、地、县、乡到村和企业的成人教育机构的撤并。北京市也撤销了成人教育局，将其变成教委的一个处即成人教育处，此后成人教育处与职业教育处合并成立“职成处”，在这一转换中，成人教育出现了管理方式上由“集中”到“分散”、管理的力度上由“合力”变“分力”的逆向转变，使成人教育管理和成人教育受到了严重“挫伤”。全市 200 多所成人中专最后只剩 14 所。原来的区县和乡镇成人文化技术学校，也在“合并”风潮中挂上了“职业技术教育中心”的牌子；村成人学校几乎全部被撤销。

总体来看，这个阶段的“教育资源整合”，至少在成人教育领域，是失败的，遏制了成人教育发展的势头，尤其损害了农民教育的发展。

（四）21 世纪（2001 年至今）：农民教育培训的发展与完善

进入 21 世纪，北京市在实施“三个北京”战略，在促进城乡一体化发展、美丽乡村建设和乡村振兴进程中，将农民教育提到了前所未有的高度，全市的农民教育事业出现了蓬勃发展的新局面。

1. 创建学习型社会

2000 年，市政府在《北京市国民经济和社会发展“十五”计划纲要》中明确提出，在全市“率先构建起终身学习和学习型社会的基本框架”。2004 年，市委、市政府召开了首都教育大会，印发了《关于实施首都教育发展战略，率先基本实现教育现代化的决定》，提出了“到 2010 年在全国率先基本实现现代化，学习型城市初步建成”的奋斗目标。这样，学习型乡镇建设成为农民教育发展的新的契机。

2005 年，市委在《关于制定北京市国民经济和社会发展第十一个五年规划的建议》中提出：“加强成人教育、继续教育，推进城乡教育的信息化建设，努力构建终身教育体系，积极推动学习型城市建设。”2005 年 8 月，北京市教育委员会、市首都精神文明建设委员会办公室和市农村工作委员会分别发出了《关于评选创建学习型农村社区先进乡镇的通知》和《关于评选创建学习型新村先进村的通知》，并相应制定了《北京市创建学习型农村社区先进乡镇评估指标体系》和《北京市创建学习型新村先进村评估指标体系》。2006 年，市教委组织专家对创建学习型城市先进村镇进行评估，评选出一批创建学习型村镇先进单位。2007 年，市委、市政府召开了建设学习型城市工作会议，发布了《中共北京市委、北京市人民政府关于大力推进首都学习型城市建设的决定》，市学习型城市领导小组办公室组织专家重新修订了创建学习型企业、机关、学校、街道及乡镇的指标体系，并深入各区县，指导各区县结合区域社会经济发展的实际，制定建设学习型区县的规划和实施意见，使北京市学习型城市建设工作进入到了一个全新的发展阶段。经评估，全市 2007 年又有 9 个企业、16 个街道、6 个乡镇被评为北京市创建学习型组织先进单位。①

2. 启动系列培训工程

在“绿色证书”培训工作走向经常化制度化后，北京市又先后启动了跨世纪青年农民科技培训工作、农村富余劳动力转移培训、阳光工程培训、新型农民培养、设施农业骨干农民培养、农村实用人才培养、全科农技员队伍建设、新型职业农民培育等工程，提升了农民素质。②

第二节　北京市农民教育政策评析

（一）北京市农民教育政策的实施效果

1. 促进了农民科技文化素质提升

新中国成立初期，北京市与全国相同，人口的 80% 是文盲，农村劳动力（农民）的职业教育几乎为零。农民的职业技术能力靠祖辈口耳相传习得。种田靠经验、收成靠老天。作为农业大国的中国在农业科技的研究和推广方面几乎是一张白纸。

① 马俊哲：《北京郊区农村成人教育发展研究》，中国农业大学出版社，2009，第 59 ~ 60 页。

② 各类工程具体实施情况参考本书第二章第一节的相关内容，本章不再赘述。

北京市从新中国成立伊始即进行大面积扫盲，到 20 世纪 90 年代在全国率先完成扫盲任务。大大提升了郊区农民的文化素质。农村劳动者的受教育年限达到了 6.9 年。这就为农民学习科学知识、农业技术奠定了基础。经过多年的教育培训，郊区农民受过中等职业教育的人员比例已达到 12.59%，接受过“绿色证书”、跨世纪青年农民培训、阳光工程培训等初等职业教育培训的达到 50% 以上。此外有 4.17% 的人受过高中教育；2.1% 的人受过大专以上教育。进入 21 世纪以来，郊区农民有 5 万余人取得中专以上学历，有 20 余万人次经过一项到两项职业资格培训并取得执业资格证书。全市培养农村实用人才 38055 人，设施农业骨干农民 1988 人，培养全科农技员 2831 人。

2. 加速了都市型现代农业的发展

目前北京市农业现代化水平处于全国领先地位，这与北京市农村劳动力素质较高密不可分。自 20 世纪 90 年代以来，经过 20 多年的发展，京郊农业已发展为集设施农业、生态农业、籽种农业、观光休闲农业于一体的都市型现代农业。2013 年有：农业观光园 1299 个，实现总收入 27.4 亿元；民俗旅游实际经营户 8530 户，民俗旅游总收入 10.2 亿元；全市设施农业万亩，设施农业实现收入 57.3 亿元；种业收入 14 亿元。据测算，2005 ~ 2013 年，农、林、牧、渔业平均每一从业人员创造产值从 40834.28 元增加至 77516.36 元，增长 89.83%；粮食单产从 4939.4 公斤/公顷增加至 6049.0 公斤/公顷。

截至 2013 年底，北京市级以上农业产业化重点龙头企业共有 170 家，其中国家级龙头企业 40 余家，位居 4 个直辖市之首。京郊农村共有 195 个乡镇集体经济组织，3985 个村级集体经济组织，13855 个会计核算单位，145 万个参与分配的家庭，316 万参与分配的人口。全年实现农村经济总收入 5170.7 亿元，同比增长 5.9%；乡村两级集体资产总额 5049 亿元，同比增长 11.6%；净资产 1751.5 亿元，同比增长 10.3%；人均劳动所得 15735.6 元，同比增长 9.4%。这些数据说明，劳动力素质的提高促进了农民增收致富，带动了都市型现代农业的发展，推动了城乡一体化进程。

3. 农民教育培训体系初步形成

一是建立了农民教育的组织管理体系。根据一定时期农民教育的主要任务建立了多部门联动的制度，统筹协调各部门资源，共同投入农民教育。20 世纪 80 年代，为把“绿色证书”培训作为落实“科教兴农”战略、推动农业和农村经济发展的大事来抓。市县分别成立了由主管领导为组长，各有关部门领导参加的领导小组，并设立办事机构，初步形成了政府统筹、农业牵头、部门协作、社会参与的组织领导机制。以后这种机制在跨世纪青年农民培训、农村劳动力转移培训、新型农民培养等培训项目中继续实行与完善，成为农民教育的组织保障。

二是逐步构建教学培训体系。农民教育培训涉及农业、教育、科技、劳动、妇联等多个部门，每个部门都有自己的教育资源、项目和资金。在较长的一段时间内，北京市的农民教育呈现“多龙治水”的状态。各类教育机构各行其是，一窝蜂地都去农村办班。以致一个“计算机XX输入法”多次培训、多家讲授，“你方唱罢我登场”，弄得农民不胜其烦，对培训反感起来。有一段时间，农民专业合作组织的组建与管理成为热门话题，各个部门一股脑地开展“农民专业合作组织”培训；这种各自为政的局面，浪费了教育资源，白搭了培训经费，还损害了“农民教育”的信誉。

北京市在多年开展农民教育培训的实践中，在建立农民教育的组织管理体制的同时，也初步构建了农民教育的教学培训体系。即建立健全“市、县、乡、村四级农民教育培训体系”。2003年1月6日，市农委、教委、科委联合下发的《关于大力发展农村职业教育，全面实施农业现代化培训工程，加速农村人才培养，提高农村劳动者素质的意见》要求：通过整合社会各方面的资源，建立和完善市县乡村四级农村职业教育体系，多形式、多层次、多渠道地开展农民现代化素质教育，有计划有步骤扎扎实实地对农民进行思想道德、政策法规、实用科学技术的教育培训。文件对全市农村职业教育教学培训体系做了具体部署。市县乡村各自根据能够整合的教育资源组建“农民教育培训基地”，各级基地承担不同的教育培训任务。

此后，市属农业院校、科研院所、推广机构，县级农业广播电视学校、农民科技学校、职业技术学校、农业科研推广机构、乡镇成人学校，成为北京市农民教育培训体系的有机组成部分。在农民教育实践中，各级农业广播电视学校及乡镇成人学校已经成为农民教育培训体系的中坚力量。

（二）农民教育政策实施中存在的问题

1. 农民教育培训统筹规划不够

目前，以农民为对象的教育培训，是许多部门的工作“热点”，教育、农业、劳动、科技、组织、妇联、共青团等部门都在自上而下地规划部署农民教育培训工作，各种“工程”令人目不暇接。由于各成体系，缺少协调，经常出现培训内容交叉重复的现象，造成教育资源的浪费。

“上面千条线，下面一根针”，农民教育培训最终都要由乡镇来实施，上面部署的“培训工程”搞多了，下面应接不暇，只能干出许多滥竽充数的事来。许多“工程”的培训效果只反映在统计数字上。

2. 教育资源缺乏有效整合

目前，北京市涉农教育资源，分属于教育、农业、劳动、乡企等部门。由于条块分割、部门利益等因素的作用，各个学校、培训机构沟通协作不利。一方面关门搞教育，另一方面相互之间展开无序竞争。例如在以前的农村劳动力转移培训中，有些地区牵头部门就把劳动力转移培训当作自己的“专利”，把任务、指标、经费下达到本系统的教育培训机构，其他部门的教育培训机构难以“染指”，相同的情况在其他培训工程中也同样存在。这种条块分割状态，很难发挥本来就很有限的农业教育资源的整体作用，使许多“教育培训工程”的效果大打折扣。

3. 社会对农村成人教育重视不足

农民教育培训工作主要由成人教育机构承担。然而，在前些年的教育体制改革和教育资源重组中，成人教育，特别是农村成人教育，已经被边缘化了。20 世纪 90 年代，北京市成人中专有 100 多所，到 21 世纪初教委公示的有招生资格的只剩 14 所。农业成人中专也从几十所缩减到农广校一家。成人教育特别是农业成人教育被边缘化，不能不说是改革的误区，对农民教育的发展造成了极为不利的影响。

北京市现有乡镇成人学校 190 所，其中不乏办出水平、办出特色的示范性成人学校。但是，目前相当一部分乡镇成人学校从校舍到师资、设备、经费都无法满足新型农民培养需要。乡镇成人学校的窘境，与整个成人教育的现状有关，也与乡镇成人学校体制有关。目前，乡镇成人学校由乡镇政府主管，其经费投入主要由乡镇财政承担。这样，乡镇成人学校的状况就直接与当地领导的重视程度和财政状况相关。在许多乡镇领导的心目中，经济是硬指标，教育是软指标，成人教育更是软中之软。因此，乡镇成人学校不能发挥应有作用也就是必然的了。

4. 教育理念需要更新

目前，有关主管部门，在对农民教育的理念中有许多脱离实际的地方。

用管理普通教育的方式管理农民教育，在专业设置、教学方式、学籍管理方面，脱离农民、农村干部的实际情况，片面地强调系统、规范，这是亟待解决的问题。

5. 教育内容脱离农民需要，影响学习热情和培训效果

目前，有些部门设计的教育培训内容与农民的实际需要脱节，这也是当前农民教育培训中的严重问题。譬如，以农民或村级干部为对象的成人学历教育，必须开设1/3的文化基础课；给普通农民讲高数，讲有机化学，讲外语，给村级干部讲西方经济学。这样的教育培训脱离了村级经济社会发展实际的需要，很难激发农民的学习热情，给农民教育的健康发展造成了极大的负面影响。

（三）农民教育政策自身需要改进的问题

几十年来特别是进入21世纪以来，北京市制定颁布了一系列农民教育政策，这些政策的价值取向贯穿一条主线：提高农民科技文化水平和职业技能，为农村经济社会发展提供人力资源保障，促进农村现代化、城乡一体化发展。如前所述，这些政策在实践中发挥了科学引领、宏观指导、具体部署的作用，推动了北京市农民教育事业的不断发展。但是，农民教育政策在实施中也存在许多问题。

1. 政策规范的对象不明确

进入21世纪以后，北京市出台了多项有影响的农民教育政策，如关于建设学习型区县（农村社区），开展农村劳动力转移就业培训，社会主义新型农民培养，新型阳光工程培训，创业农民培训等。政策是一种行为规范，但是在“规范谁的行为”这个问项上，这些年出台的农民教育政策往往不甚明了。

首先，“农民教育”的对象是谁？多年来没有搞清。这主要是因为在社会转型期“农民”这个概念的内涵外延都不确定。科技进步使生产力快速发展，城乡一体化进程加速，对谁是农民这个问题，政策制定者认识模糊，看法不一。因此，在我们的相关政策文件中，关于农民的外延极不一致。有时，农民指生活在县以下乡村的所有人。这是将生活地域作为“农民”的主要标识。更多的时候，农民专指人的身份，把具有农村户籍的人叫作农民，不管你是企业职工还是个体工商户，不管你是三四十岁的青壮年还是老幼病残，只要你是农村户口，你就是“农民”。此外，也有人把在农村产业结构中就业的所有劳动者、管理者统称称为农民。如在《关于实施培养和造就首都郊区社会主义新型农民行动计划的意见》中对新型农民培养任务的安排就包含了农村所有产业的劳动者和管理者。有时，农民又特指在第一产业就业的劳动者。如新型阳光工程培训，把培训对象限定为在一产创业的劳动者。

农民教育政策需要有的放矢，政府每出台一项农民教育政策，应该首先要搞清政策对象是谁，是所有农村居民，还是农村所有产业的劳动者，或是在第一产业就业的从业人员？

其次，农民教育的责任主体不明确。谁是农民教育的责任主体，是政府部门，还是学校，企业，村民自治组织？几十年来，党和政府颁发的有关农民教育的政策文件，往往把农民教育的任务交给下级政府。但是农民教育到底应由谁承担主要职责，总是模糊不清。拿一个县级政府来说，农民教育到底是农委的职责，还是教委的职责？具体到如农村青年的科技教育，是该由团委管还是该由科委管？责任主体不明，农民教育就形成了农、科、教、劳动、共青团、妇联众多部门都管又都不管的状态。

再次，农民教育的实施主体不明。如把各级政府看作农民教育的责任主体。但是政府只能承担农民教育规划及人财物的组织协调工作，并不能直接开展农民培训。在实际工作中农民教育培训一般是由各类教育机构直接实施的，如乡镇成人学校、农业广播电视学校、区县职业学校、技工学校等。此外，承担农民教育培训的还有各种社会力量办学和农民自治组织办学，如一些公司、企业的培训部门，村办农民文化技术学校等。可以说社会上各种教育资源都是农民教育培训的参与者，比如农村劳动力就业培训，在北京市就有职业学校、农业广播电视学校、技工学校、行业协会培训机构众多单位参与。必须承认，动员更多教育资源参与农民教育是好事，但是如果没有资质认定，没有责任划分，农民教育就会出现一盘散沙、各自为政的现象。进入 21 世纪以来，北京市农民教育培训搞得可谓轰轰烈烈、如火如荼。各类教育培训机构争相参与，总的来说，大家的目的、态度是端正的，但是不排除有些机构，借党和政府重视“三农”的机会，以培训农民为借口，套取培训经费。这样的机构只关心培训一个农民可以拿到多少培训费，不关心培训内容与质量，甚至走到投机取巧、弄虚作假的地步。即使是一些正规培训机构，也有在培训中“偷工减料的现象”。例如，某些短训班只搞了一天半，就要给学员办理“职业资格证书”。这种情况不是个别现象，以致“职业资格证书”含金量大大下降。许多拿了“会计资格证书”的人，连会计报表也看不懂。

为杜绝上述乱象，必须明确农民教育的实施主体及其责任。对各类教育培训机构尤其是行业、企业、民间协会所设的教育培训机构实行资格认证，符合条件的才能承担农民培训项目。

2. 政策目标脱离实际

几十年来，党和政府高度重视“三农”问题。“三农”问题的核心是农民问题。农民问题的根本是科技文化素质问题。按照马克思主义的观点，人是生产力诸要素中的主导因素，科学技术是第一生产力。因此没有农民的科技素质现代化，就没有农业农村的现代化；没有农业农村的现代化，就没有整个国家的现代化。可见，开展农民教育、提升农民的科技文化素质是基础中的基础。

梳理21世纪的农民教育政策，不得不指出，对提升农民科技文化素质急于求成已经成为一种倾向。政策制定者的主观愿望是尽快把农民素质搞上去，在较短时间内培养出大批人才。但是，其忽略了农村的客观实际。

其一，农村劳动者整体文化水平、综合素质较低。

据2005年初统计，在北京市农村劳动者中，具有大专以上学历的仅占5.5%，中专学历的占8.5%，高中学历的占16.2%，初中学历的占37.9%，小学学历及以下的占31.9%。由此可以看出农民的学历层次偏低，其中初中学历及以下文化层次的人占到70%，而拥有大专以上学历的人员仅为5.5%。

其二，农村劳动者职业技能素质较低。

就业、创业能力差。农村劳动者，绝大部分缺乏就业的职业技能，超过85%的人未受过任何职业教育培训，这就大大影响了他们就业和创业的能力。

其三，农民的文明素养较低，

文明素养表现在生产、生活的各个方面。中国的封建社会延续了几千年，自然经济、小农经济催生了许多落后的观念意识，如封建迷信、宗族观念、小农意识等，有许多传承至今，影响着现代经济社会的发展，妨碍社会主义新农村建设。

此外，随着农村劳动力向城镇和二、三产业转移，农民中文化层次较高、受过一定职业训练的大部分人进城务工去了，有些是“离土不离乡”进入当地二、三产业就业。这样一来，留在农业产业的劳动力就形成了三多两少现象，即低学历的多、老年人多、女性多，青年人少、高素质人才少。

面对这种情况，北京市出台的“新型农民培养行动计划”要求：“‘十一五’期间为郊区培养上百万具有先进科技文化知识的新型农民：培养和造就几十万符合时代需要和郊区经济发展需求的技能型人才及管理人才。实施‘1345’计划，即每年为郊区农村培养1万名大专以上专门人才；3万名中专层次实用技术人才和高素质劳动者；每年对郊区各类劳动者进行40万人次的职业技能培训；每年对郊区农民开展50万人次的社会文化生活培训。到2010年使郊区农民人均受教育年限由10年提高到12年。建立满足郊区一、二、三产业发展需求，与社会主义新农村建设相匹配，结构合理、功能齐全、手段先进、灵活开放的新型农民职业教育体系；初步构建与郊区物质文明、精神文明和政治文明建设相统一、满足新型农民终身学习需求的学习型社会。”这里规定的任务目标，颇有点“大跃进”的味道。

3. 政策缺乏连续性

一是概念使用缺乏连续性、一致性，比如农民教育培训、农村成人教育培训、农村劳动力教育培训、农村居民教育培训等，在一些政策文件中交替使用，而且没有明确的解释。概念的内涵外延不确定，给政策的理解执行造成混乱。

二是政策与政策间关系不清，新政策的实施造成老政策的终止或变形。比如，2004年兴起农村劳动力转移就业培训，将原有的“绿色证书”培训、农业实用技术培训、农村实用人才培养几乎全部“淹没”了，连正在起步的“建设学习型社会”也受到冲击。2007年培养社会主义新型农民成为农民教育培训的主题；2010年后有关专业农民（现称“职业农民”）的培训进入农业部门的议事日程，于是阳光工程转型，不再把转移就业的技能培训当作重点，转而培训“创业技能”，至此，“培养社会主义新型农民的行动计划”又被束之高阁。

三是政策力度不足。农民教育政策，在规定任务目标时气魄很大，在制定措施时往往陷于空泛，尤其是在经费支持方面，很少有慷慨大方之时。北京市在新农村基础建设方面，连续3年每年拿出100多亿元，但在新农民培养方面的投入有限。目前北京市得到财政支持的农民培训项只有阳光工程、农民田间学校等几个项目，且人均经费也只有1000元左右。其实，根据北京的经济发展水平及北京农民的总量，农民教育经费投入的力度完全可以更大一些。

4. 宣传、督导、检查、验收不力

近年来，市委市政府及各有关部门制定颁布了一系列农民教育培训的政策文件。在实际工作中政策制定者注重文件出台前的调研论证，满足于文件的颁布。但是对政策文件下发后，政策对象看到没看到、学习没学习、理解没理解、执行没执行、落实没落实关注不够。因此许多文件下发了也就完事了，最后成了一纸空文。

2000 年以来，能够做到政策宣传到位、督导有力、检查及时、验收严格的应属农村劳动力转移就业培训和农村实用人才培养，自 2004 年到 2009 年，每年都能做到年初有计划，年终有总结。一年两次督导检查，对政策执行效果严格验收。最终，扎扎实实高质量地完成了 5 年就业培训任务。其他许多培训项目，多属雷声大、雨点小，有些甚至虎头蛇尾，不了了之。

第三节　政策建议

（一）创新职业农民教育培养的管理体制

1. 加速农民职业教育立法

职业农民培养从教育分类角度看是农民教育的一翼，也是职业教育的一翼，可称为农民职业教育。发展农民职业教育各级政府承担着多方面的责任，主要有：根据国家教育法律，制定农民职业教育行政性法规，推出农民职业教育行政政策，明确教育方针、教育体制等基本问题，为农民职业教育发展营造良好的社会环境；负责为农民职业教育出资，按照法定数额进行教育投入，改善办学条件和学习条件；通过教育行政部门对农民职业教育进行必要的管理，主要是实施职业教育法令，制定农民职业教育规章，编制农民职业教育计划和发展（改革）规划，审核教育经费，任用教育行政人员，视导和检查所属单位的工作，协调农民职业教育与其他部门的关系。

要开展农民职业教育，就必须加快其立法进程。当前，面向农业和农村的全国性农民职业教育法规建设还相对薄弱，全国大部分省市还没有制定相应的法规，法律的滞后性大大制约了农民职业教育的健康发展。因此，必须把农民职业教育的法规建设提上政府的议事日程，要用法规的权威性保障农民职业教育的实施。

多年来，由于缺乏稳定的法律制度保障，农民教育培训工作在不同地区、不同程度上存在“事随人走”“培训跟着项目跑”的现象，随意性很大，不确定性因素多，给农民培训工作的持续、稳定、健康开展带来了困难。面对当前的新形势，需要对新型职业农民培训进行科学规划，统筹兼顾，整合各方面的资源，制定出统一的规划，对今后5年、10年的农民教育工作提出目标、任务，规划出实施路线图，使其成为新型职业农民培养的基本依据。

应以法律形式确立农民职业教育的地位、作用，明确政府、教育机构、社会团体的责任义务，可借鉴天津市和甘肃省出台《农民教育培训条例》的做法，就职业农民教育培训出台地方法规，把新型职业农民培训纳入法制化的轨道。[①]

2. 建立健全农民职业教育的管理体系

为规范、有效地开展职业农民教育培训工作，需要进一步完善严格高效的组织管理机制。应借鉴以往“绿色证书”工程、农村劳动力转移培训的成功经验，建立职业农民教育培训的组织管理体系。即由农业部门牵头，会同教育、科技、财政、劳动等部门建立“联席会”制度，定期研究职业农民教育培训的政策、规划、督导、验收等问题。各级联席会下设办公室（常设），办公室可设在承担职业农民教育的重点院校或农业职业教育集团，负责本地区职业农民教育培训的日常组织管理工作。

职业农民教育培训的责任主体是县级人民政府。区、县级人民政府应专门对本地职业农民教育培训做出中、长期规划，健全联席会制度，出台相应政策，保证资金支持。

乡镇党委、政府，是职业农民培育的直接组织者，承担着本乡镇职业农民培育对象的遴选、培训，职业农民的认定、管理、使用等具体职责。乡镇党委政府须提高认识，明确职责，组织、指导村级党组织（党支部）和村民自治组织（村委会）、农民专业合作组织，在准确把握农民教育需求的基础上，积极开展职业农民的培养工作。

3. 建立灵活高效的教学管理机制

一是建立统分结合的双层管理模式。

---

① 李凌：《法律与政策保障视角下的职业农民教育培训国际比较研究》，《世界农业》2014年第1期。

职业农民培育需要市、县（区）、乡（镇）多层管理，就教学管理而言，可实行办学单位与教学班双层管理。就是由教育培训主办单位（农职院校、农广校、科研推广机构等）与教学班分别承担职业农民教育培训的教学管理职能。办学单位（院、校）承担制订教学计划、编制课程大纲、开发教学资源、选派师资、组织教学、督导检查、考核考试等职责。

教学班所在乡镇、村，由乡镇政府及村民委员会组建教学班管理机构，并指派专职班主任，承担日常管理职能，如班级建设与管理、教学组织、实训实习等。

在教学管理方面，要做到集中与分散相结合。在教学计划、教学大纲等教学文件的制定与实施方面必须做到集中统一。而在教学进程、教学形式方面则允许根据实际情况多样化处理。

二是实行以面授为主多种形式并用的教学组织形式。

职业农民培养教育，可采取多种形式组织教学。主要有：教师面授、音像教学、实训实习、在线学习等。对于不同的教学内容，宜采取不同的教学形式，如对于操作性较强的新兴技术，以教师面授为主；对易于推广、易于掌握的一般应用技术、知识，可以音像教学、实训实习为主；对于一些辅助性知识技能，可以学员自学为主。学校在制订教学计划时，应对不同教学内容所采用的不同教学形式做出明确安排。

三是设立以能力为本位的考核体系。职业农民的教育培训，出发点是提高农民的职业能力。无论是初等职业教育、中等职业教育还是高等职业教育，检查其教育成效，重点要看农民是否真正提高了职业素养、掌握了职业技能。因此，要研究探索一套适应农民教育特点的、以职业能力为核心的考核体系，以此来评价学员的学习成果，检验学校的办学成效。

（二）积极推进新型职业农民培育工程

在建立健全职业农民组织管理体系的基础上，出台“职业农民培养分级实施的政策”。

2012 年，中央一号文件指出“大力培育新型职业农民”后，北京也开始落实农业部印发的《新型职业农民培育试点工作方案》，从北京以及全国各地新型职业农民培育的实践看，新型职业农民培育工作有一定成效，但从长远来看，还需要在以下几个方面多做工作。

1. 进一步完善新型职业培育制度

做好认定管理，建立包括基本要求、职业道德、专业技能、经营规模、经营效益、教育培训等多方面的评价体系，分初、中、高三级进行认定，认定合格者，对其颁发新型职业农民证书，认定结果统一纳入职业农民培育数据库，形成分级培育、分级认定、分级奖励的扶持工作机制。做好跟踪服务，对参加新型职业农民培育的对象全部建档立卡，进行后续管理服务和政策扶持。完善政策扶持，中央和地方出台文件，在项目资金安排、土地流转、生产配套设施用地、融资贷款等方面对新型职业农民予以政策扶持，各区县（市）也应出台相应的配套扶持政策。通过精心培育、长效管理、大力扶持，让新型职业农民真正成为发展现代农业、推进农业供给侧结构性改革的主力军和生力军。

2. 提升培育绩效

因地制宜，探索适应新型职业农民和农业生产规律的培育模式，大力推广农民田间学校方法。建立在线教育培训、移动互联服务、在线技术信息咨询、在线认定管理考核和全程跟踪服务等智慧农民云平台，提高教学效果。建立新型职业农民培育的空中课堂、固定课堂、流动课堂和田间课堂，编制培训规范，加强新型职业农民教材建设，推介精品教材。

3. 改革评价办法

重视职业农民培训效果评价，注重跟踪培育，引进第三方参与绩效评价，促进管理主体与评价主体的分离，提高工作绩效；加强绩效管理系统建设，完善绩效管理监测与评价手段，加强绩效评价指标体系开发，稳步提升新型职业农民培育项目绩效管理水平。

4. 分级培养职业农民

（1）初级职业农民的培养。

依托区县成人（社区）教育资源开展初级职业农民培养。区（县）、乡（镇）政府要设立专门管理与实施机构，通过深入细致的调研，摸清辖域内职业农民的基本情况，做出教育培训规划。依托当地教育培训资源，开展面向所有职业农民的职业资格培训。这类普及性的培训，必须做到进村入户、深入田间地头。要发挥村级农民科技学校、文化大院的作用，为职业农民教育培训服务。在培训组织上，要推广“田间学校”模式，提倡以人为本、能力为先，以农民为中心、以实践为手段，自下而上、全方位参与的培训理念，推行参与式、启发式、互动式教育方法；突出实操性、针对性、时效性、实用性特点，鼓励农民动口、动脑、动手，增强农民的自信心、参与意识和团队精神，提高农民主动学习、自主生产和自主决策的能力。

要以产品为纽带组建田间学校，即把生产同一农产品的农民组织在一起，根据生产过程不同阶段所遇到的技术问题，开展有针对性的教育培训。经过2~3年（或2~3个生产周期）培训，使农民掌握生产该产品的系统技能。

出台职业农民技能标准，为学员进行职业资格鉴定。使学员在系统培训的基础上，获得相关农业工种的职业资格证书。

（2）中级职业农民的培养。

依托各地农业广播电视学校、涉农类中等职业学校，对经过初级职业资格培训并获得一项以上职业资格证书、年龄在50岁以下的、具有初中以上文化程度的职业农民开展中等职业教育（简称农民中职教育）。

学员采取“免试登记入学”的形式取得学籍，招生对象必须具备3年以上从事种植、养殖业生产或农民专业合作社经营管理的经历，在此前提下，持身份证、初中以上毕业证登记入学。

农民中职教育的专业设置，要遵循因地制宜原则，根据不同地区农业产业结构不同，设置不同专业，以期做到农民干什么学什么。经过系统的中等职业教育，培养一大批掌握现代农业生产技术的中等专业人才。

（3）高级职业农民的培养。

依托区域内高等农业职业教育院校，在已经接受过中等职业教育的职业农民中，选拔年轻骨干分子实施高等农业职业教育（简称农民高职教育）。

农民高职教育的对象，应是在中职教育阶段成绩优异、在农业生产实践中业绩突出、具有较强学习能力、年龄在35岁以下的优秀青年农民。各地教育行政部门应根据当地实际制定具体的招生政策，对符合条件者，实行免试登记入学。

农业职业院校是实施农民高职教育的主体。院校应把办好农民高职教育当作“服务三农”的核心内容来抓。根据当地农民的需要设置专业，组织骨干力量抓好课程建设，配置优质教学资源搞好农民高职教育。

承担农民高职教育的院校，应成立专门机构，选派专职教师，进行专项管理。

农民高职教育的办学形式，应在实践中不断探索完善。一是脱产教育形式，即将具备条件的青年农民，集中到学院脱产学习，实施全日制高职教育；二是半脱产成人高职班形式，即把教学班办在乡镇，学员集中学习与业余学习相结合；三是远程教育形式。在具备条件的地区，以网络学院形式举办农民高职教育，学院将教学内容做成网络课程，学员在线学习，教师在线辅导。

农民高职教育亦可采用“技能+基础”的人才培养模式实施，学员的学习分成两个部分：一是为取得高级职业资格证书而开展的技能培训；二是为提升学员综合职业素养而开展的专业基础和公共基础课教学。在办学实践中须努力探索按照不同内容采取适用的学习形式。

（三）构建农业职业教育立交桥，确立初中高职业教育联通机制

健全农民教育培训制度，建立新型职业农民教育培训“学分银行”和信息化公共服务平台，推动城乡教育培训机构的交流与合作，畅通农村实用人才的成长成才通道。

1. 建立“学分银行”，完善农民教育培训制度

按照“爱农业、懂技术、善经营”的要求，建立健全农民教育培训制度，实现农民教育培训由短期化、项目化向终身化、系统化转变。建设新型职业农民教育培训信息化公共服务平台，建立终身学习账号和“学分银行”，构建学分积累与转换机制，搭建新型职业农民培训与学历提升之间的“桥梁”。

2. 完善农村现代职业教育体系，畅通农村实用人才成长成才通道

推动地方政府根据农业农村现代化建设需要，与涉农高等院校合作，通过改革招生录取方式、实施定向培养、提供学费补贴等途径，有计划地培养一批具有专科、本科学历的新型职业农民及其后继者。设立农业经营管理专业硕士专项培养计划，鼓励涉农高校通过工学交替、农学结合、学分转换等模式，培养一批高层次新型农业经营主体带头人。支持地方高等学校、职业院校综合利用教育培训资源，灵活设置专业（方向），创新人才培养模式，为乡村振兴培养专业化人才。

3. 以“技能+基础”的人才培养模式作为搭建这种立交桥的基础

“技能+基础”人才培养模式的依据是“学分制”教学管理理论。按照学分制管理原则，学员所学课程、知识或操作技能，经考核合格，均可折合为一定学分，允许学员在若干时间内修满规定学分（即实行弹性学制），完成学业，予以毕业。在实行学分制条件下，相同或相近专业领域的学分可以实行“共认”。“技能+基础”人才培养模式，就是将学员所取得的2~3项

职业资格证书视同专业课成绩合格，折合为一定学分；在此基础上，学习公共基础课和专业基础课，考核通过，亦折合为相应学分，学员修满规定学分，即完成相应节段的职业教育。

“技能+基础”人才培养模式的运作路径可以分三个具体步骤。

第一，面向所有职业农民开展农业工种的技能培训，即对职业农民普遍开展初等职业教育，使每个职业农民都获得2~3项职业资格证书（初级）或“绿色证书”。

第二，对已经经过初等职业教育的农民（标志是取得2~3项职业资格证书或“绿色证书”），实施中等职业教育。选拔年龄在50岁以下、具有初中以上文化基础的农民，采用“技能+基础”人才培养模式，开展中等职业教育。具体地讲，在学员取得2~3项初级职业资格证书或一项中级职业资格证书的基础上，学习相关专业基础课及公共基础课，修满学分，允许毕业。此阶段教育，技能教育与基础教育可同时实施。即先按照年龄及文化基础条件，组织生源，建立教学班，再进行职业技能培训，同时，开展公共基础和专业基础教育，修满学分同时获得职业资格证书和学历证书。

第三，对经过中等职业教育的农民，选拔年龄在35岁以下的优秀分子，实施高等职业教育。培养方式，仍采用“技能+基础”人才培养模式，但是，此阶段的“技能”应是中高级职业资格培训，即学员需要取得2~3项中级职业资格证书或一项高级职业资格证书，再修完专业基础课、公共基础课学分，允许毕业。

按照上述运作机制，面向职业农民的初等职业教育培训为普及性培训，即面向所有职业农民的培训；中等职业教育是在普及性培训基础上的提高性教育；高等职业教育是选拔性教育即培养骨干、带头人的教育。

三个层次的教育在纵向上是联通的，经过初等职业教育的学员具备相应条件可直接进入中等职业教育，经过中等职业教育的学员，具备相应条件亦可直接接受高等职业教育。

（四）出台专项政策扶持职业农民培养

1. 突破职业教育招生政策

允许农业职业院校面向职业农民举办成人教育，且不受地方招生计划的指标限制；允许符合条件的职业农民不参加成人高考，实行免试登记入学；突破农业职业教育的现有专业设置，将“技能+基础”人才培养模式作为农民职业教育的常规模式。

2. 人才使用政策

对经过教育培训的职业农民，成绩合格、完成规定学分、取得中专或高职毕业证书者，国家承认其学历。在报考公务员、评定职称中与全日制毕业生同等对待。将职业农民的教育管理纳入人才管理轨道，将经过中职教育的职业农民视为中级实用人才，经过高职教育的职业农民视为高级实用人才，享受中高级实用人才同等待遇。

3. 经费保障政策

加大经费投入力度，将新型职业农民教育培训经费列入财政预算，并逐步形成稳定增长的长效机制。依据《中华人民共和国职业教育法》和《北京市实施〈中华人民共和国职业教育法〉办法》规定，确保在城市教育附加费中按一定比例将其用于新型职业农民教育培训工作，市、区两级财政部门要设计安排专项投资经费，支持新型职业农民培育工作，建立有效的农民免费培训制度。将农民中等职业教育全面纳入免学费及国家助学政策。加强教学实训示范基地建设，改善教育培训条件，提升教育培训能力；加强师资队伍建设，建立新型职业农民教育培训师资库，有针对性地开展师资培训、岗位练兵等活动，加强双师型教师队伍建设，推进导师团制度，满足新型职业农民培育和技术指导等多种需求。制定和完善新型职业农民培训规范，加快新型职业农民培育和中、高等农业职业教育教材建设，鼓励编写综合性和交叉学科教材。建立新型职业农民信息管理系统，各区县结合实际，细化信息采集类别，建立健全新型职业农民档案，实施动态管理。依据信息系统提供经常性、系统化的教育培训服务和有针对性的生产经营服务。

4. 定向使用政策

经过政府资金培养并经过认定的中高级职业农民，原则上应留在农业产业就业、创业，为此，需要建立三项制度。

一是合同培养制度。即凡是享受财政补贴接受职业教育的培养对象，都必须与区县政府签订协议，毕业后 5 年内不得转行。

二是明确教育经费退还制度，凡 5 年内转行的，除按合同规定承担违约责任外，还须自付教育费用。

三是建立跟踪服务制度。对长期坚持从事农业产业生产经营的毕业生，政府提供免费的信息服务、技术咨询服务，以及相关的培训服务。

5. 相关配套政策

（1）支持发展适度规模经营。

加大项目配套扶持力度，对土地流转、农村土地整理、基本农田建设、农业综合开发、小型农田水利建设、优势农产品基地、林业重点工程建设、农村道路、农网改造、农村沼气等涉农项目，以县区为单位从项目编制到申报均向职业农民倾斜，优先给予水、电、路、渠、沼、土地整理等配套支持。鼓励和支持新型职业农民在依法、自愿、有偿的原则下，采取转让、转包、租赁、互换、入股、联营、托管等方式流转农村土地

（2）鼓励金融机构创新金融产品。

加大对新型职业农民的信贷支持力度，新增惠农政策要重点向新型职业农民倾斜。鼓励金融机构创新金融产品，加大对新型职业农民的信贷支持力度，创业担保贷款要向新型职业农民倾斜。支持新型职业农民开展农产品质量标准与认证。探索土地流转财政补贴政策，支持新型职业农民发展适度规模经营。

（3）加强农业社会化服务体系建设。

面向新型职业农民的产业发展和职业发展需求，加强社会化服务体系建设。大力发展动植物疫病防控、农产品质量安全监管、现代农资、现代农机、农业用水等社会化服务体系，着力培育农业信息、农产品流通等新兴服务业态，形成以公共服务机构为依托、合作经济组织为基础、农业龙头企业为骨干、其他社会力量为补充，公共服务和社会化服务相结合、专项服务和综合服务相协调的都市型现代农业服务体系。为生产经营型职业农民搭建农业产前、产中、产后一体化的综合服务平台，为专业技能型和社会服务型职业农民提供就业岗位，通过服务体系建设实现新型职业农民培养的“三类协同”和共同发展。

（4）发挥农技推广服务体系作用。

发挥农技推广服务体系作用，鼓励新型职业农民独立开展或参与农业科研和推广工作，农业科技推广试验示范项目可以委托具备条件的新型职业农民实施。发挥首都科技资源优势，组建科研院所、高等院校、推广机构专家团队，选派专业对口的科技人员进村入户、联户结对新型职业农民，开展技术指导和服务。

（5）制定大学生到农村创业、就业的扶持政策，培育新一代职业农民。

现在有些学生到农村工作的愿望难以实现，学校也找不到合适的为

“三农”服务的途径。农业主管部门可以联合其他相关部门制定大学生到农村创业、就业的扶持政策，如建立毕业生创业基金，制定大学生到农业企业、农民合作社、家庭农场等新型农业经营体系工作的扶持办法，大学生村干部和愿意务农的学生可以从中享受优惠政策，在务农中得到锤炼，将更多有知识、懂技术的青年生力军充实到新型职业农民的队伍中来，吸引大学生成为新型职业农民。

参考文献

1. 邓泽民：《职业教育教学设计》，中国铁道出版社，2016。
2. 赵邦宏、张亮、张润青：《我国新型农民培训模式研究》，光明日报出版社，2011。
3. 杨普云：《农民田间学校概论——参与式农民培训方法与管理》，中国农业出版社，2008。
4. 刘益曦、胡春、于振兴等：《都市农业发展中新型职业农民培训的绩效评估与分析——基于规模示范合作社农户的实地调查》，《江苏农业科学》2017 年第 45 期。
5. 王弢、黄彦芳、李凌：《发展－需求视角下的北京市新型职业农民培育研究》，《西北成人教育学报》2017 年第 5 期。
6. 李芬等：《新型职业农民教育培训方法与路径》，《现代农业科技》2017 年第 7 期。
7. 王留标：《新型职业农民教育培训模式创新研究》，《河南农业》2016 年第 12 期（上）。
8. 王倩雯、赵丹：《基于“培训—职业匹配”理论的农民田间学校模式构建研究》，《成人教育》2016 年第 9 期。
9. 司东：《夏邑农广校创新农民教育培训模式的探索》，《河南农业》2016 年第 1 期（上）。

10. 张辉：《关于培育新型职业农民的探讨》，《农业经济》2014 年第 5 期。
11. 王东春、杨子江：《关于北京市培育新型职业农民的思考》，《北京农业职业学院学报》2014 年第 1 期。
12. 程伟、张红：《国内有关职业农民研究的综述》，《职业技术教育》2012 年第 22 期。
13. 郭智奇、齐国等：《培育新型职业农民问题的研究》，《中国职业技术教育》2012 年第 15 期。
14. 李坤、殷朝华：《城市化进程中农民工培训体系构建研究——以重庆市为例》，《高等农业教育》2012 年第 4 期。
15. 李慧：《职业农民及其培养模式的研究》，《中国职业技术教育》2012 年第 3 期。
16. 赵迪、王德海：《参与式农民培训的理论与实践探索》，《农业考古》2011 年第 1 期。
17. 国明艳：《寿光市新型职业农民培训主体协同机制研究》，硕士学位论文，西北农林科技大学，2014。
18. 李伟：《新型职业农民培育问题研究》，硕士学位论文，西南财经大学，2014。
19. 黎湛：《新型职业农民科技培训体系研究——以长沙市为例》，硕士学位论文，湖南农业大学，2013。
20. 张亮：《农村城镇化中的农民教育问题研究》，硕士学位论文，河北经贸大学，2011。
21. 朱启臻：《如何培养新型职业农民》，《农民日报》2013 年 5 月 16 日。
22. 姜大源：《德国“双元制”职业教育再解读》，《中国职业技术教育研究》2013 年第 33 期。
23. 刘明：《高职院校师资管理的路径选择——兼论高校应用型专业双师型师资队伍管理机制》，《山西财经大学学报》2011 年第 5 期。
24. 白彦婷：《新加坡“教学工厂”的经验与启示》，《职业教育研究》2007 年第 12 期。
25. 刘太刚：《发达国家职业教育师资队伍建设的经验及其对我们的启示》，《当代教育论坛》2006 年第 12 期。
26. 张书芳：《德国“双元制”模式与中国高职院校“2+1”人才培养模式的比较研究》，南昌大学，2014。

27. 陈悦：《高职院校师资队伍管理优化研究》，硕士学位论文，浙江工业大学，2014。
28. 马燕：《高职院校师资队伍建设研究》，硕士学位论文，中国地质大学，2009。
29. 丁志宏：《国外农民的职业培训》，中国社会出版社，2010。
30. 国务院研究室课题组：《中国农民工调研报告》，中国言实出版社，2006。
31. 成思危主编《黄炎培职业教育思想文萃》，红旗出版社，2006。
32. 姜大源：《职业教育学研究新论》，教育科学出版社，2007。
33. 黄育云等主编《农村职业教育与农村产业化、农村城镇化、农村现代化互动研究》，中国农业出版社，2005。
34. 刘春生、徐长发主编《职业教育学》，教育科学出版社，2002。
35. 陈伟国：《高职教育服务概论》，东华大学出版社，2006。
36. 欧阳河：《职业教育基本问题研究》，教育科学出版社，2006。
37. 杨国祥、丁钢编《高等职业教育发展的战略和实践》，机械工业出版社，2006。
38. 姜卫良等主编《农民教育问题研究》，中国农业出版社，2006。
39. 廖其发主编《中国农村教育问题研究》，四川教育出版社，2006。
40. 徐长发：《新乡村职业教育发展预期》，教育科学出版社，2006。
41. 费旭主编《中国农业教育大事记（1949～1982）》，江苏教育出版社，1989。
42. 杨士谋等：《中国农业教育发展史略》，北京大学出版社，1994。
43. 洪绂曾主编《中国农业教育发展战略研究》，中国农业出版社，1996。
44. “中国教育年鉴”编辑部：《中国教育年鉴》（1989～2016），人民教育出版社。
45. 赵迪：《政府主导下的参与式农民培训研究——以北京农民田间学校为例》，中国农业大学出版社，2014。
46. 北京市地方志编撰委员会：《北京志——农村经济综合志》，北京出版社。
47. 周金华：《“文件大革命”中的“教育革命”》，广东教育出版社，1997。
48. 郑伯坤主编《京郊农民远程教育研究》，中国农业大学出版社，2009。
49. 李水山主编《农村教育史》，广西教育出版社，2007。

50. 农业部科技教育司编《中国农业教育50年回顾与展望》，中国农业出版社，1999。
51. 黄育云等主编《农村职业教育与农村产业化、农村城镇化、农村现代化互动研究》，中国农业出版社，2005。
52. 李水山、赵方印主编《中外农民教育研究》，广西教育出版社，2006。
53. 李水山：《中国农村职业教育焦点问题与对策研究》，中国和平出版社，2006。
54. 朱奇彪：《职业农民培训概论》，浙江大学出版社，2013。
55. 赵邦宏、张亮、张润青：《我国新型农民培训模式研究》，光明日报出版社，2011。
56. 吴雪萍：《国际职业技术教育研究》，浙江大学出版社，2004。
57. 储诚炜：《新中国农民教育发展研究》，博士学位论文，西北农林科技大学，2010。
58. 杜俊灵：《国外主要农民教育模式的比较与借鉴》，硕士学位论文，华中农业大学，2012。
59. 张亮：《农村城镇化中的农民教育问题研究》，硕士学位论文，河北经贸大学，2011。
60. 杨东平：《平民教育的流变和当代发展》，《清华大学教育研究》2008 年第 3 期。
61. 周逸先、宋恩荣：《中国乡村建设运动及其历史启示》，《河北师范大学学报》（教育科学版）2006 年第 8 期。
62. 刘重来：《民国时期乡村建设运动述略》，《重庆社会科学》2006 年第 5 期。
63. 马利辉：《我国新农村人力资源开发的问题及策研究》，《河北大学成人教育学院学报》2007 年第 6 期。
64. 刘惠郦：《职业教育为农村劳动力转移培训的对策研究》，《职业教育研究》2006 年第 2 期。
65. 张吉：《城镇化与农村人力资源开发——关于农村教育的几点思考》，《中国农业大学学报》（社会科学版）2004 年第 2 期。
66. 刘小勇等：《高等农业职业院校在建设社会主义新农村中的作用》，《湖南农业大学学报》（社会科学版）2006 年第 6 期。
67. 皮江红：《浙江省农村经济新变化与农村职业教育发展》，《职业技术教育》(教科版)2005年28期。
68. 徐微等:《构建农村劳动力转移培训长效机制的思考》,《中国职业技术教育》2006年第4期。
69. 田红彦等:《辽宁新农村建设对职业技能人才需求分析》,《辽宁高职学报》2007年2月。
70. 陈可可等:《农村人力资源开发的现状和对策研究》,《农村经济与科技》2005年10月。
71. 田景博:《天津高职教育的发展历程和方向》,《天津成人高等学院联合学报》2004年11月。
72. 郭耿玉:《职业教育开发农村人力资源的原则与方法研究》,《河南职业技术师范学院学报》(职业教育版)2004年第2期。
73. 李君甫:《农民就业由谁来培训?——三类农民培训投资主体与三类培训机构的比较》,《农村经济》2006年第10期。
74. 孙万良:《温暖工程:黄炎培职业教育思想在新时期的实践与创新》,《教育与职业》2009年5月。
75. 马晓春等:《农民工职业培训多元合作的职能探索》,《职业技术教育》2009年第4期。
76. 王克、张峭:《国外农民培训的模式及经验启示》,《农业展望》2009年第5期。
77. 李凌:《法律与政策保障视角下的职业农民教育培训国际比较研究》,《世界农业》2014年第1期。
78. 程伟、张红:《国内有关职业农民研究的综述》,《职业技术教育》2012年第22期。
79. 郭智奇、齐国等:《培育新型职业农民问题的研究》,《中国职业技术教育》2012年第15期。
80. 李慧:《职业农民及其培养模式的研究》,《中国职业技术教育》2012年第3期。
81. 蔡秀珍、朱启臻:《论职业农民培养的意义及途径》,《教育与职业》2011年第27期。
82. 王景英、曹春艳:《中国和加拿大农村普通中学绿色证书制度比较》,《外国教育研究》2007年第12期。
83. 陈锦梅、吕剑红、梁艳萍:《国外农村职业教育的比较与启示》,《湖北广播电视大学学报》2008 年第 6 期。
84. 马超、张义兵：《国外农民培训的三种模式及其对我国农民培训的启示》，《职业教育研究》2008 年第 2 期。
85. 李水山：《我国新农村新农民培养目标与模式研究》，《教育与职业》2009 年第 2 期。
86. 张双卿：《国外农民教育培训的经验与启示》，《山东农业科学》2011 年第 11 期。
87. 梁艳萍：《发达国家农民教育培训的经验与启示》，《高等函授学报》2010 年第 25（7）期。
88. 段宝霞：《发达国家农村成人教育的历史经验》，《黑龙江高教研究》2001 年第 4 期。
89. 孟凡：《积极发展农民职业教育，培养更多的高素质新型职业农民》，《中国农学会教育专业委员会四届三次学术年会会议论文集》，2011。
90. 李万富：《浅谈乡镇农村成人教育改革与发展思路》，《德阳教育学院学报》2010 年 3 月 3 日。
91. 陈竞捷、吴国霞：《成人教育的新机遇》，《黑龙江国土资源成人教育》2001 年第 1 期。
92. 郑友训：《现代教师继续教育课程教材建设：原理·设计·操作》，吉林人民出版社，2002。
93. 黄显华、霍秉坤：《寻找课程论和教科书设计的理论基础》，人民教育出版社，2002。
94. 黄健：《成人教育课程开发的理论与技术》，上海教育出版社，2002。
95. 王弢、黄彦芳、马雪雁等：《建构“多元一体”农村基层干部培养体系的思考——部分省市农民培养调研报告》，《北京农业职业学院学报》2017 年第 1 期。
96. 王东春、杨子江：《关于北京市培育新型职业农民的思考》，《北京农业职业学院学报》2014 年第 1 期。
97. 夏行、廖莫坤、夏年泽：《城乡统筹视野下的农村基层后备干部队伍建设》，《学习论坛》2013 年第 3 期。
98. 鲍海君：《从保障生存到促进发展：论失地农民的教育培训体系建设》，《西北人口》2012 年第 5 期。
99. 鲍海君、黎默芸、俞红燕：《公共服务均等化视角下的失地农民教育培训网络化手册》,《现代教育管理》2010 年第 12 期。

100. 王银峰:《论社会主义新农村基层干部队伍建设》,《沈阳农业大学学报》(社会科学版)2009 年第 3 期。

101. 徐健:《加强乡镇干部队伍建设研究》,博士学位论文,大连海事大学,2015。

102. 马俊:《吉林省农村基层干部培训工作研究》,硕士学位论文,吉林农业大学,2014。

103. 《打造服务三农的排头兵》,《北京日报》2017 年 5 月 2 日。

104. 张永理:《社区治理》,北京大学出版社,2013。

105. 王桂芝:《我国农民职业教育模式初探》,《教育与职业》2011 年第 18 期。

106. 程伟、张红:《国内有关职业农民研究的综述》,《职业技术教育》2012 年第 22 期。

107. 龚森:《福建高职教育专业结构与产业结构契合度实证研究》,《教育评论》2016 年第 11 期。

108. 张志增:《实施乡村振兴战略与改革发展农村职业教育》,《中国职业技术教育》2017 年第 34 期。

109. 丁哲学:《乡村振兴战略需要大力发展农村职业教育》,《黑龙江日报》2018 年 1 月 2 日。

110. "北京农村年鉴"编委会:《北京农村年鉴》(2011~2016),中国农业出版社。

111. 王海港、黄少安、李琴等:《职业技能培训对农村居民非农收入的影响》,《经济研究》2009 年第 9 期。

112. Federal Ministry of Education and Research [R]. Basic and Structural Data 2005, 64.

113. BMBF. Basic and Structural Data 2005 [R]. Berlin: Federal Ministry of Education.

114. David Bigman. Emerging Strategies for rural Development and Poverty Alleviation, Agricultural Economics, Volume 30, May 2004, 255-256.

115. Paswal Phiri, Marenya Willis. Education, Non-Farm Income, and Farm Investment in Land-Scare Western KENYA. www. basic. wisc. edu/live.

116. Agriculture and Rural Development. Welcome tothe Green Certificate Program

[EB/OL]. http: //www1. agric. gov. ab. ca/ $ department/deptdocs. nsf/all/ grc9291. 2008 -10 -7.

117. Australian National Training Autority. Australia's National Strategy for Vocational.

118. Education and Training 2004 -2010 [EB/OL]. www. anta. gov. au/dapStrategy. asp.

119. Katrin, F. Simon, J. Troy and K. Moonee. Learning for Jobs—OECD Review of Vocational Education and Training [EB/OL] . www. oecd. org/ edu/learningforjobs.

120. Griffit University. Response to the Australian Government's Discussion Paper—Skilling Australia for the Future [EB/OL] . 2008 -12 -12.

121. www. griffit. edu. au.

122. Council of Australian Governments (COAG) . Productivity Places Program National Partnership—Extract from the COAG Communique [EB/OL]. 2008 -12 -12. http: //www. coag. gov. au.

123. Ministerial Council for Vocational and Technical Education Communique [EB/OL] . 2008 -12 -13. Agricultural Education Division Report, 2003.

124. Gary Moore, 2004, Agricultural Education 2003 -2004 Annual Report.

125. Issues Facing Agricultural Education as a State Supervisor, 2004, ACTE.

126. A Laboratory Classroom Where Doing is Encouraged, ACTE online, 2004.

127. Mark Drabenstott. A New Rural Economy: A New Role for Public Policy Management Quarterly. Winter 2006.

128. Agriculture and Rural Development. What is the Green Certificate Program [EB/OL]. http: //www1. agric. gov. ab. ca/ $ department/deptdocs. nsf/ all/grc10749. 2008 -10 -7.

129. UNESCO and Ministry of Education of Brazil 2009 [R] . UNESCO. Brazil Cooperation Four Main Initiatives: Towards Education for.

130. Kirsten Bound, Brazil; The Natural Knowledge Economy, Demo s London, UK, 2008.

131. Brazil; Knowledge and Innovation for Competitiveness, Jun. 19, 2007, Brazil Country Management Unit, Human Development Unit, Latin America and the Caribbean Region.

132. Paulo Renato Souza, Sector Study for Education in Brazil [J] . JBIC Sector

Study Series, No. 2, 2004, For Japan Bank for International Cooperation, Nov. 2005.

133. Luclia Regina Machado, Carlos Roberto Jamil Cury. Integrating Education and Work; The Status of Vocational Education in Brazil [M]. Published by Springer Netherlands, 2009.

134. Felix Rauner Editors. International Perspectives on Teachers and Lecturers in Technical and Vocational Educational [M]. Dordrecht: Springer Press, 2007.

135. Ilghiz M. Sinnagatulill. Expectant Times: Rural Education in Russia [J]. Education Review, 2001 (1).

136. Aleksandr Chernogorov. The Mutual Influence of Education and the Economy—Rural Schools on the Road of Development [J]. Russian Education and Society, 2005, 4, 47 (4).

137. Aaron Priel. Israeli Agriculture Sector Paves the Way for Future Success [J]. Euro Fruit, 2005.

138. Aliza Fleischer, Ivgenia Lichtman, Robert Mendelsohn. Climate Change, Irrigation, and Israeli Agriculture: Will Warming be Harmful? [J]. Ecological Economics, 2007 (7): 1-8.

139. Arieh Singer. The Soils of Israel [M]. New York: Springer, 2007: 67.

140. Ariel Hammermana, Dan Greenberg a. Estimating the Budget Impact of New Technologies Added to the National List of Health Services in Israel: Stakeholders' Incentives for Adopting a Financial Risk-sharing Mechanism [J]. Health Policy, 2009 (89): 78-83.

141. David Haim, Mordechai Shechter, Pedro Berliner. Assessing the Impact of Climate Change on Representative Field Crops in Lsraeli Agriculture: A Case Study of Wheat and Cotton [J]. Climatic Change, 2008 (86): 425-440.

142. Gooley, G. J. and Gavine, F. M. Integrated Agri-Aquaculture Systems [C] //, RIRDC Publication, 2003 (2): 14-26.

143. Israel Finkelshtain and Yael Kachel. The Organization of Agricultural Exports: Lessons from Reforms in ISrael [C] //, The Hebrew University of Jerusalem, 2006 (9): 1-29.

144. Jon Fedler . Israeli Agriculture: Coping with Growth [J] . Agrictech Israel Magazine, 2011 (6): 13 -27.

145. Ravit Hananel. Zionism and Agricultural Land: National Narratives, Environmental Objectives, and land Policy in Israel [J] . Land Use Policy, 2010 (27): 1160 -1170.

146. Tal A. To Make a Desert Bloom: The Israeli Agricultural Adventure and the Quest for Sustainability [M]. Lsreal: Agricultural History, 2007.

后　记

本专著是在北京市“十二五”教育科学规划重点课题（AEA14137）“发展视角下京郊农民培训的问题反思与创新研究”结题报告基础上修改而成，由于篇幅限制，课题研究报告的部分内容没有收入到本专著中。

我接触农民培训是在中国农业大学学习期间，师从参与式社区发展专家李鸥教授。2003年冬天的一个周末，在延庆千家店下德龙湾村一家农民小屋里，李鸥教授百忙之中，用接近一天的时间听我人生中第一次为农民上的课。他边听边记，培训结束后，他向我提出了很多宝贵意见，之后在夜色中匆匆离开。从那个农家小屋起步，我开始了农民培训实践和研究工作。光阴荏苒，岁月流逝，十多年过去了，老师的指导仿佛就在昨天，我后来在农民培训中取得了一点成绩，本书出版，首先要感谢恩师李鸥教授。

本专著是集体智慧的结晶，是大家共同研究的成果，作为课题主持人，我知道独学而无友则孤陋寡闻，正是各位专家、同人相互协助，深入调研并身体力行结合各自工作开展行动研究，积极总结经验，专著才得以完成，我首先要对参与课题研究的专家、同事表示深深的感谢。本专著各部分负责人和参与人如下：

第一章负责人李凌；

第二章负责人李凌，其中第一节李凌，第二节李凌、冯海英、李薇，第三节王弢；

第三章负责人李凌，其中第一节李凌，第二节王福海、崔坤、杨永杰、张晖、孟利前，第三节李凌、邓志峰，第四节王弢；

第四章负责人杨永杰，其中第一节尚国荣、赵志磊，第二节杨永杰、赵志磊、尚国荣、王平平、高照全、要红霞；第三节彭海芳、李凌，第四节王弢；

第五章负责人李凌，参与人有陈平、王秀清；

第六章负责人王弢，其中第一节王弢、宫谦，第二节郑伯坤、李凌；

第七章负责人李凌，其中第一节、第三节、第四节李凌，第二节王弢；

第八章李凌、邓志峰；

第九章郑伯坤、李凌。

报告完成后，李凌、王弢、郑伯坤对报告全文集中统稿，对部分章节进行了补充、修改。正式出版前，李凌对全书进行统纂、校对。

本书顺利出版要感谢从课题立项到专著出版为我们提供帮助的领导和朋友，他们是北京农业职业学院党委书记李云伏教授、院长王福海教授、副书记杜保德研究员、副院长李俊英教授、科研处处长郝婧研究员，继续教育学院院长崔坤教授、职教所所长马俊哲教授、教务处处长杨永杰副教授、科研处王秀清副研究员、职教所胡鑫老师、学报编辑部宋晓华和任卫娜等。学校图书馆馆长王敏同志和汤云、张建山、周建成等老师，为我们及时提供文献，为本研究提供了方便。

本课题采用参与式行动研究，众多的朋友为我们打开了方便之门并鼎力相助，对于他们给予的帮助我心怀感恩。他们是中国农业大学朱启臻教授，北京市教科院赵志磊老师、史枫研究员，北京中关村学院徐文新研究员，北京大兴区农机学校姜明梅校长，北京延庆区农委赵旭艳女士，河南省农业厅张楷先生，河南省农广校校长李铁庄、平西栓老师、李磊老师、屠新虹老师，河南夏邑县农广校何新明校长、王留标校长，河南滑县农广校王双成校长，安徽黄山江俐老师，北京朝阳区东坝乡邢洁副乡长。我还要感谢北京市相关委办局，相关乡镇、村的各位领导，接受我们访谈的合作社、农业企业的农民以及接受我们培训的农民、教师。

社会科学文献出版社责任编辑王晓卿、张苏琴为本书的出版付出了很多，她们在章节结构、材料取舍、观点提炼等方面提出了许多宝贵意见，对专著顺利出版提供了很大帮助。

此外，在课题研究和专著形成的过程中，我们参考和引用了大量文献、资料，各委、办、局农民培训数据资料，吸收了许多前人的研究成果，有这些文献、资料和成果的支撑，让我们的研究有了一定的理论基础和一线数据。鉴此，我们特对以上付出艰辛劳作的各位同人，以及所参阅和运用的文献、资料与成果的作者特别是由于版面所限而尚未列入注释和参考文献的文献、资料与成果的作者，一并表示诚挚谢意！

由于作者水平有限和研究视野狭窄，加之时间仓促，我们的研究肯定有很多不当之处甚至谬误纰漏，恳请读者不吝指教，促使我们对农民教育培训的研究认识更上一层楼，一起为乡村振兴战略实施贡献绵薄之力。

著　者

2018 年 6 月

图书在版编目（CIP）数据

北京农民培训的问题反思与创新研究/李凌等著. --北京：社会科学文献出版社，2018.9
（农民培训理论与实践研究论丛）
ISBN 978-7-5201-3480-4

Ⅰ.①北… Ⅱ.①李… Ⅲ.①农民教育-教育培训-研究-中国 Ⅳ.①G725

中国版本图书馆 CIP 数据核字（2018）第 213125 号

·农民培训理论与实践研究论丛·
北京农民培训的问题反思与创新研究

著　　者／李　凌等

出 版 人／谢寿光
项目统筹／王晓卿
责任编辑／张苏琴

出　　版／社会科学文献出版社·当代世界出版分社（010）59367004
地址：北京市北三环中路甲 29 号院华龙大厦　邮编：100029
网址：www.ssap.com.cn
发　　行／市场营销中心（010）59367081　59367018
印　　装／三河市龙林印务有限公司

规　　格／开　本：787mm×1092mm　1/16
印　张：20.75　字　数：356 千字
版　　次／2018 年 9 月第 1 版　2018 年 9 月第 1 次印刷
书　　号／ISBN 978-7-5201-3480-4
定　　价／89.00 元

本书如有印装质量问题，请与读者服务中心（010-59367028）联系